신라와 일본

진인진

신라와 일본

초판 1쇄 발행 | 2016년 9월 30일

지 은 이 | 박천수
편   집 | 배원일
발 행 인 | 김영진
발 행 처 | 진인진
등   록 | 제25100-2005-000003호
주   소 | 경기도 과천시 별양상가 1로 18, 614호(별양동, 과천오피스텔)
전   화 | 02-507-3077~8
팩   스 | 02-504-3079
홈페이지 | http://www.zininzin.co.kr
이 메 일 | pub@zininzin.co.kr

ⓒ 진인진 2016
ISBN 978-89-6347-307-9 93910

(이 저서는 2012년 정부(교육부)의 재원으로 한국연구재단의 지원을 받아 수행된 연구임(NRF-2012S1A6A4016945)
This work was supported by the National Research Foundation of Korea Grant funded by the korean Government(NRF-2012S1A6A4016945)

책을 내며
-고대한일관계사로의 여정-

1991년부터 시작된 5년간의 일본유학은 고대 한일교섭사에 대해 자연스럽게 관심을 가지게 되는 계기가 되었다. 당시 처음 접한 오사카부 오바데라大庭寺유적의 초기 스에키는 한반도에서 이주한 공인이 오사카만에 상륙한 후 바로 제작한 것으로, 원향인 가야지역의 것과 구별이 되지 않을 정도로 비슷하여 놀랐던 기억이 아직도 생생하다. 이를 계기로 1993년 고분시대의 한국계문물의 전파를 주제로 하는 제34회 매장문화재연구회埋葬文化財研究會에서「韓半島からみた初期須惠器の系譜と編年」라는 습작을 발표할 수 있었다.

한일교섭사에 본격적으로 관심을 가지게 된 이유는 그때까지 한일교섭사 연구가 일본연구자에 의해 일방적인 시각으로 해석되고 있는 현실에 큰 문제의식을 느꼈기 때문이다. 또한 한반도로부터 각 시기별 문물이 일본열도에 전래되는 사실을 나열할 뿐, 어떠한 배경으로 전래된 것인지, 이러한 교섭이 양 지역에 어떠한 영향을 주었는지에 관한 논의가 전혀 이루어지지 않은 것도 큰 문제점으로 인식하였다. 이에 대한 문제제기로서 1995년 오사카대학 문학부 잡지인『待兼山論叢』29집에「渡來系文物からみた伽耶と倭に

おける政治的變動」을 발표하였다. 여기에서는 한반도산 문물이 일본열도에서 5세기 전반을 경계로 금관가야에서 대가야로 바뀌는 점과 이와 연동하여 일본열도산 문물이 금관가야권에서 대가야권으로 이동하는 것을 밝히고, 이 현상을 가야지역과 일본열도의 정치적 변화를 반영하는 것으로 보았다. 일본열도의 한반도산 문물과 한반도 남부지역의 일본열도산 문물이 왜의 침략과 약탈로 비롯된 것이 아니라 한반도와 일본열도의 정치적인 교섭의 산물임을 분명히 하였다.

그러나 유학 중은 가야와 왜의 관계에만 중점을 두어 한일 교섭사를 통시적으로 연구할 수 있는 기회를 가지지 못하였다.

유학을 마치고 귀국한 후, 1998년에는 이진희선생님이 주재하신 『靑丘學術論集』12집에 「4~5世紀における韓日交渉の考古學的檢討-考古學からみた古代の韓日交渉」라는 글에서 6세기 초를 전후하여 일본열도에 도입되는 문물의 창구가 대가야에서 백제로 전환되는 것을 밝혔다. 이 시기 백제가 가야지역과 왜와의 전통적인 일상적 교류를 넘어 일본열도와의 교류의 주도권을 장악한 것으로 보았다. 더욱이 백제와 왜의 본격적인 교류가 6세기 초를 전후하여 시작한 점과 새롭게 출현하는 왕조의 창시자인 케이타이繼體와 관련된 지역에 백제계 문물이 집중되는 점에서 이를 백제의 재흥과 일본열도의 새로운 왕조 출현의 배경으로 보았다.

1998년부터 오사카大阪대학에서 사사한 쯔데 히로시都出比呂志선생님과의 공동연구를 계기로 영산강유역의 전방후원분에 대한 연구를 개시하였다. 이를 계기로 2001년『東アジアと日本の考古学』I 에「栄山江流域の古墳」이라는 습작을 발표하였다. 그 후 20여 차례 현지 조사를 실시하였으며, 특히 전방후원분뿐만 아니라 주변의 관련 유적을 함께 답파하여, 유적간의 관계 속에서 전방후원분의 출현과정과 성격에 대하여 논하였다. 영산강유역 전방후원분에 대한 연구로 6세기뿐만 아니라 삼국시대 한일관계사를 조망할 수 있게 되었을 뿐만 아니라 일본열도의 전방후원분에 대한 연구를 본격적으로 시작하는 계기가 되었다.

2001년에는 와카야마和歌山시립박물관의『渡來文化の波-2001秋季特別

展圖錄』에서 「三國·古墳時代における韓·日 交渉」이라는 한일교섭사의 개요를 발표하였다. 이를 보강한 것이 『韓國古代史硏究』27집에 발표한 「考古資料를 통해본 古代 韓半島와 日本列島의 相互作用」이다.

2002년에는 그간의 전방후원분에 대한 연구 결과를 고고학연구회考古学研究會 총회에서 발표하고, 『考古学研究』49-2호에서 「榮山江流域における前方後圓墳の被葬者の出自とその性格」이라는 본격적인 논문으로 게재하였다. 이 논문은 그때까지 주목하지 못했던 영산강유역 전방후원분이 주변의 재지의 수장 계열과 전혀 관계없이 갑자기 출현하는 과정을 분명하게 밝혀, 그 묘주를 재지수장으로 볼 수 없음을 명확히 하였다. 그리고 영산강유역 전방후원분前方後圓墳 묘주는 독립적으로 할거한 것이 아니라, 토착세력의 견제와 일본열도와의 외교 및 대가야 공략을 위해 백제 중앙에서 일시적으로 이 지역에 파견한 왜계倭系 백제 관인官人으로 판단하였다.

2003년 『東アジアの古代文化』117호의 「榮山江流域における前方後圓墳の出現の歷史的背景」에서는 영산강유역에 전방후원분 피장자의 출자에 대해 큐슈九州 북부에 분포하는 석실 유형과 패제품, 이 지역에 영산강유역산 토기와 백제 문물이 이입되는 것을 근거로 큐슈 북부에서 아리아케카이有明海 연안지역에 걸쳐 존재한 여러 유력호족으로 파악하였다. 영산강유역 전방후원분을 조영한 큐슈지역의 유력 호족豪族은 에타후나야마江田船山고분에서 출토된 백제 장신구와 명문대도銘文大刀, 킨메이欽明기에 보이는 왜계백제관료倭系百濟官僚의 양태로 볼 때 왜왕권과 더불어 백제왕권에 신속臣屬된 것으로 보았다.

2003-2004년에는 일한문화기금 초청으로 쿠마모토熊本대학에서 1년간 연구할 수 있었다. 이 기간은 일본열도 전역을 답사하고 관련 자료를 확보할 수 있는 절호의 기회였다. 그 중에서도 한일간 항로航路상의 고도孤島인 오키노시마沖の島유적이 가장 인상적이었다.

2007년 쿠마모토熊本대학에서의 연구 성과를 코단사講談社에서 『加耶と倭』, 사회평론에서 『새로쓰는 고대한일교섭사』로 출간하였다.

2009년에는 유학시절부터 관심을 가진 이래 자료를 조사해온 대가야문물 자료를 집성하여 『일본열도속의 대가야문화』로 출간하였다. 특히 이시기 거점지역의 최고 유력수장묘인 동일본의 사이타마현埼玉縣 이나리야마稻荷山고분, 서일본의 와카야마현和歌山縣 오타니大谷고분, 큐슈九州의 쿠마모토현熊本縣 에타후나야마江田船山고분 등에서 대가야의 위세품이 부장된 역사적 배경에 대해 논하였다.

2011년 필자는 국제교류기금의 초청으로 20년만에 오사카大阪대학에서 조사할 수 있는 두 번째 연구년을 맞이하였다.

그동안 공부하지 못했던 아스카, 나라시대 유적을 집중적으로 조사할 수 있는 절호의 기회였다. 아스카, 나라시대 연구는 문헌사료가 풍부하기 때문에 고고자료와 비교 검토가 용이하고, 무엇보다도 그 이전시기 한일관계의 해석에도 도움이 되었다. 특히 이 시기 신라와 일본과의 관계에 주목하였다.

필자는 20년전 유학생으로 돌아간 기분으로 아스카, 나라시대 유적 유물을 조사하였다. 그 즐거움과 감동은 글로 표현하기 어려울 정도였다.

그 연구 성과를 2011년 진인진에서 『일본속의 고대 한국문화』, 2012년에는 동북아역사재단에서 『일본속 고대 한국문화-近畿地方-』로 간행하였다.

2009년부터 권오영 교수를 대표로 한 한국연구재단의 공동연구로 실크로드 연구에 착수하였다. 그해 처음 가본 이란은 큰 충격이었다. 특히 한반도와 직접적인 관계를 가진 사산조 페르시아유적과 유물이 인상적이었다.

실크로드 연구를 개시하면서 연구 대상과 주제를 고민하였다. 전 세계 수많은 연구자가 관심을 기울이는 실크로드에서 필자가 연구 가능한 분야와 주제가 무엇인지 고민을 거듭한 끝에 유리를 선택하였다. 원래 필자의 전공은 가야토기였다. 토기를 알기위해서는 실측이 가장 유효한 것임을 아는 필자는 미술사적·자연과학적 연구에 치중된 유리 연구를 극복할 수 있는 길은 고고학적 방법인 실측과 관찰밖에 없다고 생각하였다.

무엇보다 이 주제를 선택한 가장 큰 이유는 동아시아에서 유례를 찾아볼 수 없을 정도로 유리기가 다수 부장된 신라고분 때문이었다. 필자는 5세기를 중심으로 한 경주 대릉원고분군에 100점 이상의 로마, 사산조 페르시아 유리기가 부장되었다고 본다.

나아가 필자는 신라와 일본의 관계를 연구하면서 일본열도에 전래된 유리를 주목하였다. 처음에는 나라현奈良縣 니이자와新澤126호분 출토품에 관심을 가졌으나, 같은 시기 오사카부 타이센大仙고분(전 닌토쿠릉仁德陵) 전방부 출토품에도 흥미를 가지게 되었다. 왜냐하면 유리가 발견된 전방부는 후원부의 주피장자와 관련된 배총인 점에서 아직 조사가 안된 후원부에는 다수의 유리기가 부장되었을 가능성이 크기 때문이다. 또한 후루이치古市고분군의 전 안칸릉安閑陵고분에서 절자문切子文완이 출토된 점에서 5세기 일본의 왕릉인 모즈百舌鳥, 후루이치古市고분군에 다수의 신라를 경유한 유리기가 부장된 것을 추정할 수 있었다. 양 고분군의 유리기로 볼 때 신라산 문물뿐만 아니라 서역산 문물도 신라를 경유한 것을 알 수 있으며, 이를 5세기 신라왕권과 왜왕권의 교섭을 상징하는 것으로 본다.

실크로드를 공부하면서 두 분의 스승을 만나게 되었다. 세계적인 유라시아연구자인 카토 규조加藤九祚선생님은 칠곡군 약목면 출신으로 삼 년간의 짧은 기간이었지만, 선생님의 불굴의 학문 정신으로부터 받은 감화는 헤아릴 수가 없다. 세계적인 유리연구자인 요시미즈 츠네오由水常雄선생님으로부터는 유리의 기본부터 배울 수 있었다. 두 분과 함께한 2015년 경북대박물관의 「실크로드와 신라 - 유리의 길 -」 전시는 잊을 수 없는 추억이다.

내년 필자는 서안西安에서 1년간의 연구를 계획하고 있다. 앞으로의 목표는 실크로드를 통한 유라시아 동서교류사이다. 그 본격적인 연구를 서안에서 첫걸음을 딛고자 한다.

본서 가운데 패와 패제품은 이현정씨, 경옥제 곡옥은 임동미씨의 도움을 받았다. 이에 감사드린다. 경북대학교 대학원생인 임영재, 신상백, 장주탁군으로부터 도판과 원고의 교정에 정말로 많은 도움을 받았다. 항상 좋은 책을 만들어주신 진인진의 김영진사장님과 김지인, 배원일선생님께 감사드린다.

마지막으로 필자의 연구를 지켜보며 격려해준 가족과 여러분들께 고마움을 전하고자한다.

2016년 9월 복현 동산에서

박천수

목 차

책을 내며 - 고대한일관계사로의 여정 -　　　　　　　　　　3

머리말　　　　　　　　　　　　　　　　　　　　　　　　11

일본열도의 신라 문물　　　　　　　　　　　　　　　　　20
 토기　　　　　　　　　　　　　　　　　　　　　　　20
 철정(鐵鋌)　　　　　　　　　　　　　　　　　　　　29
 마구　　　　　　　　　　　　　　　　　　　　　　　31
 무구　　　　　　　　　　　　　　　　　　　　　　　36
 무기　　　　　　　　　　　　　　　　　　　　　　　40
 장신구　　　　　　　　　　　　　　　　　　　　　　41
 금속용기　　　　　　　　　　　　　　　　　　　　　44
 농공구　　　　　　　　　　　　　　　　　　　　　　44
 와(瓦)　　　　　　　　　　　　　　　　　　　　　　45
 유리기(琉璃器)　　　　　　　　　　　　　　　　　　47
 묘제(墓制)　　　　　　　　　　　　　　　　　　　　55

신라지역의 일본열도 문물　　　　　　　　　　　　　　　61
 경옥제(硬玉製) 곡옥(曲玉)　　　　　　　　　　　　　61
 무기　　　　　　　　　　　　　　　　　　　　　　　73
 패(貝)와 패제품　　　　　　　　　　　　　　　　　　73
 관재(棺材)　　　　　　　　　　　　　　　　　　　　84

5세기 신라와 일본　　　　　　　　　　　　　　　　　　88

6세기 신라와 일본 114

7세기 신라와 일본 130

8세기 신라와 일본 153

9세기 신라와 일본 164

신라와 일본 교류의 역사적 의의 182

참고문헌 189

도 캡션 및 출처 245

머리말

신라와 일본은 가장 가까운 거리에 위치하며 4세기 후반 이래 500년간 동아시아에서 유례를 찾아보기 어려울 정도로 오랜 기간 전쟁과 외교를 통한 치열한 공방전을 벌려온 경쟁국이었다(도1-1).

양국 간 관계를 먼저 떠오르게 하는 것은 『일본서기』진구神功 9년조 신라 관련 기사라 할 수 있다. 왜냐하면 이 기사가 허구임에도 불구하고 신라와 일본의 적대적인 관계를 상징하는 것으로 인식되어 왔기 때문이다. 또한 신

도1-1 유라시아상의 신라와 일본(박천수)

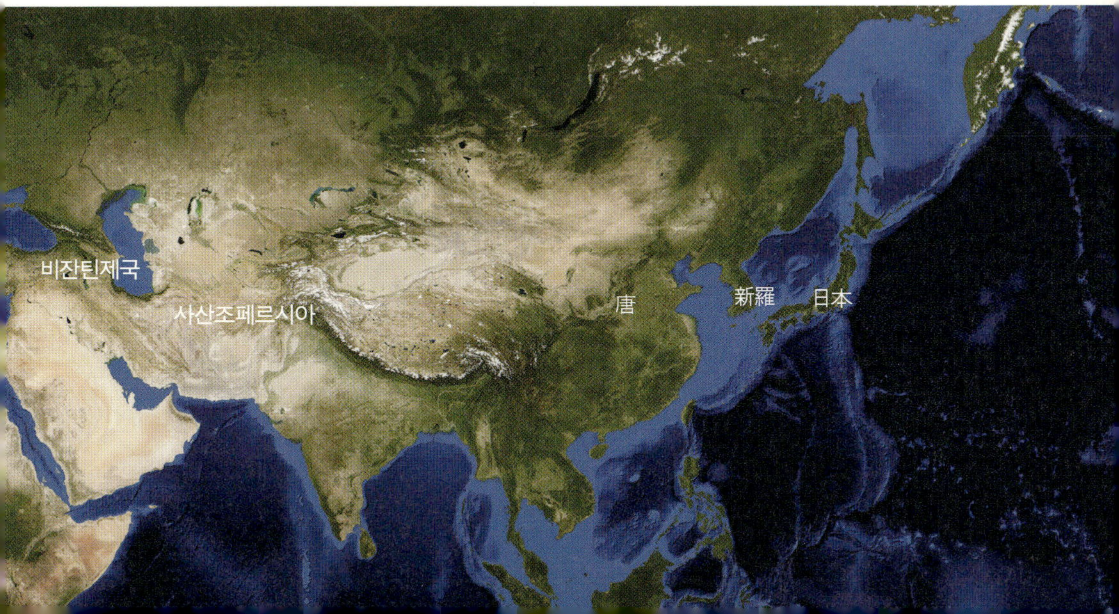

비잔틴제국　사산조페르시아　唐　新羅　日本

라와 일본의 관계는 『일본서기』이외에도 『광개토왕비』, 『삼국사기』에도 매우 적대적으로 기술되어있다.

그래서 양국 간 관계는 항상 적대적으로 인식되어 가야와 일본, 백제와 일본의 관계에 비해 상대적으로 경시되어 왔으며, 이에 대한 연구는 다른 분야에 비해 비교할 수 없을 정도로 부진하다.

그러한 가운데 문헌사학에서 신라와 왜의 관계가 시종일관 적대적인 것으로 볼 수 없다는 논의가 제기되어 주목된다.

김현구(1985)는 『삼국사기』에 신라와 왜의 관계기사가 기원전부터 시작하여 50여 곳에서 보이는데 반해 백제와 왜의 기사는 379년에 시작하여 10여 곳에 지나지 않고 지리적으로 왜가 백제보다 신라에 근접한 것에 주목하고 신라와 왜의 관계를 다음과 같이 논하였다. 즉 6세기 후반 왜의 외교정책이 백제 일변도에서 다면외교로 전환한 것으로 보고, 그 계기는 중국의 남조南朝가 멸망하여 정치, 문화의 중심이 북조北朝로 옮겨짐에 따라 백제와 중국과의 관계가 멀어진다. 한편 한강 하류역을 획득한 신라가 중국과의 관계를 긴밀히 함으로써 왜가 백제에서 도입하던 선진문물을 신라, 고구려로부터 받아들이게 되었다는 것이다.

김은숙(1994)은 6세기 후반 신라와 왜 교섭의 배경은 백제와 왜의 해상교통로를 신라가 장악하여 양자 간 교섭이 불가능해졌기 때문이며, 왜의 신라외교는 교섭 그 자체보다도 단절된 백제외교를 재개하기위한 것에 목적을 둔 것으로 보았다.

신라와 왜에 관계에 대한 고고학연구도 문헌사료에 의해 해석에 많은 영향을 받아왔으며 그 연구도 그다지 활발하지 못하다.

오다 후지오小田富士雄(1987)은 일본열도에서 출토된 신라문물에 대한 정리를 행하였다.

사다모리 히데오定森秀夫(1993)는 5~7세기에 걸쳐서 신라계 토기가 일본열도 전역에 이입되는 것을 밝혔다.

시라이 카츠야白井克也(2003)도 일본열도의 신라토기의 분포 양상과 그 유입경로에 대해 검토하였다.

키노시타 나오코木下尚子(2001)는 일본열도 남도산 패류를 사용한 마구를 통하여 신라와 류큐琉球제도, 북부 큐슈九州와의 교섭에 대하여 논하였다.

치가 히사시千賀久(2003)는 안금구鞍金具의 구조 차이에 착목하여 안鞍의 중앙에 있는 주빈洲浜과 그 좌우의 기금구磯金具를 함께 만든 일체안一體鞍과 따로 나누어서 만든 분리안分離鞍으로 분류하고, 전자는 신라계, 후자는 비신라계로 파악하였다. 치가 히사시의 연구에 의해 종래 막연하게 가야, 백제계로 파악되어온 일본열도의 마구 가운데 상당수가 신라계임이 밝혀졌다.

타카다 칸타高田貫太(2003)는 7·8세기대 신라와 일본의 활발한 교섭을 고려할 때 그 전 단계인 5·6세기대의 한일간의 교섭은 필자가 제시한 가야와 왜, 백제와 왜의 교섭만으로는 충분히 설명되기 어렵다고 보았다.

박천수(2007)는 신라산 문물이 5세기 전반뿐만 아니라 6세기 후반 일본열도에 집중 이입되는 점에 주목하고, 이 시기 양자 간 교섭이 전면에 부상한 것을 지적하며 그 배경에 대하여 논하였다. 그럼에도 이 연구는 3~6세기 한일교섭사를 조망하는 가운데 이루어졌기 때문에 신라와 왜의 관계에 대한 본격적으로 접근하지 못하였다. 특히 신라와 왜의 교섭이 양 지역간에 미친 영향에 대한 논의가 이루어지지 않았다.

그 후 타카다 칸타(2011)는 종래 고구려계로 인식되어온 유릉단판연화문와당有稜單瓣蓮花文瓦當이 신라계임을 밝히고 그 역사적 배경에 대해 논하였다.

박천수(2012, 2014)는 신라와 당, 백제와 일본의 외교관계로 파악되어온 7세기 전반뿐만 아니라 신라와 일본이 적대적인 관계에 직면하는 것으로 파악되어온 663년 백제 멸망 이후인 7세기 후반과 8세기 전반에도 신라 문화가 노도와 같이 일본열도에 이입되는 것을 밝히고, 신라토기, 화장묘, 왕릉의 풍수사상, 쇼소인正倉院 소장품의 도입과정을 살펴보면서 신라와 일본과의 관계에 대해 접근하였다.

이와 같은 문제제기가 행해졌음에도 불구하고 아직까지 일본열도 한반도 문물의 계보에 대해서는 가야 또는 백제로만 보는 시각이 의연하게 남아있다. 그 이유로는 먼저 이제까지 개별 문물의 계보에 대한 연구에 혼란이 있었음을 지적하고자 한다. 그 실례로 특히 5세기 전반의 일본열도에 이입된 철소재인 철정과, 마구, 금공품의 계보를 가야지역에 구해온 것을 들 수 있다. 이는 일본열도 출토품과 유사한 부산시 복천동고분군 출토품을 신라산으로 인식하지 못하고 금관가야산으로 파악한 것에 기인한다. 또한 이 시기 일본열도에 도입된 금공, 갑주 제작기술의 공인의 계통도 이와 마찬가지로 금관가야계로 파악되어 왔으나 그 출자는 신라로 보아야 할 것이다.

그리고 본서에서는 일본열도에 이입된 문물 가운데 신라를 경유한 것으로 판단되는 로마, 사산조 페르시아, 이슬람 유리기에 대해 주목하고자 한다.

나아가 일본열도에서 신라로 이입된 경옥제 곡옥과 류큐열도琉球列島산 패제품이 제기하는 역사적 의의에 대해 논고하고자 한다. 즉 이제까지 신라와 일본 관계는 주로 신라에서 이입된 문물을 중심으로 논의되었으나, 신라에 이입된 수천점에 달하는 일본열도산 문물의 존재는 종래 일본 연구자들이 주장한바와 같이 신라산 문물이 약탈에 의해 이입된 것이 아니라 교역에 의한 것임을 방증하기 때문이다.

그래서 고고자료를 중심으로 갈등과 일방적인 관점에서 묘사되어왔던 신라와 일본의 관계에 대해 교류를 통한 상호적인 관점에서 접근하고자 한다. 특히 신라와 일본의 문물이 상호 이입되는 시기가 5세기, 6세기 후반, 7세기 전반, 7세기 후반, 8세기 전반, 9세기 전반인 점에 주목하여 그 역사적 배경과 관련하여 논의하고자 한다.

5세기 일본열도의 철소재인 철정鐵鋌과 그 계통에 대해 논의되어온 금동제 장신구와 마구 등이 신라산인 점을 분명히 한다. 그리고 이 시기 황남대총 북분, 금관총, 천마총과 같은 신라의 왕릉급 무덤에 부장된 금관과 대장식구에 부착된 경옥제硬玉製 곡옥曲玉이 일본열도산인 점을 밝히고자 한다. 『광개토왕비』경자년更子年조 400년 기사에 보이는바와 같이 적대적인 관계이었던 신라와 왜가 교섭하는 배경에 대해 논하고, 이를 통하여 신라와 왜의 관계가 반드시 적대적인 것으로 볼 수 없음을 논증하고자 한다.

6세기 후반 동아시아에서 가장 화려한 마구인 나라현奈良縣 후지노키藤ノ木고분 출토품의 경우 종래 중국산, 또는 일본산으로 파악되어 왔으나, 신라산일 가능성이 매우 크다. 더욱이 종래 백제와 관련된 것으로만 파악되어온

나라현 아스카사飛鳥寺 목탑 출토 사리 장엄구의 일부가 신라산인 점을 밝히고자 한다. 이와 함께 이 시기 일본열도에 이입된 중국산 문물의 이입 배경에 대해 살펴보고자 한다. 이 시기는 신라가 한강유역을 차지하고 대가야를 멸망시킨 직후인 점과 20년간 백제와 일본의 왜이 단절되는 것에 주목하여 신라와 일본의 교섭 배경에 대해 밝히고자 한다.

7세기 전반 신라의 인화문토기가 광범위하게 이입되고 특히 외교사절이 출입하는 오사카부大阪府 나니야노미야難波宮, 나라현 이시카미石神유적에서 집중 출토되는 것에 주목하고자 한다. 신라 문물이 이입되는 시기가 백제, 고구려와의 전쟁을 대비한 김춘추의 견사遣使기록에서 알 수 있듯이 신라의 대 일본 외교가 활발한 시기인 것이 흥미롭다. 7세기 후반 특히 신라식의 쌍탑식雙塔式 가람 배치가 나라현 후지와라경藤原京의 국가 사원인 야쿠시사藥師寺에 도입되고, 종래 당의 영향에 의한 것으로 보아온 와당의 복판연화문複瓣蓮花文이 실은 신라와당의 영향에 의해 성립된 것을 밝히고자 한다. 이 시기는 백제, 고구려 멸망 이후 선진 문물의 도입지가 소멸되고 당唐과의 관계 악화로 인한 견당사遣唐使를 파견하지 못한 일본 측의 사정에 주목하고자 한다.

8세기 전반 일본의 왕릉에 돌연 화장과 함께 풍수사상이 도입된다. 종래 양자는 당의 영향에 의한 것으로 파악되어 왔으나 당시 중국에서는 황제의 화장이 이루어지지 않은 점, 풍수사상이 직접 도입된 것으로 볼 수 없는 점에서 신라의 의해 성립된 것을 분명히 하고자 한다. 이와 함께 나라시대 일본 문화를 상징하는 토다이사東大寺는 가람 배치가 신라식인 쌍탑식이며 대불大佛의 주조와 건립에 신라인들이 참여한 점에서 신라 문화의 영향을 배제하기 어렵다. 그리고 이시기 텐뵤天平문화를 상징하는 것은 나라현 쇼소인正倉院의 소장품이다. 쇼소인 소장품은 화려한 실크로드 문화의 산물로서 세계적으로 주목되어 왔다. 종래 쇼소인 소장품은 견당사를 통해 직접 이입되었으며, 일본이야말로 실크로드의 종착역으로 주장되어왔다.

그러나 경주시 안압지의 발굴에 의해 쇼소인 소장품 가운데 신라산 문물이 다수 존재함이 밝혀졌음에도 불구하고, 아직도 그 대부분은 견당사를 통하여 도입된 것으로 보고 있다. 필자는 쇼소인 소장품의 도입 이전 즉 5~7세기에 이입된 서역西域 문물이 신라를 경유한 것을 밝히고, 쇼소인 소장품이 신라를 경유한 것임을 논증하고자 한다. 그래서 8세기 쇼소인에 보이는 일본의 서역 문물에 대한 동경이 실은 5세기 이래 신라의 영향에 의해 형성되었음을 논하고자 한다.

9세기는 주지하듯이 신라와의 교역이 공무역에서 사무역으로 전환되는 시기이다. 교역의 장소가 8세기대는 헤이안경平安京이었으나 이 시기에는 타자이부大宰府로 바뀐다. 이 시기 일본열도에 이입된 이슬람유리기, 이슬람도기가 인화문 토기와 함께 출토된 것에 주목하여 서역문물이 신라를 통해 이입되었음을 살펴보고자 한다.

그리고 본서에서는 일본 속 신라문화를 대표하는 유적을 선별하여 소개하고자 한다.

후쿠오카현福岡縣 츠키노오카月の岡 고분 (도1-2, 3)

JR 후쿠오카시 하카타博多역에서 규다이혼센久大本線을 타고 치쿠고요시이筑後吉井에서 하차하여 도보로 에도江戶시대 후기의 거리가 잘 보존된 요시이정吉井町을 지나면 도달한다.

우키와시浮羽市 요시이정 치쿠고카와筑後川에 연한 와카미야若宮의 충적대지에 분포하는 고분이다. 츠키노오카月の岡고분은 이 고분군의 5세기 전반 가장 동쪽에 조영된 길이 95m의 전방후원분이다. 주구가 돌려져있으며 분구에는 인물, 가형, 조형, 갑주형의 하니와埴輪가 수립되었다. 1805년 대형의 나가모치長持형 석관을 안치한 수혈식석곽이 후원부에서 발굴되어 대장식금

도1-2 후쿠오카현(福岡縣) 츠키노오카(月の岡)고분 전경(박천수)

도1-3 후쿠오카현(福岡縣) 츠키노오카(月の岡)고분 출토유물

구, 곡옥, 관옥을 비롯한 장신구, 성시구盛矢具, 금동제 경갑脛甲과 횡장판정결판갑橫長板釘結板甲을 비롯한 무구, 철검, 철도, 철촉을 비롯한 무기, 마구, 변형사수문경變形四獸文鏡 등이 출토되었다.

용문투조와 쌍엽문투조 대장식구, 금동제 U자형 전면 식금구가 부착된 성시구盛矢具, 금동제 경갑은 그 형식으로 볼 때 신라산이다. 이 고분 출토 차양주遮陽冑도 제작기술과 문양으로 볼 때 신라계 공인에 의해 일본열도에서 제작된 것으로 볼 수 있다.

목심철판장 등자는 철판이 윤부상단에만 덮힌 고식으로 윤부와 병부가 단면 오각형인 점에서 대가야산일 가능성이 크다.

이 고분의 피장자는 매장시설이 키나이畿內의 유력호족에 국한되어 사용되는 관인 나가모치형 석관을 사용하고 신라산 금동제품과 금동제 갑주를 부장한 점에서 왜왕권과의 밀접한 관계하에 있었던 유력호족으로 볼 수 있다.

츠키노오카의 피장자는 한반도산 문물뿐만 아니라 이주민을 주변 취락 내에 보유한 점에서 5세기 전반 이래 한반도와 밀접한 관계를 가진 이 지역의 호족세력으로 판단된다. 더욱이 이 고분군 출토 유물의 계통이 신라에서 대가야로 바뀌는 것은 일본열도와의 교류의 주체의 변화를 반영하는 것으로 본다.

출토품은 우키와시 요시이정 자료관에 전시 수장되어있다.

참고문헌

兒玉真一(編), 1989, 1990, 2005, 『若宮古墳群Ⅰ, Ⅱ, Ⅲ』, 吉井, 吉井町敎育委員會.
朴天秀, 2011, 『일본속의 고대 한국 문화』, 서울, 진인진.

일본열도의 신라 문물

● 토기

5세기

오사카부大阪府 나가하라長原유적SD014유구 주변 출토 유대파수부완有臺把手附椀과 대부장경호臺附長頸壺는 5세기 초인 부산시 복천동10·11호분을 전후한 시기의 신라양식을 모방한 스에키須惠器이다. 이는 신라계 공인이 키나이畿內지역에서 스에키를 제작한 것을 보여주는 점에서 주목된다. 오사카부 네야카와시寢屋川市 출토 대부호臺附壺도 대각의 형태로 볼 때 신라산이다. 오사카부 니시이와타西岩田유적 출토 각배角杯는 가야지역에서는 이 시기에 제작되지 않는 점, 구경이 크고 저부를 평탄하게 절단한 점이 경주시 금관총, 창녕군 교동7호분 출토 청동제 각배와 흡사한 점에서 신라양식으로 판단된다. 오사카부 타이토우시大東市 토야마고분군堂山古墳群 내 1호분의 봉분에서 개, 고배, 장경호, 기대 등으로 구성된 스에키가 출토되었는데, 이 스에키들 역시 성주지역에 출자를 둔 공인의 영향에 의해 5세기 중엽을 전후한 시기에 제작된 것으로 보인다.

나라현奈良縣 오미야신사大神神社 경내 출토 집선문이 시문된 2단교호투창고배는 문양과 기벽이 얇은 점에서 5세기 후엽의 경주지역산, 유충문幼蟲文 개蓋와 경부와 견부에 파상문이 시문된 대부장경호는 5세기 중엽의 창녕

지역산, 5세기 후엽의 대부장경호와 고배는 파상문의 형태와 고배의 대각으로 볼 때 칠곡지역산 토기로 추정된다. 나라현 후지노키노쵸藤ノ木丁유적 출토 무개식의 동부에 파상문이 시문된 장경호는 5세기 중엽의 신라양식 장경호이다.

쿄토부京都府 나구오카키타奈具岡北1호분 출토 고배형기대高杯形器臺(도2-1)는 창원시 도계동4호분과 김해시 가달5호분 출토 창녕양식 토기와 흡사한 점에서 이 지역산으로 판단된다. 그 외 2단일렬투창고배와 유충문이 시문된 개도 같은 지역 양식이다.

와카야마현和歌山縣 쿠수미楠見유적 출토 통형기대筒形器臺와 고배형기대는 기형과 단추형의 세로 장식대로 볼 때 5세기 중엽 칠곡군 약목고분 출토품과 성주군 성산동38호분 출토품과 유사하며, 이 유적 출토 대부완의 파상문도 성주, 현풍지역의 고배 등의 기종에서 보인다. 쿠수미유적 토기는 신라와 가야 양식을 절충한 낙동강 중류역의 성주, 현풍지역에서 반입된 것으로 판단된다. 와카야마현 이와세센즈카岩橋千塚 마에야마前山A46호분 출토 1단투창고배는 손잡이의 모양과 문양으로 볼 때 대구시 문산고분군 출토 고배와 유

도2-1 **쿄토부(京都府) 나구오카키타(奈具岡北) 1호분 출토 토기**

사한 점에서 이 지역 주변에서 제작된 것으로 보인다. 이와세마에야마岩橋前 山A46호분 출토 유개고배는 6세기 전반의 신라후기양식 토기이다. 와카야마 현 하나야마花山6호분 출토 대부호도 각부와 원권문으로 볼 때 6세기 전반의 신라후기양식 토기이다.

시가현滋賀縣 스데라すでら유적, 야마노와키山の之脇유적 출토 2단일렬투창 고배는 배신의 집선문으로 볼 때 5세기 후엽의 경주지역산 토기로 판단된다. 시가현 나카고우지中小路유적 출토 1단투창유개고배는 손잡이의 모양과 문양으로 볼 때 대구지역 주변에서 제작된 것으로 추정된다.

미에현三重縣 다이니치야마大日山1호분 출토 고배는 각부의 파상문으로 볼 때 확실한 5세기 후엽의 창녕지역산이다.

후쿠이현福井縣 미소노三生野유적에서는 오사카부 나가하라유적 출토품과 같은 견부에 결승문을 시문한 경주지역산 대부장경호가 출토되었다. 후쿠이현의 시시즈카獅子塚고분과 코우토우지興道寺요 출토 각배는 대형으로 구경이 크고 저부를 평탄하게 절단한 점에서 신라양식으로 본다. 또한 시미즈정淸水町 미노토우게美濃峠고분에서 이단투창고배가 출토되었는데, 전체적인 형태로 미루어 5세기 후엽~말엽의 신라양식 고배로 판단된다.

나가사키현長崎縣 미시마箕島고분군 1호분 출토 배신에 유충문이 시문된 무개식고배, 무문 무개식고배와 31호분 출토 각부 하단에 돌대가 돌려진 1단투창고배는 그 형태, 문양과 시문위치, 흑색의 색조로 볼 때 창녕지역산이다.

미야자키현宮崎縣 이키메生目9호분 출토 파수부대부완은 TK23형식의 스에키와 공반된 것으로 색조, 태토, 기형, 파상문의 형태로 볼 때 5세기 후엽 성주 주변의 낙동강 중류역에서 반입된 것이다.

시마네현島根縣 오키隱岐 섬 진자키珍崎에서 출토된 개(도2-2)는 꼭지의 모양과 태토, 소성 상태로 볼 때 5세기 후엽 성주지역산으로 볼 수 있다. 시마네현 미타가타니弥陀ヶ谷유적 출토 대부장경호 또한 각부의 형태로 볼 때 창녕지역 양식일 가능성이 크다. 시마네현 이주모코쿠후出雲國府유적 출토 고배 도 기형과 색조로 볼 때 같은 양식이다.

오카야마현岡山縣 사이토미齋富유적 출토 고배 개는 시문된 유충문과 흑색

색조로 볼 때 창녕지역 산이다.

톳토리현鳥取縣 나가세타카하마長瀨高浜유적 출토 한반도산 유충문 개는 기형, 흑색의 색조와 유충문의 형태로 볼 때 창녕지역산이다.

도2-2　시마네현(島根縣) 진자키(珍崎)출토 개

나가노현長野縣 토구치쇼군즈카土口將軍塚고분 출토 1단투창유개고배는 단추형꼭지, 개신의 3단에 걸친 파상문 시문 등의 특징으로 볼 때 성주양식으로 추정된다.

니이카타현新潟縣 미야노이리宮ノ入유적 출토 2단 교호투창고배도 기형과 색조로 볼 때 창녕지역산이다.

전 야마가타현山形縣 출토 유개고배가 있다. 개는 대각도치형 꼭지를 가지고, 신부 중위에 1조의 횡침선을 돌린 후 침선 하위로 사격자문을 시문하였다. 고배는 대각에 장방형의 투창 4개를 교호로 뚫고, 배신은 약간 둥글다. 전체적인 기형과 문양, 비교적 얇은 기벽 등에서 5세기 말에 해당하고, 정확하게 지역을 확정할 수는 없지만 경주 주변 지역에서 만들어진 것으로 추정된다.

치바현千葉縣 토바리戸張作유적 177호 주거지에서 장경호가 출토되었다. 경부는 2조와 1조의 돌대에 의해 3분되고, 중위에 9치구의 파상문이 시문되어 있다. 동체부 상위와 중위에는 각각 1조의 돌대가 돌아가고, 그 사이에 역시 9치구의 파상문이 시문되어 있다. 전체적인 형태와 소성, 색조 등으로 볼 때 경주 혹은 그 주변지역에서 제작된 장경호로 판단되고, 시기는 5세기 중엽에 해당한다.

카나가와현神奈川縣 오이소정大磯町 아타고야마시타愛宕山下 횡혈橫穴 출토 대부장경호는 경부가 2조의 돌대에 의해 2분되고, 경부에는 7치구의 파상문이 시문되어 있다. 전반적인 색조는 회청색을 띠는데, 경부가 직선적으로 올라가고 동체부가 전반적으로 둥글며, 대각단의 단면이 약간 직사각형에 가

깝다. 경주지역에서 가까운 울산, 대구지역 출토 대부장경호와 유사하며 시기는 5세기 중엽으로 판단된다.

아이치현愛知縣 토요타시豊田市 타카바시高橋유적에서 이단투창고배가 출토되었다. 고배의 배신에는 사격자문이 시문되어 있고, 대각단부는 약간 말려올라가는 형태이다. 5세기 말엽의 전형적인 신라양식 고배로 판단된다.

6세기

6세기 전반의 쿄토부 오미오大耳尾고분 출토 각배는 그 형태로 볼 때 신라양식이다.

6세기 후엽 나가사키현長岐縣 이키壹岐에서는 인화문 토기가 집중적으로 출토되어 주목된다.

쇼로쿠雙六고분은 이키시壹岐市 가츠모토정勝本町에 위치하는 대형 전방후원분이다. 이키 중앙부의 고분이 집중하는 코쿠분國分지구에 위치한다. 후술하는 사사즈카笹塚고분이 인접한다. 부장품은 백유록채원문완白釉綠彩圓文碗, 금사金絲, 유리제 옥, 스에키須惠器, 하지키土師器, 금동제 규두대도 파두, 통형금구, 금동제 운주, 행엽, 당초문 식금구, 유리제 옥, 금동제 방울, 철촉, 은상감 담鐔, 장니금구, 심엽형경판부비, 단봉문 환두대도 파두와 함께 개 2점, 대부직구호 1점, 구연부편 1점과 같은 신라후기양식 토기가 출토되었다. 이 고분의 피장자는 분구, 석실의 규모와 신라산의 화려한 마구, 북제산 도자기와 같은 부장품으로 볼 때 특히 신라와의 교섭을 담당한 이 지역의 유력호족으로 볼 수 있다.

사사즈카笹塚고분은 해발 약 85m의 용암대지 위에 조영된 원분이다. 분구는 지름 66m 높이 3m이며 석실은 현실, 중실, 전실, 연도가 있는 복실 구조이다. 부장품은 금동제 구형龜形운주, 인동당초문 심엽형행엽, 인동당초문 심엽형경판부비, 구갑문 호등壺鐙, 장니금구, 안금구와 같은 금동제 마구와 유리제 소옥, 금동제 소환이식, U자형삽날, 철부, 철촉, 철도, 철모, 개蓋 1점, 고배 1점, 옹 1점, 녹유유개합자 1점과 같은 4점의 신라후기양식 토기와 스에키須惠器 등이 출토되었다. 이 고분의 마구 중 특히 구형운주는 조형미가

뛰어난 것으로 심엽형행엽과 심엽형경판부비와 함께 신라산으로 파악된다. 이는 신라후기양식 토기가 다수 공반된 점에서도 방증된다. 이 고분의 피장자는 분구, 석실의 규모와 신라산의 화려한 마구로 볼 때 한반도 남부 특히 신라와의 교섭을 담당한 이 지역의 유력호족으로 볼 수 있다.

아이치현愛知縣 안죠시安城市 카미죠上条유적에서 유개고배가 출토되었다. 개와 고배 모두 기벽이 얇으며, 고배의 경우 대각부 상하에 장방형의 투창이 교호로 뚫려 있고, 단부는 말려올라간다. 개의 꼭지와 고배 대각부의 형태 등을 고려하였을 때 6세기 전엽의 신라양식 토기로 판단된다.

토치기현栃木縣 오야마시小山市 노베지마延島유적에서 출토 유개고배는 고배의 대각은 비교적 짧고, 4개의 투창이 상하교호로 뚫려 있으며, 대각단부가 말려올라가는 형태이다. 6세기 전반대의 신라양식 토기로 판단된다.

야마가타현山形縣 신죠시新庄市 히가시야아東山출토 유개고배는 고배의 대각부가 비교적 짧으며, 대각단부는 말려올라가는 형태이다. 대각부 상하로 투창이 교호로 뚫려있고, 6세기 전엽의 신라양식 토기로 판단된다.

7세기

후쿠오카현福岡縣 카네타케金武고분군에서 다수의 신라토기가 출토되었다. 카네타케金武고분군은 26지군 147기의 원분으로 구성된 군집분이다. 이 가운데 요시타케吉武G군은 4기의 횡혈식석실을 매장시설로 하는 고분으로 구성되었으며 G-4호분 주구에서 7세기 전반의 신라 인화문이 시문된 대부장경호가 출토되었다. 또한 이 고분군에서는 주구와 연도에서 철생산과 관련된 철재가 출토되었다. 그리고 인접한 요시타케즈카하라吉武塚原고분군에서도 신라토기가 다수 출토되는 점에서 피장자는 철생산에 종사한 신라계 이주민일 가능성이 크다.

후쿠오카현福岡縣 타마키야마玉城山고분군에서 다수의 신라토기가 출토되었다. 타마키야마玉城山고분군은 오노죠시大野城市 오코카네乙金산록에 분포하는 3지군 34기의 원분으로 구성된 고분군이다. 이 가운데 C군은 매장시설을 횡혈식석실로 하며 4기의 고분에서 신라 인화문 토기가 출토되어 주목된다.

도2-3 후쿠오카현(福岡縣) 타마키야마(玉城山)고분군 C군 출토 신라토기(박천수)

C5호분에서는 대부장경병, 대부직구호, C9호분에서는 개蓋, C11호분에서는 대부장경병, C15호분에서는 편이 출토되었다. 이 고분의 피장자는 신라토기의 출토 빈도가 매우 높은 점에서 신라계 이주민일 가능성이 크다(도2-3).

 나가사키현長岐縣 쓰시마시對馬市 미츠시마정美津島町에 위치하는 카나다성金田城의 산정부에서는 스에키와 함께 신라후기양식의 인화문토기가 출토되었다. 이 산성은 『일본서기』 텐지天智6년(667년)에 오사카부大阪府 타카야스성高安城, 카가와현香川縣 야시마성屋嶋城과 함께 축성기사가 보인다. 카나다성은 천혜의 요새로서 대 신라 방어의 최전선에 해당한다.

 그리고 이 시기에는 인화문이 시문된 신라 토기가 백제 토기를 초월하는 수량으로 특히 일본열도 킨키近畿지역에도 집중 이입된다. 더욱이 신라토기는 궁도인 오사카부大阪府 나니와궁難波宮, 오사카성大阪城, 외교 접견 시설로 추정되는 나라현奈良縣 이시카미石神유적, 궁도인 후지와라경藤原京과 나라현奈良縣 효류사法隆寺, 토유라사豊浦寺, 오사카부大阪府 시텐노사四天王寺 등 사원에 집중하는 것에서 국가적인 외교사절에 동반한 정치적인 교섭에 의해 이입된 것이 분명하다. 또한 공방지인 나라현奈良縣 아스카이케飛鳥池유적, 니시바시西橋유적, 오사카부 타이太井유적 등에서 신라 토기가 출토되는 것에서 당시 일본의 금속기 생산에 신라 공인이 관여한 것이 밝혀졌다. 더욱이 신라 토기는 호류가 주된 기종인 점에서 후대의 쇼소인正倉院 소장 약호藥壺와 같이 저장기로서 내용물을 반입하는 기능을 가졌을 가능성이 매우 크다.

8~9세기

큐슈九州지역에서는 나가사키현長岐縣 쓰시마시對馬市 카미츠시마정上對馬町유적에서 병형토기 2점이 출토되었고, 후쿠오카현 타자이부시大宰府市 조방지条坊址 115차 SX164 출토 장경호가 있다. 또한 후쿠오카시 오하시大橋E유적 제2차조사 SX08, SX10 토광土壙에서 인화문이 시문된 토기편이 출토되었다.

킨키近畿지역에서는 오사카부大阪府 노가미野上유적 출토품, 미나미카와치군南河內郡 미하라정美原町 타이유적太井유적 출토 완, 야오시八尾市 토우고유적東鄕유적 출토 장경호, 하비키노시羽曳野市 노노우에유적野々上유적 출토 장경호, 오사카성大阪城 산노마루유적三の丸유적 출토품, 오사카성大阪城유적 91년-34차조사 출토 병, 나라현奈良縣 아스카무라明日香村 이시가미石神유적 출토 장경호, 나라현 텐리시天理市 나가바야시신이케長林新池 채집 호, 카시하라시橿原市 미나미야마南山고분군 출토 개, 헤이죠경平城京 출토품, 타칸다이지大官大寺 2차 출토품, 사쿠라이시櫻井市 오니시카다니大西ケ谷 출토품 등이 있다.

동일본에서는 토치기현栃木縣내에서 신라토기가 집중 출토되어 주목된다. 니시시모야타西下谷田유적은 대규모 생활유적으로서 방형구획 시설 내의 대형 수혈건물(SI-02), 방형구획 시설 바깥쪽의 수혈주거지(SI-367·368·472·291)에서 신라 토기 병과 완, 시루 등 14점이 출토되었고, 우쓰노미야시宇都宮市 마에다前田유적에서는 굽이 달린 무문의 완과 굽으로 추정되는 녹유도기, 하가정芳賀町 우사키노우치다이兎の內臺유적 SI-014, 306에서는 광구호, 합, 미부정壬生町 소우미야惣宮유적 SI-40에서는 동체부에 인화문을 시문한

호 등이 출토되었다. 이 유적은 대부분 생활유적으로서 킨키近畿지역의 궁지, 관아, 사찰유적 등과 성격을 달리한다. 출토된 신라 토기의 기종도 차이가 있는 것에서 이 지역에서 신라 토기가 다수 출토된 배경은 문헌에 보이는 신라인의 이주와 관련된 것으로 파악된다.

치바현千葉縣 노노마野々間고분 출토품은 수적문과 콤파스문이 시문된 것으로 녹유綠油병이다(도2-4).

9세기에는 후쿠오카시福岡市 히가시구東區 타다라코메타多々良込田유적에서 병이 출토되었고, 츠쿠시筑紫 코로간鴻臚館에서 뚜껑, 장동옹 또는 병으로 추정되는 신라토기가 다수 출토된다.

도2-4 치바현(千葉県) 노노마(野々間)고분 출토 녹유(綠油)병

● 철정鐵鋌

6세기 이전 일본열도에서는 철을 자체생산 할 수 없어 철정과 같은 지금地金을 한반도에서 수입하여 철기를 제작하였다. 이제까지 일본열도의 철정의 제작지는 일본열도에 인접하고 철정이 다수 출토된 부산시 복천동고분군 출토품에 의거하여 막연하게 금관가야 또는 가야지역으로 추정해왔다.

4세기 후엽 금관가야의 철정은 김해시 대성동1, 2, 3호분, 부산시 복천동 54호분, 김해시 칠산동20호분 출토품과 같이 단부의 형태가 직선을 이루고 양 측면이 요철이 없는 대칭적인 형태이다. 이 시기 효고현兵庫縣 쿄자즈카行者塚고분, 쿄토부 야하타오츠카八幡大塚고분, 와카야마현 마루야마丸山고분 출토 철정은 대성동고분군 출토품과 형태가 유사한 점에서 통형동기와 다른 철제품과 함께 김해지역에서 이입된 것으로 파악된다.

이에 비해 같은 시기 신라의 철정은 경주시 월성로가6호분과 경산시 임당동G5, 6호분 출토품에서 보는 바와 같이 단부의 형태가 호상弧狀을 이루고 양 측면이 요철이 심한 비대칭적인 형태인 점이 특징이다.

그런데 5세기 이후 금관가야지역에서 이입되던 철정과 형태와 규격이 다른 철정이 일본열도에 이입된다. 대표적인 것이 5세기 전엽의 나라현 야마토大和6호분 출토 대형 철정이다. 이 고분은 나라현 북부의 전방후원분이 집중하는 사키타테나미佐紀盾列고분군 가운데 전장 256m 전방후원분인 우와나베ウワナベ고분의 배총이다. 이 고분에서는 대형 철정 282매, 소형 철정 590매가 출토되었다. 대형 철정의 대부분은 5세기 중엽의 경주시 황남대총 남분 출토품에서 보는 바와 같이 단부가 호상을 이루고 양 측면이 요철이 심한 비대칭적인 신라의 철정과 형태가 유사하다.

이 철정은 종래 4세기 말 복천동21·22호분 출토품과 유사한 것에서 가야 또는 금관가야산 철정으로 인식되어왔다. 그러나 복천동21·22호분의 철정은 단부의 형태가 호상을 이루며 양 측면이 요철이 심한 비대칭적인 형태인 점에서 신라산이다. 이 고분에서는 신라양식의 토기와 신라산 금동제 성시구盛矢具, 착두형의 신라형 철촉이 공반되는 것에서 철정 역시 신라에서 공급된 것으로 보는 것이 합리적이다. 또한 이에 선행하는 복천동25·26호분에서도 같은 규격의 신라산 철정이 확인된다. 그리고 4세기 후엽 복천동 31·32호분의 철정은 소형이나 양단부의 형태가 호상을 이루고 있는 것에서 신라산으로 추정된다.

  복천동고분군 출토 철정의 성분 분석에서 신라산 철정으로 파악되는 39호분 출토품 등에서는 동銅 성분이 높은 것이 특징이다. 더욱이 창녕지역 출토품과 야마토大和6호분에서도 같은 성분 분석 결과(村上英之介 1993)가 나온바 있어 이러한 철정이 동일한 산지의 철광석을 사용하였을 가능성이 크다. 또한 아이치현愛知縣 이세야마중학교伊勢山中學校유적의 SB16주거지 출토 철정도 성분 분석결과 야마토6호분과 동일한 것에서 같은 산지의 철광석을 사용한 것으로 확인되었다(佐々木稔 1996). 이러한 양상은 복천동고분군에서는 4세기 전엽 복천동54호분까지 금관가야형의 철정이 부장되다가 4세기 말 복천동21·22호분을 전후한 시기에 신라형 철정이 이입된 것을 증명한다.

  결국 종래 복천동고분군 출토품과 유사한 것에서, 금관가야산으로 파악되어왔던 야마토6호분 출토 대형 철정의 대부분은 신라산 또는 신라계 공인에 의해 제작된 것으로 판단된다.

  야마토6호분의 소형 철정도 단부가 호상을 이루고 양 측면이 요철이 심한 비대칭적인 형태와 규격이 복천동4호분 출토품을 비롯한 경주지역에서 제작된 철정과 흡사한 것에서 대형과 함께 신라형 철정으로 본다. 더욱이 이제까지 막연하게 가야산으로 파악되어온 오사카부 노나카野中고분, 나라현 미나미야마南山4호분, 효고현兵庫縣 미야야마宮山고분, 오카야마현岡山縣 쿠보키야쿠시蓬木藥師유적, 이세야마중학교유적의 SB16주거지 출토 등의 중소형 철정도 형태와 규격이 경주지역과 신라의 영향력 하에 들어간 시기의 부산지역 출토품과 같은 것에서 대부분 신라산으로 판단된다(도2-5).

  이러한 점들은 일본열도의 철정이 4세기까지 김해지역에서 공급되다가 5세기 전반 그 공급지가 신라로 바뀐 것을 웅변하는 것이다.

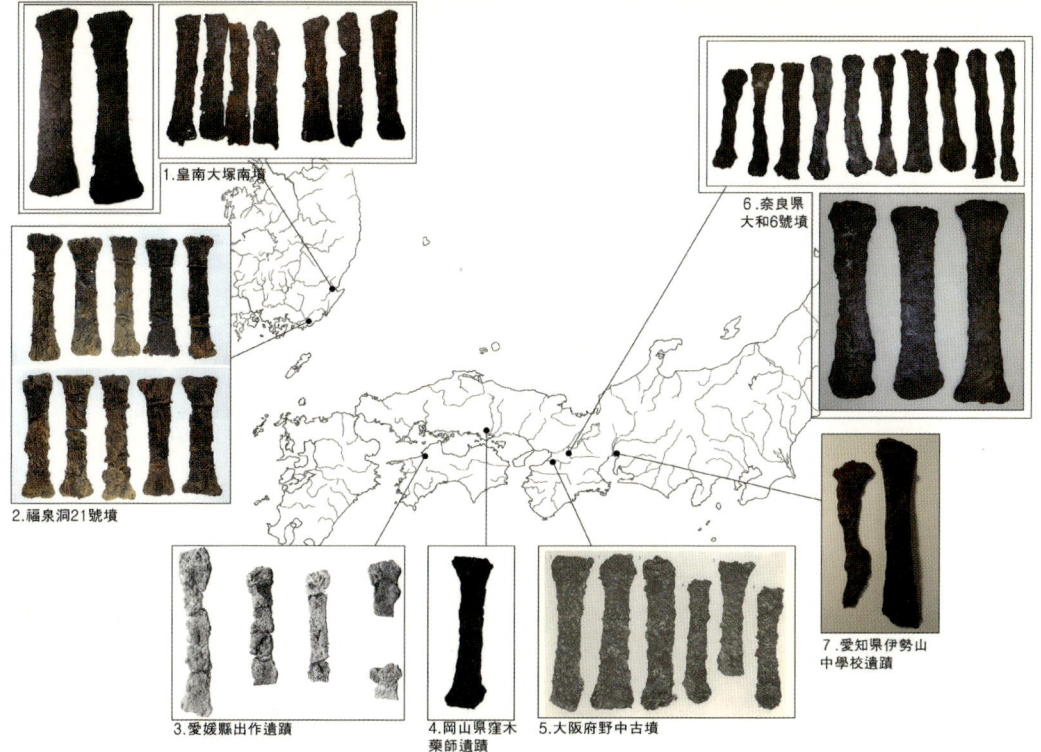

도2-5 5세기 전반 일본열도에 이입된 신라산 철정(박천수)

• 마구

5세기 전엽의 오사카부 콘다고뵤야마譽田御廟山(전 오진릉應神陵)고분의 배총인 마루야마丸山고분 출토 화려한 용문투조 금동제 안鞍은 제작지가 중국 동북지역, 고구려, 신라, 가야지역으로 비정되고 있다. 그러나 마루야마고분의 안장은 경주시 황남대총남분과 전 대구시 현풍출토품과 같은 용문투조 금동제 안이 존재하고 황남대총 남분, 강릉시 초당동A-1호분, 경산시 임당동7B호분 등에서 용문 대장식구가 확인되는 것에서, 비록 그 기원은 중국 동북지역에 찾아지나 신라에서 제작 또는 이를 경유하여 이입된 것으로 보아야한다(도2-6). 더욱이 마루야마고분 출토 안장에는 보요부입주식步搖附立柱式 식금구飾金具가 공반되는 것에서 신라산일 가능성이 크다.

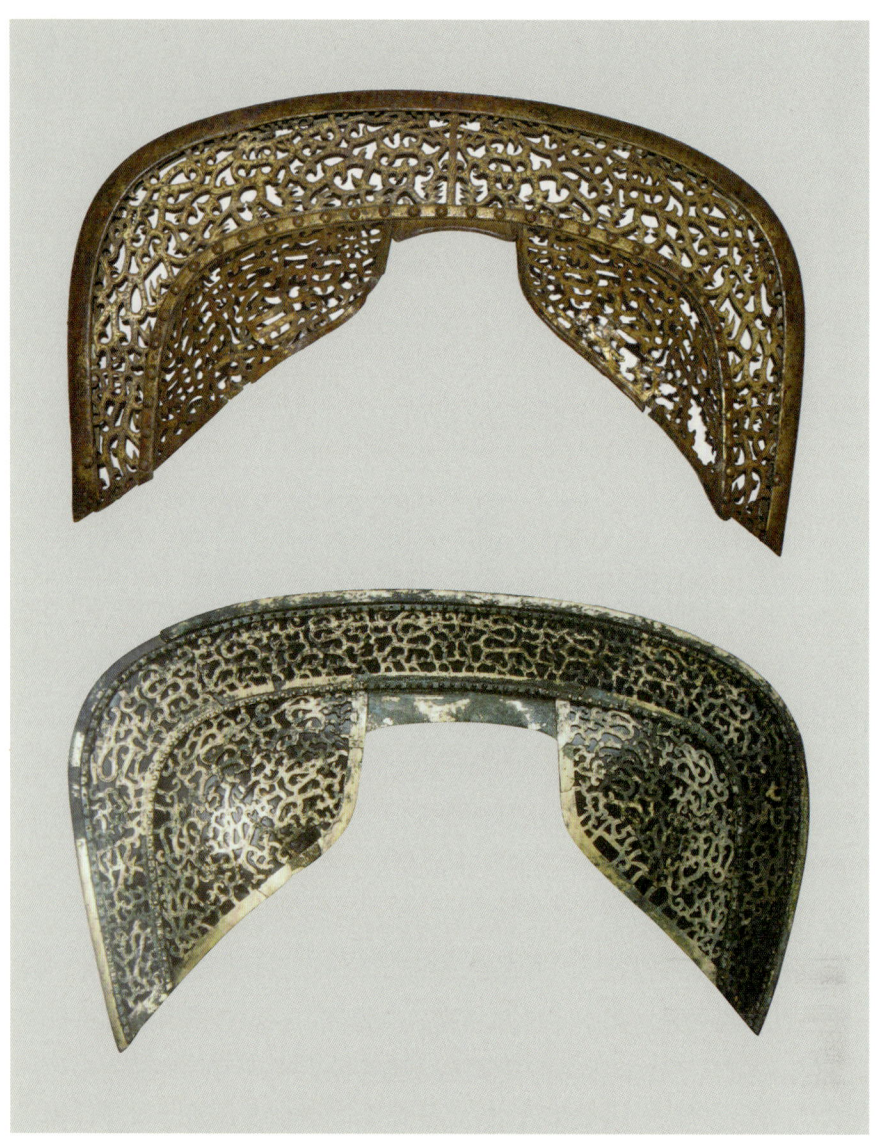

도 2-6　전 대구시 현풍 양리고분군과 오사카부(大阪府) 마루야마(丸山)고분 출토품(상: 박천수, 하: 大阪府立近つ飛鳥博物館)

우치야마 토키유키內山敏行(2005)는 중국 동북지방과 한반도 남부지역, 일본열도의 안장을 분석하고 특히 후자가 별조주빈금구別造洲浜金具를 사용한 점에서 이 시기의 마루야마고분의 출토품을 비롯한 일본열도의 안장은 중국 동북지방에서 제작된 것으로 볼 수 없다고 보았다. 또한 마루야마고분의 2호 안장 역시 신라산으로 볼 수 있다. 왜냐하면 이와 유사한 것으로 지적된 합천군 옥전67A호분 출토 타원형 안장은 공반된 등자가 신라산인 부산시 복천동10호분 출토품과 유사하고, 인접한 옥전67B호분에서 낙동강 이동지역의 창녕산 토기가 공반된 것으로 볼 때 신라산으로 판단되기 때문이다. 이는 같은 시기 일본열도에서 출현하는 오사카부 쿠라즈카鞍塚고분·오시시즈카御獅子塚고분, 시가현 신카이新開1호분, 기후현岐阜縣 나카야하타中八幡고분 출토 철제의 안장과 등자와 같은 마구의 조합이 신라산인 점에서도 방증된다. 철제 안장은 영남지역에 분포하며 4세기 말에 조영된 황남동109호분3·4곽과 같이 경주지역에서 제작되어 상주시 신흥리나39호분과 같은 신라의 지방에 분여된 것이다.

시가현 신카이1호분 출토 용문경판비도 신라산 초엽문 대장식구와 공반되므로 신라산으로 보아야할 것이다. 이 고분 출토 목심철판피등자도 동일한 형식이 상주시 신흥리39호분, 부산시 복천동10·11호분에서 출토되고 있어 신라산으로 판단된다.

치가 히사시千賀久(2003)는 안장의 중앙에 있는 주빈洲浜과 그 좌우의 기금구磯金具를 함께 만든 일체안一體鞍과, 이를 따로 만든 분리안分離鞍으로 분류하고 전자는 신라계, 후자는 비신라계로 파악하였다. 즉 전傳 미야자키현 사이토바루西都原고분군 출토 용문투조 안금구鞍金具는 일체안으로 그 좌금구座金具의 형태도 신라의 마구와 일치하고, 이와 공반하는 쌍용문雙龍文투조 타원형경판비楕圓形鏡板轡과 심엽형행엽心葉形杏葉에는 연금緣金없이 문양판文樣板만 있는 점, 경판鏡板의 외측에서 인수引手와 연결한 점, 행엽에 반원형 구금구鉤金具가 부착된 점도 신라 마구와 공통하는 것으로 보았다. 6세기 후반 군마현群馬縣 와타누키칸논야마綿貫觀音山고분과 후쿠오카현 오키노시마沖ノ島유적 출토 투조透彫심엽형행엽 등의 마구와 보요부입주식步搖附立柱式 식금구飾金具도 신라계로 파악하였다.

후쿠오카현 오키노시마유적 7, 8호 유구 출토 보요부입주식금구, 심엽형행엽은 그 형식과 신라제 금제 지륜指輪과 함께 출토된 점에서 신라산으로 볼 수 있다.

6세기 후엽에 조영된 나라현奈良縣 후지노키藤ノ木고분의 마구 제작지에 대해서는 아직도 논의가 계속되고 있으나, 그 제작 후보지로는 문양 구성에서 중국산, 마구의 형태에서 신라산, 제작기법에서 백제산으로 지적되어왔다. 현재는 일본열도산일 가능성이 강하게 제기되고 있다. 그러나 후지노키고분 마구는 안장의 중앙에 있는 주빈洲浜과 그 좌우의 기금구를 함께 만든 일체식인 점, 보요부입주식식금구 및 심엽형경판비과 종형행엽鐘形杏葉 등의 마구형태와 구금구가 판상인 점에서 가장 신라적인 특징을 가진 것으로 파악된다(千賀久 2003). 또 후지노키고분 안장의 후륜에 부착된 삼각파三脚把와 유사한 것이 경주시 황남대총북분의 투조금동판피옥충안透彫金銅板皮玉蟲鞍의 부속구에 보이고, 금제의 쇄식鎖飾을 감입한 청유리옥靑琉璃玉은 경주시 황오동52호분 금동도자金裝刀子의 병두柄頭에 부착된 금상감청색유리옥과 유사하다(神谷正弘 2002).

이현정(2007)은 삼각파가 부착된 안장이 경주시 황남대총 북분, 경주시 황오동37호분, 경산시 임당동5A호분, 성주군 성산동38호분 등 5세기 후반의 신라권역에 집중 분포하는 것을 밝히고, 이를 신라 안장의 하나의 특징으로 보았다. 이 연구에 의해 후지노키고분 출토 안장의 구조가 신라 안장과 일치하는 것이 밝혀져 신라산일 가능성이 커졌다(도2-7).

6세기 후반에는 신라산 마구가 나라현 타마키야마珠城山3호분, 나가사키현長岐縣 쇼로쿠雙六고분, 사사즈카笹塚고분, 후쿠오카현 카나쿠마金隈고분, 노리바乘場고분, 쿠마모토현熊本縣 사이죠노ノ園고분, 시즈오카현靜岡縣 미코야바라御小屋原고분, 카나가와현神奈川縣 무로노키室ノ木고분 등 일본열도 전역에서 출토되고 있다. 단지 문제가 되는 것은 6세기 후반 신라에서 이러한 마구가 확인되지 않고 있다는 점인데, 그것은 이 시기 왕릉이 아직 조사되지 않았고 박장薄葬의 풍습에 기인한 것으로 볼 수 있다. 앞으로 경주지역에서 이를 제작한 공방지의 발견이 기대된다.

후쿠오카현 미야지타케宮地嶽고분과 군마현 칸논야마觀音山고분 등에서 출토된 국자형 호등壺鐙은 의성군 학미리3호분 출토품 등에서 그 계통을 구

도2-7 나라현(奈良縣) 후지노키(藤ノ木)고분 마구의 계보(박천수, 이현정)
1, 2. 奈良縣 藤ノ木고분 3. 경주시 황오동52호분 4. 경주시 황오동37호분
5. 경산시 임당동5A호분

할 수 있다(高田貫太 2003). 즉 학미리3호분 출토 호등은 철제 윤등에 목제 호부를 장착시켜 그것을 길이 3.2~5.5㎝의 못 7개로 고정한 것으로 호부 위에 장착된 구흉형鳩胸形 장식구는 미야지타케고분 출토품과 형태가 유사하다. 또 학미리1호분에서는 청동제 다각형방울이 출토되었다. 형지공型持孔을 가진 대형방울은 학미리 외에도 부산시 덕천동C 지구 21호분에서 출토된 예가 있다. 일본열도에서는 사이타마현埼玉縣 쇼군야마將軍山고분과 야마쿠치현 山口縣 스쿠모スクモ횡혈橫穴 등의 자료가 있으며 양 지역의 자료를 비교하면 3~4개의 형지공, 화형류좌花形鈕座 등 세부적으로도 유사하다.

사이타마현 쇼군야마將軍山고분은 마주馬冑가 출토된 6세기 후반에 조영된 고분이다. 이 고분에서 출토된 마주는 좌우를 분할 성형한 미간판眉間板을 천정부天井部의 비선鼻先에서 저부底部에 달하는 세장한 중앙의 근판筋板을 통하여 연접되는 구조로 볼 때 부산시 복천동10·11호분과 합천군 옥전M1호분 출토품과 같은 계통으로 볼 수 있다(大田博之 1994). 그런데 양 고분에서는 모두 신라문물이 다수 공반되고 있어 쇼군야마고분의 마주는 이 고분의 출토 동완과 같이 신라계로 파악된다. 쇼군야마고분 출토품은 종래 전세된 것으로 파악되어왔으나 다른 신라제품과 함께 6세기 중엽에 이입된 것으로 보인다.

● 무구

성시구盛矢具

일본열도 고분시대 중기에는 전기에 사용되던 차靫를 대신한 전면식금구前面 飾金具가 U자상인 호록胡籙이 5세기 초 일본열도에 출현한다. 후쿠오카현 즈키노오카고분, 치바현千葉縣 타이리즈카內裏塚고분 출토품 등이 대표적인 예이다. 이 두 고분에서 출토된 호록은 전면식금구의 형태 및 그 부속구인 현수식금구懸垂式金具의 형태로 볼 때 부산시 복천동21·22호분 출토품과 동일한 계통이다(도2-8). 특히 이 세 고분의 출토품은 현수식금구인 중원판상금구中圓板狀金具의 규격과 구조, 문양이 일치하여 동일한 공인집단에 의해 제작되었을 가능성이 크다(田中新史 1988). 또한 쿄토부 키사이치마루야마私市丸山고분과 후쿠오카현 츠츠미토쇼지堤当正寺고분 출토 호록도 문양의 형태와 제작기법으로 볼 때 동일 공방에서 제작된 것으로 파악된다.

이러한 호록은 츠키노오카고분 및 부산시 복천동21·22호분 출토품과 유사한 자료가 낙동강 이동지역의 경산시 임당동7B호분, 조영동CⅡ-2호분 등 신라권 내에서도 출토되어 신라산으로 판단된다.

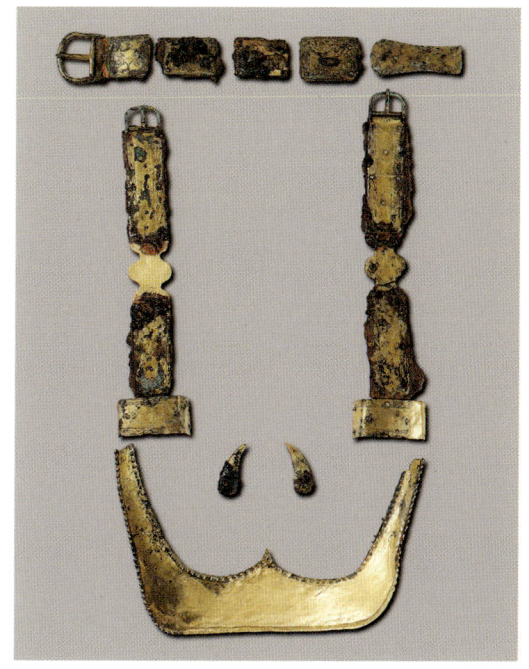

도2-8 　부산시 복천동21·22호분 출토 성시구

갑주甲冑

갑주는 신라산과 신라공인에 의해 제작된 것으로 구분된다. 먼저 신라산인 갑주는 후쿠오카현 츠키노오카月の岡고분, 효고현 미야야마宮山고분, 시가현 신카이1호분 출토 비갑臂甲을 들 수 있다. 츠키노오카고분 출토품은 금동제이고, 그 외는 철제이다. 이와 같은 비갑은 철제 소찰로 제작되는 일본열도의 비갑과 달리 판으로 제작되고 금동제인 점과, 같은 형식의 은제, 금동제가 경주시 황남대총, 금관총, 철제가 부산시 복천동10·11호분, 상주시 신흥리나37호분에서 출토된 전형적인 신라 갑주인 점에서 신라산으로 보아야한다.

우치야마 토시유키內山敏行(2005)는 5세기 전반 시가현 신카이1호분, 나라현 코죠네코즈카五條猫塚 출토의 챠양주遮陽冑와 쿄토부 쿠즈카와구루마츠카久津川車塚고분의 충각부주衝角附冑에 보이는 폭이 좁은 종장지판縱長地板은 부산시 복천동10호분 출토품과 같은 복발부주伏鉢附冑의 영향에 의한 것으로 보았다. 그런데 복천동고분군 출토품이 신라산인 점, 이들 주冑가 신라산 문물과 공반되어 출토되는 점에서 신라의 영향에 의해 제작된 것으로 볼 수 있다.

특히 코죠네코즈카고분 출토 복발부주형 차양주는 주의 형식이 신라의 복발부주와 구조가 흡사하고, 신라산 대장식구가 공반되어 금동제 경갑頸甲과 함께 신라계 공인에 의해 제작된 것으로 판단된다. 이는 경주시 금관총 출토 복발부주, 천마총 출토의 경갑과 신라토기와 함께 경주에서 제작되어 이입된 것으로 파악되는 합천군 옥전23호분 출토 금동장 복발부주로 볼 때 신라에서 금동장 갑주가 널리 제작된 것에서도 방증된다. 후쿠오카현 츠키노오카고분 출토 차양주도 신라산 대장식구와 금동제 경갑, 성시구, 안장과 공반되어 신라계 공인에 의해 제작된 것으로 볼 수 있다.

츠키노오카고분, 치바현千葉縣 키온오츠카祇園大塚山고분, 오사카부 니시코야마西小山고분 출토 차양주는 문양이 신라의 대장식구에 보이는 쌍엽문인 점과 복판伏板의 형태가 경산시 임당동G5호분 종장판주의 복판과 유사한 점에서 신라계 공인에 의해 제작된 것이 분명하다. 더욱이 츠키노오카고분, 기온오츠카고분 출토 차양주의 동권판胴卷板의 장식 문양은 신라토기의 선각에 보이는 용龍, 어漁, 구문龜文과 유사(末永雅雄 1944)하고, 신라의 금공품을 장식하는 금동제 보요步搖가 장착된 점에서도 그러하다. 오사카부 타이센大仙(전 닌토쿠릉仁德陵)고분 전방부 출토 금장갑주가운데 차양주는 문양이 쌍엽문이고 금동제 보요步搖가 장착된 점, 판갑의 전면을 도금한 점에서 신라계 공인에 의해 제작된 것으로 판단된다.

5세기 초 일본열도의 갑주에는 정결기법釘結技法과 철포복륜鐵包覆輪기법이 도입된다. 정결기법에 대해서는 일본열도 갑주제작의 획기적인 기술 발전으로 평가되어 한반도 남부로부터의 기술도입에 의한 것으로 파악되어왔다. 철제 안장에 보이는 정釘의 형태와 정결기법이 동일하고 철포복륜기법도 철제 안장의 복륜기법과 동일한 점에서 이주공인에 의해 도입된 것으로 파악(塚本敏夫 1993)되어왔으나 그 계보는 밝혀지지 않았다. 필자는 이러한

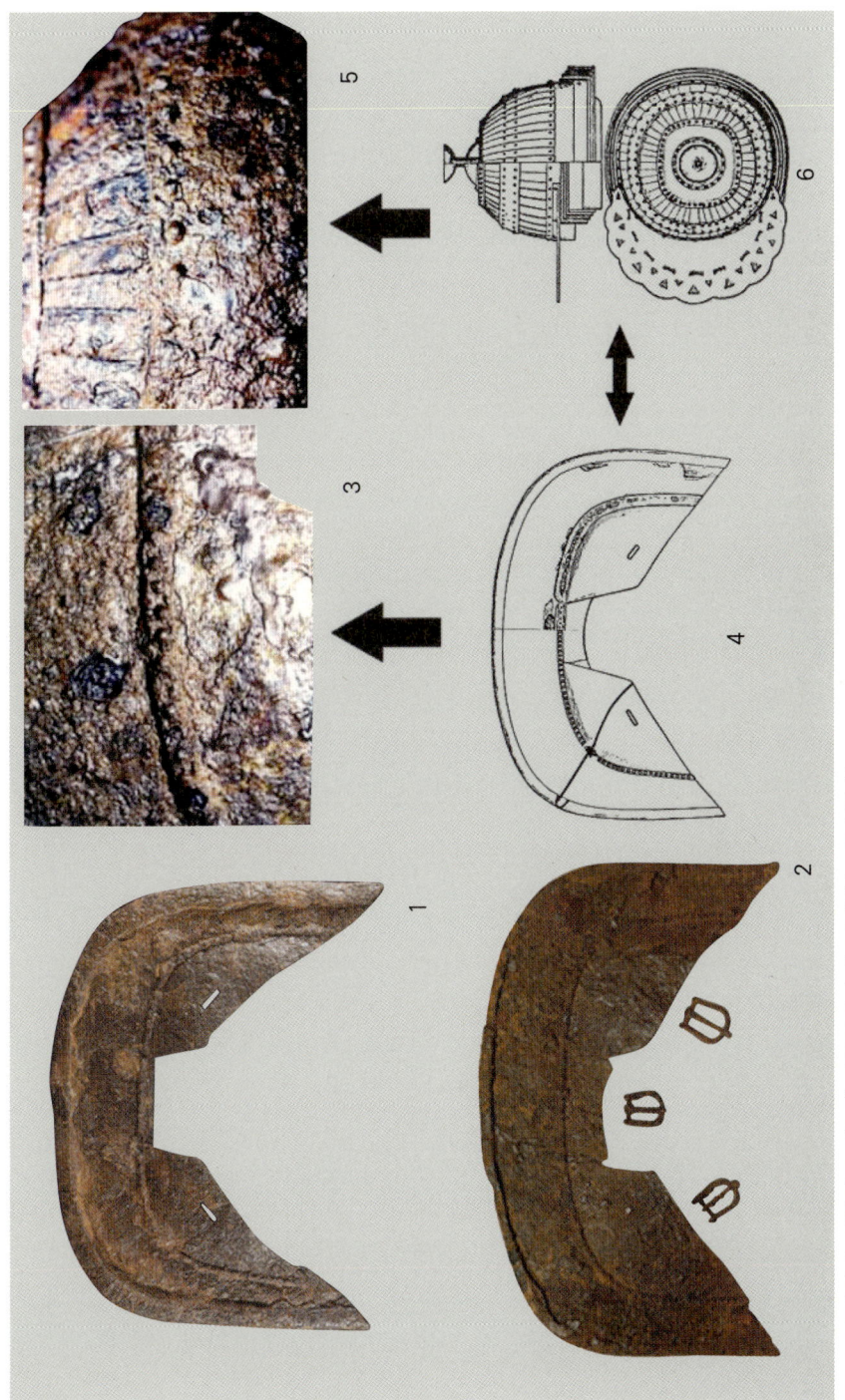

도 2-9 5세기 초 일본열도 감주의 병류기법의 계보(박천수, 塚本敬夫)
1. 상주시 신흥리 나39호분 2-6. 滋賀縣 新開 1호분

일본열도의 신라 문물 39

정결기법과 철포복륜기법이 오사카부 쿠라즈카고분, 시가현 신카이1호분, 키후현 나카야하타고분 출토품과 같은 신라산 마구와, 경주시 황남동109호분3·4곽, 상주시 신흥리나39호분에 보이는 것에서 일본열도 갑주제작의 획기적인 변화로 인식되고 있는 이 기술이 실은 금동제 갑주의 제작기술과 같이 신라에서 이입된 것으로 판단한다(도2-9).

나라현 후지노키고분의 경갑頸甲은 당시 일본열도의 갑주 계통에서 찾아볼 수 없는 것으로 한반도에서 그 조형을 찾을 수 있으며, 마구와 함께 신라산일 가능성이 크다.

• 무기

철모鐵鉾는 한반도 삼국시대 주력 무기이나, 일본열도에서는 도검刀劍이 주력 무기인 것에서 5세기의 일본열도 출토품은 대부분 한반도로부터 이입된 것으로 보는 것이 합리적이다. 5세기 전반의 나라현 코죠네코즈카五條猫塚고분, 쿄토부의 우지후타코야마宇治二子山북분, 나구오카키타奈具岡北1호분, 효고현의 차스리야마茶すり山고분, 니시미야야마고분, 이시카와현石川縣 와타야마和田山5호분A곽, 히로시마현廣島縣 미츠시로三ツ城고분, 후쿠오카현 미야지이데노우에宮司井手ノ上고분 출토 철모는 장봉長鋒의 관부關部가 발달하고 대부袋部의 단면이 원형인 것이 특징이다.

종래 이러한 철모는 부산시 복천동고분군 출토품과 유사한 것에서 금관가야산 철모로 인식되어왔다. 그러나 이 형식의 철모는 복천동21·22호분 이후의 복천동고분군 출토품이 철정과 같이 신라계인 점, 대부의 단면이 다각형인 대가야 철모와 계보가 다른 점, 신라산 문물이 공반된 점에서 신라산으로 보아야한다. 이는 나라현 코죠네코즈카고분에서 신라산 대장식구, 쿄토부 나구오카키타1호분에서 창녕양식 토기가 공반되고 이 시기의 이입문물이 신라산인 점과 치바현千葉縣 타이리츠카內裏塚고분에서도 신라산 성시구와 공반된 점에서도 방증된다.

5세기 중엽의 후쿠오카현 츠츠미하스렌쵸堤蓮町고분과 카가와현香川縣 하라마原間6호분 출토 삼엽환두대도三累環頭大刀는 신라의 최고 위계의 장식대도이다.

● 장신구

5세기 중엽의 나라현 니이자와센즈카新沢千塚126호분 출토 방형 용문투조 관식은 그 문양이 경주시 황남대총남분 출토품과 유사하고, 공반된 금제 수식부이식, 지륜, 유리용기 등은 이것이 신라산임을 알려준다. 이와 함께 토야마현富山縣 사쿠라타니櫻谷7호분 출토 방형 당초문투조 관식도 그 문양이 신라산 대장식구에 보이는 점에서 신라산으로 보아야 한다. 군마현群馬縣 킨칸츠카金冠塚고분의 출자형 금동관은 6세기 후반의 안동시 지동2호분과 전 상주 출토품과 같은 전형적인 신라후기의 관이다(도2-10).

후쿠오카현 이나토稻童21호분 출토 차양주의 수발受鉢을 장식한 금동제 수상입식樹狀立飾은 부산시 복천동10·11호분 출토 금동관과 유사성이 지적되어, 가야 동남부지역 금공공인의 기술계보와 관련된 것으로 파악되고 있다(橋本達也 2005). 그러나 복천동10·11호분 출토 금동관은 제작기술로 볼 때 부산지역에서 제작된 것으로 볼 수 없고, 경주시 교동 출토 금관에 보요로 장식한 수상입식이 확인되어 출자형出字形으로 정형화되기 이전의 신라관식으로 파악된다. 또한 이 시기 동래지역은 이미 신라권역에 속한 점으로 볼 때, 이나도21호분 출토 금동제 수상입식은 신라산으로 판단된다(도2-11).

5세기 후반 후쿠오카현 텐진모리天神森1호분 출토품은 신라양식 이식耳飾의 특징적인 중간식인 소환연접입방체小環連接立方體를 가진 것으로, 나라현 니이자와센즈카126호분 이식은 황남대총남분 출토 수식垂飾 등에 그 유례가 있고 경주의 왕릉급 고분에서 출토되는 유리제품이 공반되어 신라제로 파악된다. 후쿠오카현 나가하타長畑1호분 이식은 의성군 탑리고분, 상주시 신흥리28호분, 강릉시 병산동14호분 등 신라권인 낙동강 이동지역의 북부와 동

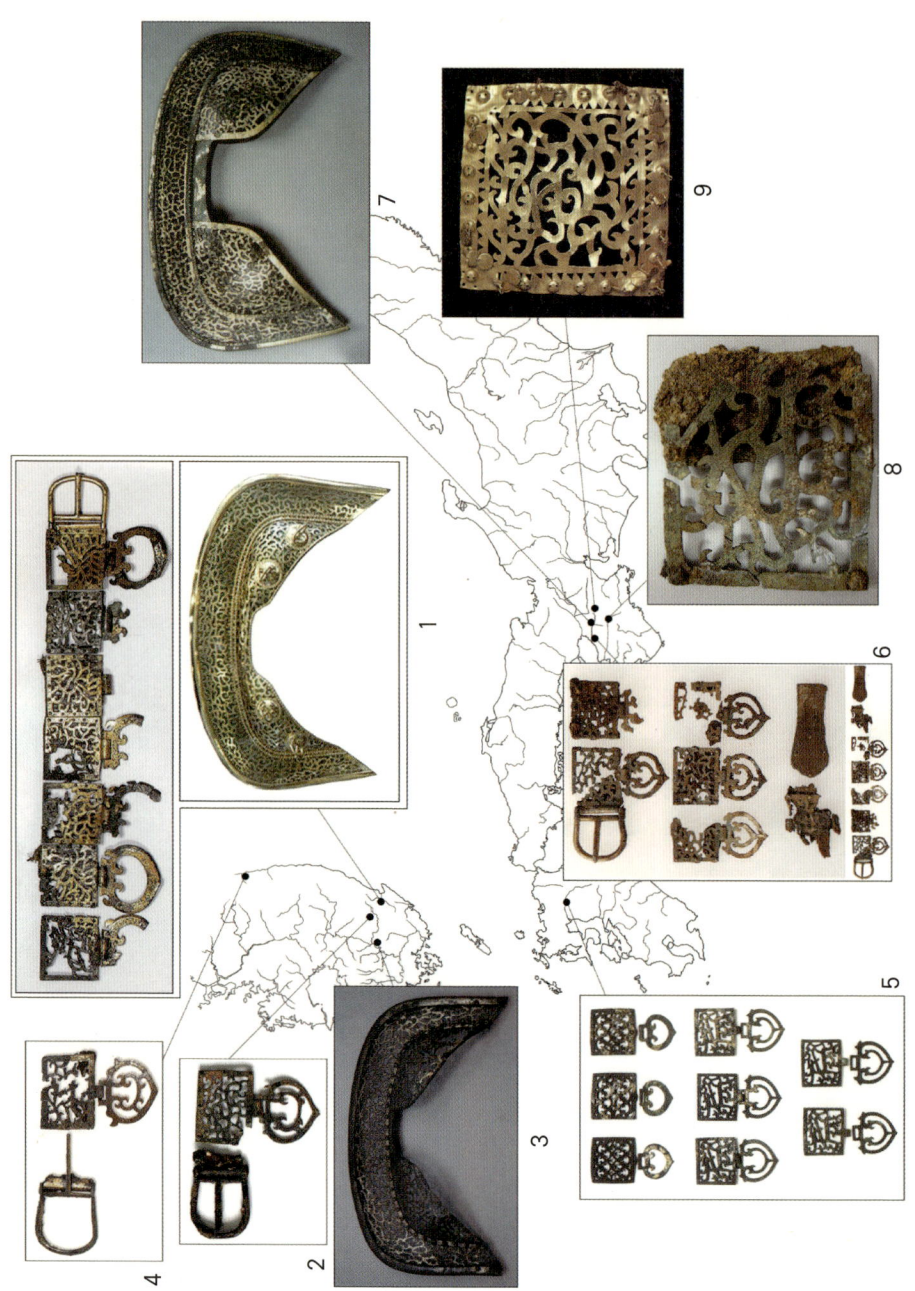

도 2-10 5세기 전반 일본열도에 이입된 신라 금공품 (박천수)

1. 경주시황남대총남분 2. 경산시임당동7B호분 3. 전 대구시현풍중토품 4. 강릉시초당동A-1호분 5. 福岡縣 月の岡고분 6. 大阪府 七觀고분
7. 大阪府 丸山고분 8. 奈良縣 猫塚고분 9. 奈良縣 新澤千塚126호분

도2-11   부산시 복천동10·11호분 출토 금동관과 후쿠오카현(福岡縣) 이나토(稻童)21호분 출토 입식

해안지역을 중심으로 분포한다. 효고현 니시미야야마고분 출토품은 소환연접입방체를 중간식으로 이용한 점, 심엽형 수식 전후에 2개의 심엽형 보요를 매단 점 등 신라계 귀걸이의 특징을 가진다. 코오리카와니시쿠루마츠카郡川西車塚고분 출토품의 중간식은 2개의 모자형 장식을 상하 대칭으로 배치하고 그 내부에 유기질 장식을 끼운 것으로 역시 낙동강이동지역에 분포하는 신라계 이식의 한 형식이다(高田貫太 2002). 시마네현 사키노유鷺ノ湯병원지 횡혈묘 출토 금동제 태환이식도 신라산이다.

5세기 중엽 와카야마현 사카노코시車駕之故址고분 출토 금제 곡옥은 경옥硬玉제 곡옥曲玉을 모방한 것으로 경주시 황남대총, 금관총, 서봉총과 신라산 문물과 함께 이입된 것으로 보이는 합천군 옥전M4호분에서 출토되어 신라산으로 볼 수 있다.

5세기 전엽 후쿠오카현 츠키노오카고분, 오사카부 시치칸고분과 나라현 코죠네코즈카 출토 용문투조 대장식구는 황남대총남분 출토품과 강릉시 초당동A-1호분, 경산시 임당동7B호분 등에서 그 유례가 확인되어 신라지역에서 이입된 것으로 보아야 한다(高田貫太 2003). 또 츠키노오카고분과 니이자와센즈카126호분 출토 쌍엽문투조 대장식구도 경주에서 제작되어 이입된 합천군 옥전M1호분 출토 대장식구와 공반유물로 볼 때 신라산으로 볼 수 있다. 후쿠오카현 하제야마櫨山고분, 효고현 미야야마고분 제2주체부, 시가현 신카이1호분 출토 당초문투조 대장식구는 신라지역에서 널리 사용된 점에서 신라산이다. 이시카와현 키츠네야마狐山고분 출토 심엽형 소형과판에 유환이 부착된 대장식구도 그 분포로 볼 때 역시 신라산으로 판단된다.

● 금속용기

동완은 무대식無臺式과 유대식有臺式, 높은 대臺를 붙인 고각식高脚式의 3유형으로 분류되며, 승반承盤을 가진 것, 뚜껑을 가진 것이 있다(毛利光俊彦 1978). 군마현 쇼군즈카將軍塚고분, 치바현 킨네이츠카金鈴塚고분 출토품과 보주형 꼭지를 가진 유개고대식有蓋高臺式은 신라 계통으로 파악된다(小田富士雄 1975). 그 외 사이타마현埼玉縣 쇼군야마將軍山고분, 쿄토부 유부네사카湯船坂2호분, 시마네현 오자니시塋西2호분 출토품도 신라산으로 볼 수 있다.

　울두熨斗는 화명火皿과 손잡이의 결합방법, 손잡이의 형태에 따라 일체식一體式, 중공식中空式, 목병삽입식木柄挿入式, 병류식鋲留式으로 형식 분류된다(滝瀬芳之 1994). 나라현 니이자와센즈카126호분 출토품은 그 형태와 공반된 이입 문물이 모두 경주 고분에서 출토된 것과 같은 점에서 신라산으로 파악된다.

● 농공구

고분시대 중기의 철제 U자형삽날은 한반도에서 도입된 대표적인 농구이다. 삽날은 한반도 전역에서 분포하고 있어 일본열도 출토품의 계통을 판단하기 어려우나, 후쿠오카현의 미야지이데노우에宮司井手ノ上고분, 이나토稲童21호

분, 오이타현大分縣 이미사키伊美崎2호분, 오사카부 노나카고분, 효고현의 미야마고분, 니시미야야마고분, 이시카와현 와타야마和田山5호분A곽 등에서 신라산 금동제품, 철모, 철정과 공반된 것에서 신라산으로 볼 수 있다.

5세기의 철병부철부鐵柄附鐵斧는 후쿠오카현 미야지이데노우에고분, 미야자키현 시모키타카타下北方5호 지하식횡혈묘地下式橫穴墓, 오사카부 시치칸七觀고분, 쿄토부 후타코야마二子山고분 효고현 차스리야마茶すり山고분 등에서 출토되었다. 이 시기의 철부는 5세기 전반의 신라지역 고분에서 주로 확인되는 것과 유사하며, 시치칸고분에서 신라에서 반입된 용문투조대금구, 미야지이데노우에고분과 차스리야마고분에서 신라산 철모鐵鉾가 공반되어 신라지역에서 이입되었을 가능성이 크다.

쇠스랑은 에히메현愛媛縣 슈사쿶出作유적 등에서 출토되었는데 울산시 하대43, 76호묘, 양동리162호묘와 경주지역의 5세기 중엽의 황남대총남분, 황오리16호분, 황남리파괴고분 등에서 보인다. 슈사쿠유적의 쇠스랑은 시기로 볼 때 신라지역의 농구와 관련되는 것으로 생각할 수 있다.

● 와瓦

신라계 기와가 출토된 대표적인 유적인 후쿠오카현福岡縣의 텐타이지天臺寺는 타가와田川분지의 중앙에 입지한다. 1985년부터 4회에 걸친 발굴조사에 의해 중문, 금당, 강당이 중심축상에 일렬로 배치되고 탑이 동쪽 회랑에 배치된 특이한 구조가 판명되었다. 탑은 금당의 축조 후에 조영된 것으로 밝혀졌다.

인접한 오이타폐사大分廢寺에서도 신라계 와가 출토되었다. 오이타폐사는 카마시嘉麻市에 소재하며 부젠국豊田國에서 타자이부大宰府로 가는 관도상에 입지한다. 현재 탑지만 남아있으나 탑지 주변에서 초석이 확인되었다는 전승이 남아있어 금당이 있었던 것으로 추정된다. 탑지는 높이 1m의 토단위에 심초석을 중심으로 17기의 초석이 남아있다.

텐타이사天臺寺와 오이타폐사大分廃寺 출토 당초문연복판연화문唐草文緣複

瓣蓮華文수막새와 보상화당초문宝相華唐草文암막새는 일본의 대표적인 신라계 와당이다. 그 당초문연복판연화문수막새는 중방中房 외측의 예대蘂帶, 외연의 보상화당초문宝相華唐草文, 악면鄂面의 보상화당초문 등의 특징으로 볼 때 경주시 사천왕사 출토 통일신라 암막새의 문양과 유사하다. 보상화당초문암막새는 앞에서 언급한 당초문복판연화문수막새와 조합을 이룬다. 주문양은 오른쪽에서 왼쪽으로 향하는 보상화당초문이며, 외구外區와 협구脇區는 계선界線으로 둘러싸인 주문珠文이다(도2-12). 이 보상화당초문은 앞에서 언급한 수막새 외연外緣의 문양과 같다(亀田 2006 : 362-365).

그리고 종래 일본의 기와는 니라현 아스카사飛鳥寺 출토 단판연화문와당單瓣蓮花文瓦當은 백제계, 나라현 토유라사豊浦寺 출토 유릉단판연화문와당有稜單瓣蓮花文瓦當은 고구려계로 파악되어왔다. 그러나 후자는 경주시 월성해자 출토품 등으로 볼 때 고구려의 영향으로 볼 수 없고 신라의 영향에 의한 것으로 밝혀졌다. 또한 토유라사 출토 와당을 생산한 7세기 전반 쿄토부 하야아가리隼上り와요지 출토 단판연화문와당도 백제계로 파악되어왔으나, 신라계로 보는 견해가 제기되었다(高田貫太 2011). 더욱이 종래 당의 직접적인 영향에 의한 것으로 보아온 일본의 7-8세기 와당의 주류를 형성하는 복판연화문와당複瓣蓮花文瓦當도 경주시 방내리36호분 등에서 확인되듯이 7세기 전반에 이미 출현한 점에서 신라의 영향에 의해 성립되었을 가능성이 크다.

후쿠오카현福岡縣 타자이부大宰府유적은 타자이부시大宰府市 시텐노잔四天王山의 남쪽 산록의 평지에 입지하며 북쪽에는 오노성大野城, 서쪽에는 미즈키水城, 동쪽에는 칸제온사觀世音寺가 위치한다. 『일본서기日本書紀』에 따르면 미즈키水城가 축조된 것은 664년, 오노성大野城가 축조된 것은 665년, 타자이부大宰府가 등장하는 것은 698년이다. 따라서 초축 시기는 664년 전후로 보고 있다. 타자이부大宰府 정청政廳유적은 정전, 협전, 중문, 남문의 초석이 남아있으며 3기에 걸쳐 조영되었으며 8세기를 전성기로 한다. 타자이부정청유적 출토 귀면와는 연주문과 귀문이 경주지역 출토품과 유사하고 각코인學校院지구 출토 전塼은 신라계의 당초문을 시문한 것으로 경주시 안압지 출토품과 흡사하다. 따라서 신라공인이 와전을 제작한 것을 알 수 있다.

도2-12 후쿠오카현(福岡縣)의 텐타이지(天臺寺) 출토 기와(박천수)

• 유리기琉璃器

나라현奈良縣 니이자와新澤 126호분(도2-13)

이 고분은 니이자와센즈카新澤千塚고분군 북쪽에 위치하는 동서 약 22m, 남북 약 16m의 방형분으로 5세기 중엽에 조영되었다. 매장시설은 할죽형목

일본열도의 신라 문물　47

도2-13 나라현(奈良縣) 니이자와(新澤)126호분 출토 유리기

관割竹形木棺을 직접 안치한 것으로 관 내외에서 많은 유물이 출토되었다. 부장품은 유리기, 경鏡, 청동제 울두熨斗, 칠반漆盤, 금제 용문투조 방형관식, 금제 나선형수식螺旋状垂飾, 유리제 봉棒, 금제 수식부이식, 보요步搖, 금은제 천釧, 금은제 나선형지륜螺旋状指輪, 금은제 지륜指輪, 경옥제 곡옥, 활석제 곡옥, 유리제 환옥, 유리제 소옥, 활석제 구옥臼玉, 금은제 환공옥丸空玉, 금동제 대장식구 등 이 고분군 가운데 가장 다양하고 국제색이 풍부한 부장품이 출토되었다.

금제 수식부이식과 금제 지륜은 같은 형식이 경주의 황남대총 북분과 남분에서 각각 출토되었고 유리완도 금령총 등의 경주 고분에서 다수 확인된다. 또한 청동제 울두도 경주시 황오동4호분 등에서 출토되고, 금동제 대장식금구도 신라계의 쌍엽문雙葉文으로 장식된 것이다. 유리기는 2점 출토되었다.

담록색절자원문완淡綠色切子圓文盌

동부가 구형이며 동부와 구연부의 경계가 축약되고 구연부가 c자형으로 내만하는 완이다. 담록색淡綠色으로 투명도가 높고 1-2mm로 얇으며 불기기법으로 만들었다. 구연부口緣部는 구순口脣의 높이가 일정하지 않고 거칠어 조정하지 않은 미완성 상태이다. 동부의 중위에는 원문을 5열에 걸쳐 하였는데, 최상단에 거칠게 마연한 원문, 그 하단에 정연하게 얕게 절삭한 원문을 교대로 배치하였다. 동부의 하위에는 거친 원문을 3열에 걸쳐 시문하였다. 절삭으로 원문을 시문하였으나 얕게 시문하고 구연부를 마연하지 않은 점 색조 등으로 볼 때 로마유리기이다.

고 6.7cm 구경 7.8cm

감색명紺色皿

넓은 대부臺部에서 180도에 가깝게 벌어진 명皿이다. 감색紺色으로 투명도가 낮고 두꺼우며 불기기법으로 만들었다. 구연부는 끝이 반원형이다. 저부는 신부에서 뽑아내어 눌러 일체로 만들었으며 단면은 원형이다. 저부 중앙에는 폰티 흔적이 남아 있다. 명의 내면에는 수목, 동물, 인물문이 시문된 흔적이 보인다. 형태, 색조와 유사품이 이집트에서 출토되는 것에서 로마유리기로 본다.

고 3cm 구경 14.5cm

오사카부大阪府 타이센大仙고분(전傳 닌토쿠릉仁德陵)

이 고분은 모즈百舌鳥고분군 내에 있으며 5세기 중엽에 축조된 일본열도 최대 규모의 전방후원분이다. 전방부에서는 1872년 태풍으로 인해 전방부 2단에 축조된 수혈식석곽 내에서 금동장 투구, 갑옷, 철도, 유리제 백색명白色皿, 감색호紺色壺 등의 부장품이 확인되었다. 이 유물들은 묘사도가 작성된 후 다시 매납되어 현재 관찰이 불가능하다. 출토 상태를 묘사한 그림에 따르면 갑주는 차양주遮陽冑와 횡장판정결판갑橫長板釘結板甲으로, 전자는 금동제의 소찰과 보요步搖로 장식한 것이며 후자는 철지금장제이다.

백색명白色皿, 감색호紺色壺

출토 후 곧바로 다시 매납되어 자세한 것을 알 수 없으나, 명皿이 포함된 기종 구성이 니이자와新澤126호분 출토품과 유사한 점에서 모두 로마유리기로 추정된다.

후쿠오카현福岡縣 오키노시마沖ノ島 8호유구

오키노시마 제사 유적은 무나가타군宗像郡 오키노시마沖ノ島에 위치한다. 섬의 중복에 위치하는 신사 주변은 거대한 바위가 둘려져 있으며 그 배후에는 자연숭배의 장인 거석군이 줄을 잇고 있다. 오키노시마의 고대 제사터는 신사 주위 거대한 바위와 그 배후의 거석군에서 확인된다.

6세기 후반의 암음제사가 행해진 8호유구에서 철출원문완凸出圓文碗이 출토되었다. 8호유구는 D호 거암을 중심으로 7호와 같이 위치하며 양자는 동일 형식의 보요부식금구를 공유하고 있는 것에서 같은 시기에 행해진 제사유구 임을 알 수 있다.

그런데 7호에서는 신라제 금제 지륜, 금동제 보요부입주식운주, 심엽형 행엽이 출토되어 주목된다.

담록색철출절자원문완淡綠色凸出切子圓文盌

반구형의 광구완편으로 돌출한 원문을 절삭切削하여 시문하였다. 철출원문의 일부만 남아 있다. 담록색淡綠色으로 투명도가 높고 두껍다. 형태와 색조, 절삭기법으로 볼 때 사산조 페르시아유리기이다.

오사카부大阪府 전 안칸릉安閑陵고분 (도2-14)

이 고분은 후지데라藤井寺市부터 하비키노시羽曳野市에 걸친 후루이치古市고분군에 위치한 전방후원분이다. 분구는 전체 길이 122m, 전방부 폭 100m, 높이 12.5m, 후원부 직경

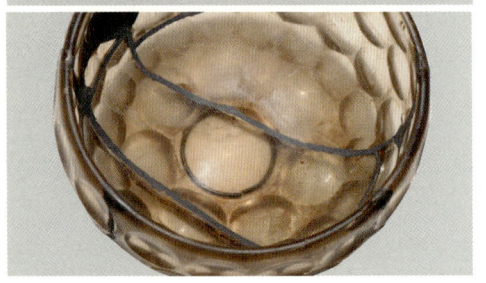

도2-14 오사카부(大阪府) 전 안칸릉(安閑陵)고분 출토 유리기(박천수)

78m, 높이 13m이다. 매장시설은 횡혈식석실으로 18세기 전반 홍수시 절자원문완이 이곳에서 출토되었다고 전한다.

담갈색절자원문완淡褐色切子圓文盌

반구형의 광구완으로 담갈색淡褐色이며 투명도가 높고 두껍다. 전면에 걸쳐 마연흔이 보인다. 구연부는 끝이 반원형이다. 기면에는 동부胴部에 4단으로 각 22개의 원문을 절삭切削하여 시문하였다. 저부底部에는 중앙을 큰 원문을 중심으로 7개의 원문을 화판花瓣형으로 연마하여 장식하였다. 형태와 색조, 제작기법으로 볼 때 사산조 페르시아유리기이다.

　　고 8.6cm 구경 12cm

나라현奈良縣 쇼소인正倉院(도2-15)

남색첩부원환문배藍色貼附圓環文杯

낮은 대부에서 완만하게 외반하며 구연부로 연결되는 광구완으로 남색藍色으로 불투명하다. 동부에는 기면과 같은 소재로 만든 직경 2cm 전후 지륜상指輪狀의 원환을 3열에 걸쳐 24개를 붙여 장식하였다. 대부는 은제이며 이입된 후 부착된 것이다. 형태와 색조, 첩부기법으로 볼 때 사산조 페르시아유리기이다.

　　고 10.9cm 구경 8.6cm

담갈색절자원문완淡褐色切子圓文盌

반구형의 광구완으로 담갈색이며 투명도가 높고 기벽이 두껍다. 전면에 걸쳐 마연흔이 보인다. 구연부는 끝이 반원형이다. 기면에는 동부에 4단으로 각 22개의 원문을 절삭하여 시문하였다. 4단에 걸친 원문은 상하좌우가 접촉하고 있어 구갑문형이다. 저부에는 중앙을 큰 원문을 중심으로 7개의 원문을 화판형으로 연마하여 장식하였다. 형태와 색조, 절삭기법으로 볼 때 사산조 페르시아유리기이다.

　　고 8.5cm 구경 12cm

도2-15 나라현(奈良縣) 쇼소인(正倉院) 소장 유리기

담황색고배淡黃色高杯

명형의 큰 배신에 팔자형의 작은 각부가 붙은 형태이다. 배신과 각부는 따로 만들어 붙였다. 저면에는 폰티 흔적이 보인다. 형태와 색조로 볼 때 이슬람 유리기이다.

고 10cm 구경 29.5cm

담황색봉수병淡黃色鳳首瓶

경부와 동부는 경계가 없이 연결되며 풍만한 동부아래 넓은 저부를 갖춘 봉수형병이다. 담황색으로 투명도가 높고 기포가 여러 곳에 보인다. 구연부는 새부리처럼 오무려서 만들었다. 파수는 기신과 같은 소재로 구연부와 몸체

어깨에 걸쳐 따로 만들어 붙였는데, 구연부쪽에는 e자형의 띠를 먼저 붙이고 파수를 접착시켜 견고하게 만들었다. 형태와 색조로 볼 때 이슬람유리기이다.

고 27.7cm 저경 8cm

쿄토부京都府 카미카모신사上賀茂神社(도2-16)

쿄토시 북쪽 카모가와賀茂川변에 위치하며 고대 씨족인 가모賀茂씨의 씨신氏神을 모시는 신사이다. 카미카모신사내 제사장인 금족지 부근에서 채집되었다.

담녹색이중철출절자원문완淡綠色二重凸出切子圓文盌

반구형의 광구완 편으로 담녹색이며 투명도가 낮고 두껍다. 문양은 중앙에 철출원문을 중심으로 그 주위를 원형으로 깊게 절삭하여 시문하였다. 형태와 색조, 절삭기법으로 볼 때 사산조 페르시아유리기이다.

잔고 6cm

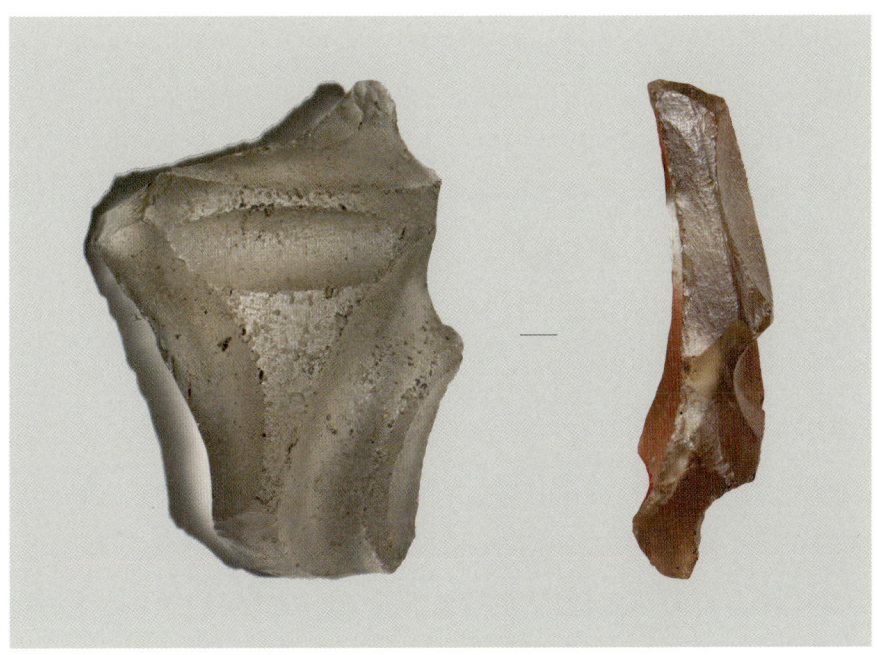

도2-16 쿄토부(京都府) 가미가모신사(上賀茂神社) 출토 유리기(박천수)

나라현奈良縣 토우쇼타이사唐招提寺

나라시奈良市 코죠정五條町 헤이죠경平城京내에 위치하며 당승인 감진鑑眞에 의해 759년 창건된 사원으로 1금당 쌍탑식 가람배치이다. 이곳에 소장된 사리병舍利瓶이 소장되어 있다.

담황색병淡黃色瓶

경부가 가늘고 동부가 횡장한 세경병이다. 저부는 편평하며 그 중앙이 안쪽으로 올라갔다. 저부에는 폰티 흔적이 보인다. 형태와 색조로 볼 때 이슬람유리기이다.

고 9.2 cm 구경 5.1 cm

후쿠오카현福岡縣 코로칸鴻臚館유적

이 유적은 후쿠오카시의 츠츠이가와樋井川과 이나가와那珂川 사이 하카다博多灣에 접하여 위치하는 외교 시설이다. 코로칸은 7세기 후반 설립된 치쿠시筑紫館을 계승하는 것으로 11세기 중엽까지 존속하였다. 계곡을 사이에 두고 남북으로 두 시설이 있었으며 후자는 헤이안平安시대 문헌사료에 보이는 코로북관鴻臚北館에 해당한다. 이곳에서는 청록색병과 백색완이 이슬람 도기, 중국 도자기, 신라 인화문토기와 함께 출토되었다.

청록색병青綠色瓶

나라현 토우쇼다이사 출토품과 같은 경부가 가늘고 동부가 횡장한 세경병으로 추정된다. 기벽이 두껍다. 형태와 색조로 볼 때 이슬람유리기이다.

구경 4.6 cm

백색완白色碗

기벽이 얇고 투명하다. 구연부와 전체 형태로 볼 때 완으로 추정된다. 형태와 색조로 볼 때 이슬람유리기이다.

잔고 7 cm

후쿠오카현 타다라코미다多々良込田유적

이 유적은 후쿠오카시의 히가시구東區 타노츠多の津에 소재한다. 이 유적에서는 8세기 후반부터 10세기에 걸쳐서 건물지가 확인되었다. 건물지는 규모가 크고 건물의 크기, 방향 등에 규격성이 보인다.

청록색 유리완으로 추정되는 편이 이슬람도기, 신라 인화문토기와 함께 출토되었다. 형태와 색조로 볼 때 이슬람유리기이다.

● 묘제 墓制

5세기 전반 후쿠오카현 츠야자키津屋崎10호분, 세스도노セスドノ고분, 네코자코猫迫1호분 효고현의 미야야마고분, 칸즈즈카カンス塚고분, 이케지리池尻2호분 등은 낙동강이동지역과의 관계가 지적되어왔다(高田貫太 1999). 즉, 츠야자키10호분의 수혈계횡구식석실은 낙동강이동의 창녕지역과 상주지역에서 확인되는 평면 세장방형의 횡구식석곽과 유사하다. 또 세스도노고분과 전 단계의 수장묘인 네코자코1호분의 수혈계횡구식석실은 천정까지 이르는 대형판석을 측벽으로 세우고 판석 사이를 할석으로 채우는 축조기법이 특징적이다. 이러한 축조기법은 이미 대구시 달성고분군의 판석조석곽과 유사성이 지적되어 왔다. 특히 세스도노고분은 석실 구조뿐만 아니라 신라양식의 토기, 사슬형 연결금구와 공구체형 중간식을 조합한 수식부이식, 철모가 출토되어 이주민의 무덤으로 파악된다.

타카타 칸타高田貫太(1999)는 미야야마고분, 칸즈즈카고분, 이케지리2호분은 네 벽을 수직으로 구축하고 꺾쇠나 못을 사용한 목관을 안치한 수혈식석곽의 구조와 구축과정, 부장품의 계통으로 볼 때 부산·김해지역, 특히 복천동21·22호분과 같은 묘제와 관련되는 것으로 보았다. 미야야마고분에서는 당시 일본열도에서 일반적으로 볼 수 없는 석곽의 축조과정, 평면형태, 꺾쇠를 사용한 목관, 매장주체부내 토기 부장, 순장자殉葬者의 존재가 주목된다. 이 고분에서는 3기의 수혈식석곽에서 금제 수식부이식, 은제 지륜指輪,

대장식구帶裝飾具, 금은장환두대도金銀裝環頭太刀, 곡옥과 유리구슬을 조합한 경식頸飾을 비롯한 화려한 장신구와 철정, 철모를 비롯한 무기·무구류와 마구, 농공구류가 출토되었다. 세토나이카이瀨戶內海연안의 수혈식석곽은 축조시기, 크기와 구조로 볼 때 김해지역 5세기 전반의 가달고분군, 능동고분군, 칠산고분군의 석곽묘와 직접 관련된 것으로 볼 수 있다.

일본속 신라문화 2

후쿠오카현福岡縣 세스도노セスドノ고분과 네코사코猫迫1호분(도2-17, 18)

후쿠오카시 하카다博多역에서 헤이세이치쿠호철도平成筑豊鐵道 타가와선田川線 카미이다上伊田역에서 하차하여 도보로 10분 거리에 있다. 후쿠오카현 동북부를 관류하는 온가가와遠賀川의 상류인 타가와시田川市 이다伊田에 소재한다. 고분은 히코네야마가와彦山川의 우안 구릉상에 위치한다. 1968년 타가와시 교육위원회에 의해 발굴 조사되었다.

도2-17 후쿠오카현(福岡縣) 세스도노(セスドノ)고분과 출토 신라토기와 이식(박천수)

분구는 높이 5m, 지름 37m, 주구 폭 5m, 주제周堤 폭 5m의 원분이며 주제를 포함한 지름은 길이 76~78m로서 이 지역의 최대급 원분이다. 매장주체는 주축이 동서 방향이며, 서쪽으로 입구를 낸 횡혈식석실이다.

　현실은 길이 3.2m, 폭 1.8m, 높이 1.9~2m의 평면형태가 장방형이며, 그 중앙에 길이 0.65m, 폭 0.5m의 천장석 1매가 덮힌 짧은 연도가 붙어있다. 현실은 후벽과 양 측벽은 개석 높이만큼의 큰 판석 2매와 3매를 각각 세우고 개석과 판석의 틈새는 할석으로 채웠다.

　현문은 서쪽에 위치하며 유단식으로 좌우 하단에는 문주석과 같은 판석을 세우고 그 위에 할석을 5~7단 정도 쌓은 구조이다. 입구는 1매의 판석을 세워서 막았다. 현실과 연도 바닥은 0.54m의 단차가 있다. 천장에는 3매의 판석을 횡가하였으며 연도 측벽은 할석으로 평적하고 미석楣石을 얹었다. 석실 상부는 거의 파괴되어 남쪽의 일부만 잔존된다. 묘도는 1m 정도의 폭으로 연도에서 이어지며 바닥에는 황갈색토를 깔았고 현실 바닥에는 전면에 자갈을 깔았다.

도2-18　후쿠오카현(福岡縣) 네코사코(猫迫)1호분

석실 내부에는 5구의 인골이 확인되었다. 3호(성년 여성), 4호(성인 남성), 5호(10세전후 소아)가 먼저 매장되고 이후 1호(숙년 여성) 및 2호(숙년 남성)가 추가장되었다. 신라토기, 주문경珠文鏡, 횡장판정결판갑橫長板釘結板甲 등이 먼저 부장되고, 3호를 추가장하면서 금동제 수식부이식이 부장되었다. 이외 철검 1점, 철도 6점, 철모 2점, 철창 1점, 물미 1점, 철촉 15점, 도자 1점 등과 같은 무기, 영부경판부비鈴附鏡板附轡 1점, 영부행엽鈴附杏葉 1점, 십금구辻金具 2점, 금동관 편, 경옥제 곡옥 1점, 유리제 옥 10점, 호박제 옥 5점, 유공원판 1점, 녹각제도장구鹿角製刀裝具 2점 등이 출토되었다.

이 고분과 같은 판석조 석실구조는 대구시 달성고분군을 비롯한 낙동강 중류역에 분포하는 고분의 구조와 유사하다. 이는 출토된 유개식단경호가 신라토기인 점도 이를 방증한다. 수식부이식은 사슬, 심엽형의 수식 등으로 볼 때 신라산으로 파악된다. 고분의 조영 시기는 석실 구조와 신라토기 등으로 볼 때 5세기 후엽으로 추정된다.

네코사코猫迫1호분은 세스도노고분에서 북서쪽으로 약 180m 떨어진 곳에 위치한다. 1999년 타가와시 교육위원회에 의해 발굴 조사되었다.

고분은 분구가 일부 삭평되었으나 가리비형帆立貝形 전방후원분으로 파악된다. 후원부 지름은 28m로 확인되나 전방부 길이와 폭은 알 수가 없다. 돌출부는 길이가 약 5m이며 분구의 주위에는 폭 5~6m의 얕은 주구가 돌려져 있다.

매장주체부는 후원부 중앙에 위치하며 주축 방향이 N-80°-W으로 서쪽으로 입구를 낸 횡혈식석실이다. 석실은 길이 2.8m 폭 2.1m, 높이 1.6m의 평면 장방형으로, 측벽은 4면이 모두 내경하는 형태이다. 좌우 측벽 중앙부는 바닥에서 천정까지 이르는 대형 판석 1매를 각각 세운 것이 특징이며, 후벽과 이와 접한 우측벽에는 요석腰石을 배치한다. 그 외 현실벽은 할석으로 쌓았다. 현문은 중앙에 위치하며 판석 2매를 문주석으로 세웠고, 상부는 교란되었으나 미석楣石으로 추정되는 판석이 남아있다. 천장은 평천장으로 3매의 판석으로 덮었다. 바닥은 작은 천석을 깔았으며, 현실은 적색안료로 칠하였다. 현실과 연도 바닥은 0.25m의 단차가 있으며 할석을 쌓은 측벽으로 된 짧은 전정부前庭部로 연결된다. 현문은 1매의 판석을 세워서 막았다.

주구에서 초기 스에키, 가야토기 단경호, 원통·형상 하니와植輪 등이 출토되었다. 조영 시기는 초기 스에키와 가야토기로 볼 때 5세기 전엽으로 추정된다.

이 고분은 석실 좌우측에 거대한 판석을 세운 점, 장방형의 평면, 현문 구조 등은 동일 구릉에 있는 세스도노고분과 공통되는 특징을 지닌 동일계보의 고식 횡혈식석실인 점에서 주목된다.

출토품은 타가와시 교육위원회에 수장되어있다.

세스도노고분과 네코사코고분의 피장자는 매장시설뿐만 아니라 부장품에도 신라와의 관련이 보여 신라계 이주민으로 추정된다. 전자는 1세대 이주민, 후자는 그 후속세대로 추정되어, 신라인이 이 지역에 지속적으로 이입되어 거주하였음을 알 수 있다.

참고문헌

佐田茂(編), 1984, 『セスドノ古墳』, (田川市文化財調査報告書第3集), 田川, 田川市敎育委員會.

福本寬, 2004, 『猫迫1號墳』, (田川市文化財調査報告書第11集), 田川, 田川市敎育委員會.

朴天秀, 2011, 『일본속의 고대 한국 문화』, 서울, 진인진.

신라지역의 일본열도 문물

• 경옥제硬玉製 곡옥曲玉

경주

월성로가13호분(도3-1)

월성로 가13호분은 장신구의 출토위치 및 기타 유물의 배치로 보아 다섯명을 합장한 것으로 추정되는데, 남동쪽으로부터 남1호인, 북2호인, 남3호인, 북4호인, 서5호인으로 구분된다. 부장품은 경옥제 곡옥을 비롯한 장신구 및 옥류가 다수 출토되었다. 남1호인은 경식頸飾에 포함된 경옥제 곡옥 3점·금제 곡옥 96점·유리제琉璃製 환옥丸玉, 북2호인은 머리 양쪽으로 금제 수식부이식垂飾附耳飾 2점과 경옥제 곡옥 2점, 유리제 환옥이 출토되었다. 남3호인은 금제 세환이식細鐶耳飾 2점과 금제 경식, 경식에 포함된 경옥제 곡옥 3점·유리제 환옥, 북4호인은 금제 수식부이식 2점, 금제 경식, 경흉식에 포함된 경옥제 곡옥 1점·유리제 환옥, 흩어져서 출토된 경옥제 곡옥 6점, 금제 보요步搖, 유리제 환옥 등이 있다. 서5호인은 금제 경식과 그 외 경식에 포함된 경옥제 곡옥 10점·유리제 환옥, 또한 북4호인과 북2호인 사이에서 경옥제 곡옥 1점이 출토되었다.

4세기 후엽에 조영된 이 고분에서는 주곽만이 조사되었음에도 총 26점에 달하는 경옥제 곡옥이 출토되었다. 그 가운데 두부에 침선을 새긴 것은 16점이며 대부분 정형을 띠고 있으나 이형곡옥 1점을 포함하고 있다. 경주에서 출토된 경옥제 곡옥 중 4세기 후엽까지 올라가는 가장 이른 시기의 출토 예로, 녹색 투명한 양질의 경옥을 사용한 비중이 높다.

　이와 함께 로만글라스 2점, 금제 완 1점, 은제 완 1점, 금제 경식 3점, 금제 수식부이식 6점 등이 출토되었다. 같은 시기 신라·가야고분과 비교할 때 특히 로만글라스 2점과 금제품, 경옥제 곡옥의 부장이 탁월하다.

　이 고분은 부장품 구성과 함께 5인의 소아小兒가 매장된 점에서 경주시 금령총과 같은 왕릉에 부수된 배총으로 판단되며, 4세기 신라의 왕릉구는 월성로가13호분 주변에 형성되었던 것으로 본다. 왕릉의 배총에 최상질의 경옥제 곡옥이 부장된 것이 주목된다.

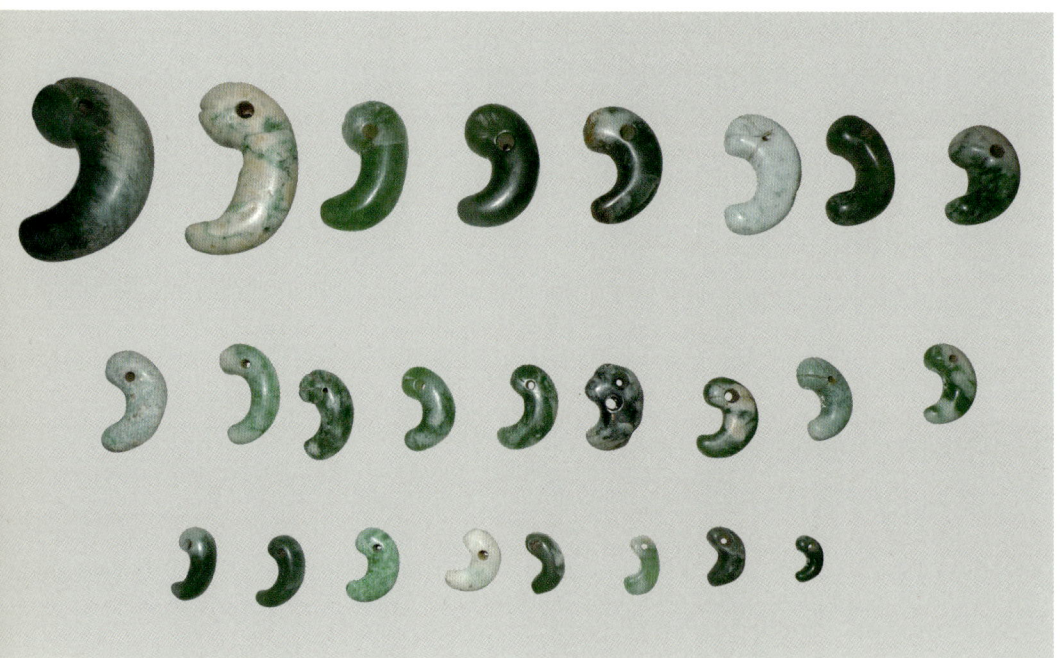

도3-1　경주시 월성로가13호분 출토 경옥제 곡옥(박천수)

황남대총 남분

남분에서 출토된 옥류는 금동관에 부착된 경옥제 곡옥 16점, 경흉식에 포함된 경옥제 곡옥 3점·유리제 환옥 3,500여 점·금제 보요장식금구 18점·금제 세환수식 3점, 금제 과대의 수식으로 경옥제 곡옥 3점, 부장용 경옥제 곡옥 16점, 경식에 포함된 경옥제 곡옥 2점·수정제 곡옥 1점·유리제 환옥·금제 중공옥 등이 있다. 그 외 수장부에서 수정제 곡옥 1점, 유리제 곡옥 2점, 경식으로 구성된 금제 곡옥 1점, 금동제 곡옥 1점 등이 있고 마노제 다면옥 5점, 유리제 다면옥 16점, 유리제 감옥 1점, 유리제 중공옥 6점, 유리제 환옥 8,400여 점, 유리제 소환옥 5,200여 점, 은제 중공옥 9점 등이 출토되었다.

남분에서는 총 40점의 경옥제 곡옥이 출토되었으며, 형태는 대부분 정형 곡옥이나 과대수식銙帶垂飾에는 이형 곡옥이 1점 사용되었다. 금동제 관에 부착된 것 중 확인 가능한 5점의 경옥제 곡옥은 모두 녹색의 (반)투명한 색조이며 반결형 곡옥이 4점인 것이 주목된다.

남분의 피장자에 대해서는 내물왕으로 보는 5세기 초설과 눌지왕으로 보는 5세기 중엽설로 나뉘어져 논의되고 있다. 남분의 피장자는 태왕릉 출토 마구, 중국 도자기와 공반된 마구, 일본 출토 신라산 대장식구, 마구 등의 연대로 볼 때 눌지왕임이 틀림없다.

황남대총 북분

북분은 주곽만으로 구성된 단독곽으로, 피장자는 금관, 금제 경식, 경흉식, 금제 천, 금제 과대와 요패 등 장신구만 착장하고 대도는 착용하지 않았으며 부장된 '부인대夫人帶'명 은제 과대 등으로 보아 여성으로 판단된다.

경옥을 비롯한 북분에서 출토된 옥류는 금관에 부착된 경옥제 곡옥 77점, 관 및 요패 수식으로 경옥제 곡옥 3점·금제 곡옥 2점, 경흉식에 포함된 경옥제 곡옥 13점·유리제 곡옥 22점·벽옥제碧玉製 곡옥 2점·호박제 곡옥 1점·유리제 환옥 3,000여 점·유리제 소옥 3,000여 점·금제 중공옥 118점·방추형금구 18점, 경식에 포함된 경옥제 곡옥 6점·유리제 곡옥 72점·유리제 환옥·금은제 중공옥, 팔찌의 구성으로 경옥제 곡옥 5점·금제 곡옥 4점·은제 곡옥 1점·유리제 환옥 등이 있고, 그 외에 부장용 경옥제 곡옥 17점, 마노제^{瑪瑙製} 곡옥 2점, 호박제^{琥珀製} 곡옥 2점, 벽옥제 곡옥 1점, 유리제 곡옥 180여 점, 모자이크 상감옥 4점, 유리제 옥류 12점, 호박제 조옥 10점, 금제 중공옥 46점, 수정원석 등이 출토되었다.

경옥제 곡옥은 총 121점으로 단일고분에서는 가장 많은 수량이 출토되었으며, 금관에 부착된 77점의 경옥제 곡옥은 대부분 녹색의 (반)투명한 색조를 띠는 정형 곡옥이다.

5세기 후엽에 조영된 북분의 피장자는 출토된 은제 과대의 명문으로 볼 때 남분과 관련된 여성 즉 왕비로 추정된다.

금관총(도3-2)

금관총에서 출토된 옥류는 금관에 부착된 경옥제 곡옥 57점, 금관 및 요패수식으로 경옥제 곡옥 3점·금제 곡옥 1점, 경흉식에 포함된 경옥제 곡옥 1점·마노제 관옥 4점·벽옥제 관옥 1점·유리제 관옥 2점·호박제 조옥 2점·마노제 곡옥 2점·유리제 환옥 550여 점, 팔찌의 구성으로 경옥제 곡옥 1점·유리제 소옥 100여 점 등이 있으며 그 외 부장용으로 경옥제 곡옥 53점, 마노·벽옥·수정제 곡옥 각 1점, 유리제 곡옥 54점, 모자이크 상감옥 2점, 유리제 환옥 12,000여 점, 유리제 소옥 18,000여 점, 금동제 중공옥, 금제 환옥 등이 출토되었다.

경옥제 곡옥은 총 115점으로, 금관에 부착된 곡옥은 대부분 정형이나 녹색 투명한 색조보다는 흰색 불투명한 경옥의 사용이 많아진 것을 알 수 있다. 또한 단독으로 부장된 경옥제 곡옥은 대형의 것이 많고 대부분 잘 마연된 정형 곡옥이다.

5세기 말에 조영된 금관총은 왕릉으로 추정되는 동봉황대고분과 관련된 왕족묘로 추정된다.

서봉총(도3-2)

서봉총에서 출토된 옥류는 금관에 부착된 경옥제 곡옥 41점, 경식에 포함된

도 3-2 경주시 금관총과 서봉총 금관 부착 경옥제 곡옥 (좌:금관총, 우:서봉총)

경옥제 곡옥 1점·수정제 곡옥 2점·마노제 곡옥 1점·수정제 절자옥 4점·모자이크 상감옥 1점·마노제 관옥 4점 등, 수식으로 경옥제 곡옥 4점·유리제 곡옥 1점, 유리제 환옥 등이 출토되었다.

총 46점의 경옥제 곡옥이 출토되었으며, 왕릉으로 추정되는 서봉황대고분과 관련된 6세기 초에 조영된 왕족묘로 추정된다.

천마총

천마총에서 출토된 옥류는 금관에 부착된 경옥제 곡옥 57점·유리제 곡옥 1점, 경흥식에 포함된 경옥제 곡옥 3점·유리제 환옥 1,655점·유리제 소옥 722점·금제 중공옥 181점·은제 중공옥 200여 점, 요패수식에 포함된 경옥제 곡옥 1점·마노제 곡옥 1점, 부장용 경옥제 곡옥 14점·벽옥제 곡옥 3점·유리제 곡옥 2점·수정제 곡옥 1점·금동제 곡옥 1점·유리제 환옥 6,000여 점·모자이크환옥 2점·마노제 다면옥 2점·호박제 조옥 61여 점 등이 출토되었다.

총 75점의 경옥제 곡옥이 출토되었으며 흰색 불투명한 재질의 경옥이 다수 사용되었다.

6세기 초에 조영된 천마총은 왕릉인 황남대총과 관련된 왕족묘로 추정된다.

금령총

금령총에서 출토된 옥류는 경흉식에 포함된 경옥제 곡옥 1점·수정제 곡옥 2점·수정제 절자옥 38점·수정제 환옥 74점·수정제 산반옥 20점·유리제 환옥 152점·은제 환옥 48점, 수식으로 쓰인 경옥제 곡옥 4점·유리제 환옥 190여 점, 팔찌에 포함된 경옥제 곡옥 2점·유리제 환옥, 금모를 씌운 뒤 이식의 수식으로 쓰인 경옥제 곡옥 2점, 부장용 경옥제 곡옥 2점·마노제 곡옥 3점·수정제 곡옥 1점·유리제 곡옥 1점, 그 외 마노제 관옥 22점, 마노제 절자옥 5점, 수정제 절자옥 9점, 호박제 옥 2점, 모자이크환옥, 유리제 관옥 6점, 유리제 절자옥 5점, 마노·수정·유리제환옥 등이 출토되었다. 금령총의 금관은 다른 것보다 크기가 소형이고 곡옥이 부착되지 않은 점이 주목된다.

총 11점의 경옥제 곡옥이 출토되었으며, 왕릉으로 추정되는 동봉황대고분과 관련된 6세기 초에 조영된 왕족묘로 추정된다.

식리총

식리총에서 출토된 옥류는 경흉식에 포함된 경옥제 곡옥 1점·마노제 곡옥 1점·유리제 환옥 163점, 요패수식으로 경옥제 곡옥 2점·유리제 환옥 167점, 모자이크환옥 2점 등이 출토되었다.

6세기 초에 조영된 식리총에서는 총 3점의 경옥제 곡옥이 출토되었으며, 왕릉으로 추정되는 동봉황대고분과 관련된 왕족묘로 추정된다.

은령총

은령총에서 출토된 옥류는 경식에 포함된 경옥제 곡옥 1점·유리제 환옥, 호박제 옥 등이 있다.

6세기 초에 조영된 은령총에서는 1점의 경옥제 곡옥이 청자고둥ィモガィ과 함께 출토되었으며, 왕릉으로 추정되는 노서동134호분과 관련된 배총으로 추정된다.

안계리4호북곽

옥류는 경식에 포함된 경옥제 곡옥 4점·마노제 관옥 1점·유리제 환옥 251점·금제 중공옥 29점이 확인되었다. 녹색의 (반)투명한 색조를 띠는 양질의 경옥을 사용하였으며 그 가운데 3점은 두부에 침선을 새긴 것이다. 공반된 남청색 유리완은 왕경이 아닌 신라지역에서 출토된 유일한 것이라는 점에서 의미가 있다. 남곽에서는 갑주甲冑편을 비롯한 각종 철제 무구류와 토기류가 출토되었다.

황룡사

643년 완공된 경주시 황룡사의 구층목탑 심초석하에서 중국제 백자, 금동제 태환이식, 등과 함께 7점의 경옥제 곡옥이 출토되었다.

분황사

634년 창건된 경주시 분황사의 모전석탑내의 석함에서 금동제 식금구, 청자고둥イモガイ, 금제 바늘, 유리제 곡옥, 유리제 구슬 등과 함께 6점의 경옥제 곡옥이 출토되었다.

불국사(도3-3)

751년 창건된 경주시 불국사의 석가탑내에서 사리공내에서 금동제 사리기, 유향, 유리제 구슬 등과 함께 1점의 경옥제 곡옥이 출토되었다. 경옥제 곡옥은 녹색으로 두부에 침선을 새겼으며 하단에 돌기가 있는 이형이다.

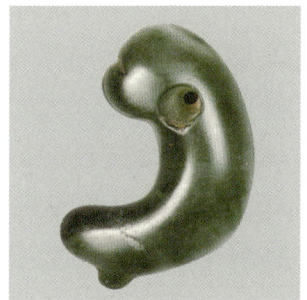

도3-3　경주시 불국사 석가탑 출토 경옥제 곡옥

경산

임당지역고분군

임당지역고분군 가운데 경옥이 출토된 고분은 임당G6호·7A호·7C호, 조영 1A-19호·CⅠ호·CⅡ호 등 4세기 말을 전후한 고분에서부터 조영EⅠ-1호, 임당2북호·5B1호분 등 5세기 중후엽에 해당하는 고분에서 총 30점이 확인되었다.

　4세기 초에 조영된 조영1A-19호 주곽에서는 경옥제 곡옥이 총 3점 출토되었는데 두개골 좌우에서 각 1점씩, 유리제 곡옥 1점·마노제 절자옥·마노제 관옥·유리제 소옥 등과 함께 팔 부근에서 1점이 출토되어 각각 이식과 팔찌의 용도로 사용된 것으로 추정된다.

　임당G6호분은 4세기 후엽의 적석목곽묘로, 경옥제 곡옥 4점·유리제 곡옥 1점·유리제 다면옥 3점·유리제 환옥 등이 경식의 구성으로 출토되었는데 경옥 중에는 이형곡옥도 1점 확인된다.

　임당7A호분은 주곽 암광목곽묘에서 금동제 관, 금동제 수식, 금제 이식, 금제 지환, 금동제 천 등의 장신구를 착장하고 유리제 환옥·금박유리옥 등과 함께 경식의 구성으로 경옥제 곡옥이 4점 출토되었다.

양산

부부총(도3-4)

북정리고분군에 속한 5세기 후반의 대형 횡구식석실로 주인 부부와 함께 순장자 3인이 합장된 고분이다.

　주인은 금동제 관, 금동제 조익형관식, 관모, 금제 세환이식, 은제 과대와 요패 등을 착장하였고, 옥류는 경식에 포함된 경옥제 곡옥 1점·유리제 환옥 112점이 확인되었다.

　부인은 은제 관식, 백화수피제白樺樹皮製 관모冠帽, 금제 태환이식, 금·은제 천, 은제 과대와 요패 등을 착장하였고, 옥류는 오른쪽 팔찌에 포함된 마노제 환옥 55점, 왼쪽 팔찌에 포함된 마노제 환옥 23점·유리제 환옥 23점·

도3-4 양산시 **부부총 출토 경옥제 곡옥**

금제 중공옥 2점, 경흉식에 포함된 마노제 곡옥 1점·마노제 절자옥 8점·마노제 관옥 4점·수정제 절자옥 2점·금제 중공옥 6점·유리제 절자옥 1점 등이 있다.

순장자 '병'은 경옥제 곡옥 2점·유리제 환옥 64점으로 구성된 경식을 착장하였고, '을'에서는 유리제 곡옥 1점이 출토되었다.

금조총

북정리고분군에 속한 5세기 후반의 횡구식석실로 장신구류는 금동제 관, 금제 태환이식 4점, 금제 천, 금제 족, 은제 과대 등 소형분임에도 불구하고 신라의 최상급 유물이 출토되었다.

경식의 구성으로 금제 보요 52점·유리제 모자이크환옥 1점과 함께 경옥제 곡옥 2점이 출토되었다. 곡옥은 연녹색의 불투명한 색조이며 잘 마연된 것이다.

칠곡

송림사

송림사 전탑의 기단부에 안치된 구갑형 석함내에서 1점이 출토되었다. 금제 사리함내에 사산조 페르시아산 원환문배圓環文杯, 은제 화형관식, 향목 등과 함께 매납되었다. 경옥은 소형으로 연녹색의 불투명한 색조이다.

　청동기시대 이래 한반도에서는 곡옥이 사용되어왔다. 청동기시대에는 C자형 천하석제 곡옥이 사용되다가 원삼국시대 후기에는 수정제 곡옥이 출현한다. 그런데 삼국시대가 되면 이제까지 보이지 않던 경옥제 곡옥이 돌연 출현한다. 즉 4세기 초에 조영된 부산시 복천동80호분, 38호분, 4세기 전엽에 조영된 김해시 대성동18호분, 4세기 중엽에 조영된 김해시 양동리304호분 등에서 경옥제 곡옥이 부장된다. 복천동80호분과 38호분의 경옥제 곡옥은 한반도에서 출토된 가장 이른 시기의 것으로 파악된다.

　한편 일본열도에서는 야요이시대 전기말에서 중기초 북부 큐슈의 후쿠오카현福岡縣 요시타케타카기吉武高木유적과 야요이시대 중기전반에서 후반에 걸친 사가현佐賀縣 우키군텐宇木汲田유적의 경옥제 곡옥은 기원전 2세기에 이미 출현한다. 고분시대에는 곡옥이 일본열도 전역에 분포하나 특히 킨키近畿지역에 집중한다. 야요이시대 이래 경옥제 장신구가 애호되었던 북부 큐슈지역에서는 경옥제 정자형 곡옥이 킨키지역 다음가는 빈도를 보이며 출토되는 것도 한반도에로의 곡옥의 이입과 관련하여 흥미롭다.

　경옥의 원석산지는 일본열도의 19지점 외에 미얀마 북부, 중국 운남성 등에서 산출(國立科學博物館 2004)되고 있으나 야요이~고훈시대에 사용되는 경옥제품은 니이가타新潟縣 이토이가와糸魚川 산 경옥에 한정된다(米田克彦 2005).

　일본열도의 경옥제 곡옥은 고분시대 전기말에서 중기초에 걸쳐서 변화가 보인다. 이전시기의 곡옥은 투명하고 선명한 녹색부분이 포함된 것을 사용하며 크기와 형태의 차이가 크다. 단부경이 큰 석제의 공구에 의한 양면兩面 또는 편면片面 천공穿孔이 행해진 것이다. 중기 이후에는 불투명하고 녹색부분이 포함되지 않는 흰색 재질이 사용되며 형태차가 크지 않다. 선단이 예리한 철기에 의한 편면 천공이 행해진다(大賀克彦 2005).

　삼국시대의 경옥제 곡옥은 한반도내에서 그 산지가 확인되지 않는 점, 재질과 제작기법이 동일한 점, 기원전 2세기인 야요이시대 전기말부터 출현하여 고분시대 전기인 4세기에는 일본열도 전역에 분포하는 점에서 일본열도산으로 추정된다. 더욱이 경옥제 곡옥과 함께 복천동38호분에서는 마노제 화살촉, 대성동18호분에서는 녹색응회암제綠色凝灰巖製 방추차형석제품紡錘車刑石製品과 벽옥제碧玉제 관옥管玉과 같은 일본열도산 문물이 공반되는 점에서도 그러하다. 따라서 야요이시대 이래 일본열도에서 동·서지역간의 교역품으로 사용되던 경옥제 곡옥이 삼국시대에 이르러 한반도와의 교역에 사용된 것으로 추정된다.

4세기 후엽에 조영된 경주시 월성로가13호분과 경산시 임당G6호분의 경옥제 곡옥도 마찬가지로 재질과 제작기법으로 볼 때 일본열도산으로 파악된다. 그 후 경옥제 곡옥은 특히 5세기 신라고분에 대량으로 부장된다. 즉 신라의 왕릉급 무덤인 황남대총 북분, 천마총, 금관총, 서봉총 출토 금관에는 각각 77개, 58개, 58개, 41개가 되는 최상급 일본열도산 경옥제 곡옥이 다량으로 부착 장식되었다. 또 경옥제 곡옥은 황남대총 남분, 북분, 천마총, 금관총, 금령총 출토 금제 대장식구와 경식에도 수하식으로 이용되었다. 그리고 경옥제 곡옥은 경주의 왕릉급 무덤을 중심으로 신라 지방의 대수장묘인 대구시 달서55호분, 창녕군 교동7호분, 부산시 복천동1호분, 양산시 부부총 등에서 수백점이 부장된다.

최은주(1986)는 숭실대학교 소장 김양선수집 경옥제 곡옥의 분석을 통하여 일본열도산에서 검출되는 미량원소인 Sr과 Zr이 검출되지 않은 것에 근거하여 이를 비롯한 신라고분 출토 경옥제 곡옥이 한반도산이라는 견해를 제시하였다.

한편 사오토메 마사히로早乙女雅博·하야카와 야스히로早川泰弘(1997)에 의한 동경국립박물관 보관의 신라 지방의 유력 수장묘인 양산시 부부총고분 출토 경옥제 곡옥의 분석에서는 Sr과 Zr이 확인되었다.

와라시나 테츠오藁科哲男 등(2008)도 경주시 미추왕릉지구고분군과 경산시 임당고분군 출토 경옥제 곡옥을 분석한 결과 역시 니이가타현 이토이가와산일 가능성이 크다고 보았다.

이와 같이 경옥제 곡옥에 대해서는 한반도산이라는 의견도 제시되고 있으나, 그 산지가 국내에서 확인되지 않는 점, 그 출현시기가 일본열도가 수백년이상 선행한 점, 양산시 부부총 출토품이 니이가타현新潟縣 이토이카와糸魚川산(도3-5)이라는 분석결과와 함께 앞에서 언급한 변화가 양 지역 간에 일치하는 점으로 볼 때 일본열도산으로 파악된다.

더욱이 한반도내에서 경옥제 곡옥이 4세기에는 일본열도에 가까운 김해, 부산의 가야지역에서 출현하여 주로 분포하다가, 5세기에는 신라지역으로 바뀌고, 그리고 6세기에는 백제지역으로 분포권이 이동하는 것에서 시기에 따라 왜와의 교역이 활발했던 지역으로 이입되는 것에서도 그러하다.

그 후 경옥제 곡옥은 8세기 경주시 불국사 석가탑에 사리장엄구로서 봉안된 후 한반도에서 자취를 감춘다. 이는 일본열도에서 경옥제 곡옥이 사용되지 않는 시기와 일치하며 그 곳에서의 수입이 단절된 것에 기인하는 것으로 추정된다. 즉 8세기 중엽 나라현 토다이사東大寺 홋케도法華堂의 불공견색관음不空羂索觀音 보관寶冠에 경옥제 곡옥이 사용된 이후 일본열도에서도 자취를 감춘다.

도3-5 니이가타현(新潟縣) 이토이카와(糸魚川)산 경옥 원석(박천수)

• 무기

경산시 임당동G6호분, 부산시 복천동21·22호분, 상주시 신흥리나37호분, 함안군 도항리48호분, 청주시 신봉동92-77호분 출토 조설촉鳥舌鏃은 한반도의 철촉가운데에서 계보가 구해지지 않고, 고분시대 전기의 동촉銅鏃에서 계보가 구해지는 것에서 일본열도산 철촉으로 파악된다(鈴木一有 2003, 禹炳喆 2008). 조설촉은 일본열도 철촉내에서 위신재적인 무기이다.

• 패貝와 패제품

야광패夜光貝(Lunatica marmorata)

아마미오시마奄美大島 이남의 열대 인도양과 태평양에 분포하는 산호초에 서식하며, 진주층의 광택을 가지며 나전 등의 세공에 사용되는 각고殼高가 20cm에 달하는 대형 권패卷貝이다.

경주시 황남대총북분

5세기 후엽에 축조된 이 고분에서는 야광패를 가공하여 테두리를 금동제 복륜覆輪으로 장식한 국자형 배杯가 2점 출토되었다.

경주시 금관총

5세기 말에 축조된 이 고분에서는 야광패를 가공하여 테두리를 금동제 복륜으로 장식한 국자형 배杯가 3점 출토되었다.

경주시 천마총(도3-6)

6세기 초에 축조된 이 고분에서는 야광패를 가공하여 테두리를 금동제 복륜으로 장식한 국자형 배가 1점 출토되었다.

도3-6 경주시 천마총(상) 황남대총 북분(하) 출토 야광패제 국자

킨타카하마キンタカハマ(Tectus pyramis)

아마미오시마 이남의 열대 인도양과 태평양에 분포하는 산호초에 서식하며, 각고가 10cm 전후인 원추형의 권패卷貝이다.

경산시 임당동E지구1호분
5세기 후엽 축조된 경산지역의 수장묘인 이고분에서는 어형 장식품이 1점 출토되었다.

청자고둥(Lithoconus litteratus)

아마미오시마 이남의 열대 인도양과 태평양에 분포하는 산호초에 서식하며, 각고가 10cm 전후인 원추형의 권패卷貝이다.

패

경산시 조영동C1-1호분 주곽

5세기 중엽에 축조된 이 고분에서는 청자고둥을 가공한 패부貝符 1점이 다른 패제품과 함께 출토되었다.

경주시 은령총

6세기 초에 축조된 이 고분에서는 청자고둥이 3점 출토되었다.

경주시 분황사 모전석탑

선덕여왕 3년(634년)에 축조된 이탑에서 사림장엄구와 함께 2점의 청자고둥이 출토되었다. 이와 함께 6점의 경옥제 곡옥이 출토되었다.

마구

마구 가운데에는 한반도에서 자생하지 않는 패각을 소재로 활용한 예가 다수 확인된다. 특히 말을 장식하는 삼계장식구(운주·십금구, 장식금구)의 소재로 활용되는 예가 많은 것이 특징이다.

현재 삼국시대 출토 패각 사용 마구는 총 33곳의 유적에서 확인된다(표1). 이 중 압도적으로 29곳(87.9%)에 달하는 유적에서 발부 중앙에 패각을 끼워 넣은 발부 조합반구형 운주·십금구가 출토되었다. 발부 중앙에 끼워 넣은 패종貝種은 대부분 청자고둥이다. 청자고둥은 원추형을 이루는 권패卷貝이며 나선형을 이루는 나탑부螺塔部와 몸통으로 구성된다(도3-7).

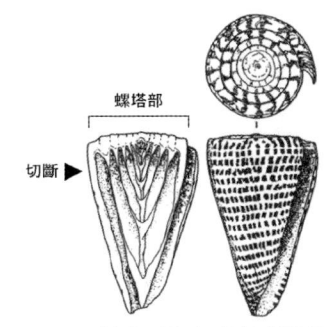

도3-7 청자고둥의 가공(이현정)

운주·십금구

청자고둥을 운주·십금구의 소재로 사용하기 위해서는 나탑부를 수평으로 자르고 운주·십금구의 발부 크기에 맞춰 마연한 후 중앙에 끼워 넣어 완성하게 된다. 경주 미추왕릉 7지구4호, 창녕 교동12호, 송현동7호, 영주 태장

표1 패각을 사용한 삼국시대 마구 출토 사례(이현정)

연번	지역	유적	馬具類	각수	수량(점)	貝種	貝잔존	재질 및 특징	출전
1	경주	황남대총남분(副)	소반구형	—	38	청자고둥	○	금동제 원두형 못	1
			보요부형	—	73	청자고둥	○	금동제 입주장식	
2		금관총	소반구형	—	6	청자고둥	○	금동제 보주장식?	2
3		황오동100번지 1호	소반구형	—	다수	청자고둥	○	금동제 4엽+보주장식	3
4		천마총	발부조합	6각	大1	—	×	철지금동장	4
			발부조합	4각	中1	—	×	철지금동장	
			발부조합	4각	小5	—	×	철지금동장	
5		금령총	발부조합	8각	大1	—	×	철지은장	5
			발부조합	4각	中1?	—	×	철지은장	
			발부조합	4각	小8?	청자고둥	×	철지은장	
6		은령총	발부조합	4각	4	—	×	철지금동장	6
			장식품	—	3	청자고둥	○	청자고둥 자체를 장식품으로 사용	
7		계림로 14호	발부조합	4각	大5	청자고둥	○	철지금동장 8엽+보주장식	7
			발부조합	4각	中3	청자고둥	○	철지금동장	
			발부조합	4각	小2	청자고둥	○	철지금동장	
8		미추왕릉 7지구 4호	발부조합	4각	大1	청자고둥	○	금동제 4엽+보주장식	8
			발부조합	4각	中1	청자고둥	○		
			발부조합	4각	小2	청자고둥	○		
9		황오리 33호 서곽	발부조합	6각	大1	—	×	?	9
			발부조합	4각	中2	—	×	?	
			발부조합	4각	小4	—	×	?	
10		황남동 151호(적석곽)	발부조합	4각	5	청자고둥	○	철지은장	
11	경산	임당 2호(北)	발부조합	4각	中2?	—	×	금동제	10
			발부조합	4각	小5	—	×	철지금동장	
12	창녕	교동 12호	발부조합	8각	大1	청자고둥	○	철지은장	11
			발부조합	4각	小2	청자고둥	○	철지은장	
13		송현동 6호	발부조합	4각	中2	—	×	철지은장	
			발부조합	4각	小4	—	×	철지은장	
14		송현동 7호	발부조합	6각	大1	청자고둥	○	철지은장	12
			발부조합	4각	中1	청자고둥	○	철지은장	
			발부조합	4각	小6	청자고둥	○	철지은장	
15		송현동 15호	발부조합	4각	小5	청자고둥	○	철지은장	13
16	의성	학미리 1호	발부조합	4각	1	—	×	철지은장	14
17	성주	성산동 58호(副)	발부조합	4각	2	—	×	철지은장	15

연번	지역	유적	馬具類	각수	수량(짐)	貝種	貝잔존	재질 및 특징	출전
18	영주	태장리 3-1호	발부조합	4각	中3	청자고둥	○	철지은장	16
19	포항	냉수리	발부조합	편	?	청자고둥	○	철지은장	17
20	부산	두구 임석 5호	발부조합	6각	大1	—	×	철지금동장	18
			발부조합	4각	中2	—	×	철지금동장	
			발부조합	4각	小5	—	×	철지금동장	
21	김해	대성동 91호	소반구형	—	23	청자고둥	○	골제 못	19
			소반구형	—		굴	○	화판+철제못	
			발부일체	5각	1	굴?	○	철제, 투조, 상부패각(굴)없음	
			발부일체	4각	2	굴?	○	철제, 투조, 상부패각(굴)없음	
22	합천	옥전 M4호	발부조합	8각?	大1	—	×	철지은장	20
			발부조합	4각	小2↑	—	×	철지은장	
23		옥전 M6호	발부조합	8각	3	—	×	철제	
24		옥전 M11호	발부조합	6각	1	—	×	철지은장	21
25	함안	암각화고분	발부조합	6각?	大1	—	×	철지은장	22
			발부조합	4각	小3	—	×	철지은장	
26	고성	송학동 1B-1호	발부조합	4각	1	청자고둥	○	철지금동장	23
27		내산리 34호	발부조합	4각	3	—	×	철제	24
28		내산리 36호	발부조합	?	편	—	×	철제	25
29	창원	다호리 B지구 1호	발부조합	4각	3	—	×	철지은장	26
30	산청	중촌리 3호(석실)	발부조합	?	2↑	—	×	철제	27
31		傳 단성읍 출토	발부조합	8각	8	청자고둥	○	철지금동장	
32	미상	傳 삼국	발부조합	8각	1	—	×	철지은장	28
33	미상	傳 삼국	발부조합	4각	1	—	×	철지은장	

[범례] 발부일체 : 발부일체반구형 운주 · 십금구, 발부조합 : 발부조합반구형 운주 · 십금구
　　　소반구형 : 소반구형 장식금구, 보요부형 : 보요부형 장식금구

리3-1호 등의 운주·십금구는 청자고둥이 양호한 상태로 남아있지만, 중앙이 빈 운주·십금구의 경우에는 중앙에 무엇이 있었는지 알 수 없다. 하지만 외륜틀 내면을 잘 관찰해보면 청자고둥의 흔적, 즉 나탑부의 나선형태가 남아 있는 경우가 많아 운주·십금구의 발부 중앙에 청자고둥을 가공하여 끼워 넣었음을 알 수 있다.

　　패각을 소재로 사용한 운주·십금구는 신라의 중심인 경주지역을 중심으로 집중 확인된다. 천마총, 금령총, 계림로14호분, 미추왕릉 7지구4호 등 총 7곳의 유적에서 확인되며, 이 중 6각 또는 8각 운주와 중·소형의 십금구가

조합되는 정형성도 확인된다. 경주지역 외에도 낙동강 이동지방을 중심으로 경산지역의 임당2호(북), 창녕지역의 송현동 6호, 7호, 교동 12호, 영주지역의 태장리3-1호, 부산지역의 두구 임석5호분 등 넓은 범위에서 확인된다. 낙동강 이서지방인 합천, 함안, 고성, 창원, 산청지역 등에서도 패각을 소재로 사용한 운주·십금구가 확인된다.

장식금구

패각을 소재로 사용한 마구는 장식금구에서도 확인된다. 운주·십금구와 장식금구의 가장 큰 차이는 가죽끈 연결방법으로, 운주·십금구가 각부 못을 이용해 가죽끈을 연결하는 유각有脚 구조인 반면, 장식금구는 각부가 없는 무각無脚 구조로 반구좌를 통과한 못의 끝이 그대로 가죽을 통과한 후 구부리거나 리벳하여 고정하게 된다. 또한 운주·십금구에 사용된 패각은 발부 외륜틀의 지름 크기에 맞춰 가공해 사용하는 반면, 장식금구에서는 가공된 패각 자체를 반구좌로 사용하며 가죽끈에 고정하기 위한 못이나 중심축을 세우기 위해 패각 중앙에 구멍을 뚫은 것이 특징이다.

국내에서는 총 4곳의 유적에서 패제 장식금구가 출토되었다. 경주지역의 황남대총 남분 부곽에서는 금동제의 장식금구 외에도 청자고등의 나탑부를 반구좌의 형태로 가공한 소반구형·보요부형 장식금구가 다수 출토되었다. 소반구형 장식금구의 금동제 못은 편평하고 오목한 반구좌의 상부 형태에 맞춰 못머리를 제작한 것이 특징이다. 금관총에서도 청자고등의 나탑부를 가공하여 장식금구의 반구좌로 사용하였는데, 패각 중앙에 구멍이 뚫린 점이나 유리를 가공해 반구좌로 사용한 소반구형 장식금구가 공반 출토된 것으로 보아 상부에 보주형의 장식을 세워 고정한 소반구형 장식금구의 반구좌로 추정된다. 소반구형 장식금구는 기존에 철지은장, 금동제의 금속제품이 사용되고 동일한 재질의 작은 원두정을 중앙에 박는 것이 일반적이었지만, 금관총 단계인 5세기 후반부터는 보주형 장식이 소반구형 장식금구에 채용되어 장식성이 더욱 증가한다. 반구좌의 소재도 류큐열도산琉球列島産 청자고등과 마찬가지로 가치가 높은 유리를 제작하여 사용하는 양상이 보인다.

경주 황오동 100유적1호 적석목곽묘에서도 청자고둥을 반구좌로 가공한 후 중앙에 구멍을 뚫어 금동제 보주형 장식과 4엽 화형장식을 얹은 소반구형 장식금구가 다수 출토되었다. 4엽 화형장식 뒷면에는 청자고둥의 나탑부 흔적이 선명하게 남아있으며, 오목하게 가공한 나탑부의 상부에 맞추어 화형장식도 오목하게 제작되었다.

패각을 소재로 한 마구 중 또 하나 주목되는 사례는 최근 조사된 김해 대성동91호 출토품이다. 철제 표비 4점, 금동제 마면, 금동제 용문 투조 운주, 금동제 입형령 등 다양한 금공 장식마구가 출토되었다. 이 중 패각을 가공하여 소재로 활용한 것은 철제 투조 반구형 운주·십금구(5각 1점, 4각 2점)와 패제 소반구형 장식금구 20여 점이다.

철제 투조 반구형 운주·십금구는 발부가 약하게 솟아있고 용문이 퇴화한 듯한 문양이 투조되어 있다. 투조 문양 위에는 굴로 추정되는 평면 원형의 반구상 패각을 얹어 장식을 더욱 높였다. 패각 중앙에는 원형 투공이 뚫려 있고 발부 지름에 맞추어 가장자리를 마연하여 가공하였다. 패제 소반구형 장식금구는 패각을 평면 원형의 반구상으로 가공하여 반구좌로 사용하였다. 패종과 장식에 따라 2종류로 구분되는데, 굴 반구좌에 철제 못+화형장식이 있는 것과 청자고둥 반구좌에 골제 못을 박은 것이다. 크기는 지름 2.5~5 *cm* 전후로 다양하다.

한반도에서 가장 이른 시기인 1세기에 이입된 류큐열도산 조개는 평양시 정백동9호분 출토품이다. 정백동9호분 출토품은 당시 한漢문물이 집중 이입되는 북부큐슈北部九州의 집단에 의해 중개되어 이입된 것으로 추정된다.

3세기대 창원시 가음정동패총 출토품은 이전 시기 한반도 서북부에 이입된 류큐열도산 조개가 동남부지역을 경유한 것을 알 수 있게 한다.

4세기 전엽 김해시 예안리77호분은 수장묘로 볼 수 없음에도 불구하고 패부貝符가 부장된 것은 한반도 동남부지역이 류큐열도산 조개의 주된 경유지이었음을 알 수 있다. 같은 시기 김해시 대성동91호분에서는 다수의 패제 마구가운데 현재 1점의 청자고둥제 장식금구가 확인된다.

대성동91호분 출토 마구는 패제 삼계장식구뿐만 아니라 다른 마구들 역시 지금까지 김해 대성동 고분군에서는 찾아볼 수 없는 최고급의 마구들이다. 보고자뿐만 아니라 학계에서는 금동제 마구 대부분을 중국 동북지방에서 유입된 '선비계 마구'로 보고 있으며 일부 철제 재갈이나 패제 삼계장식구는 선비계 마구의 영향으로 금관가야에서 제작되었다는 입장이다(沈載龍 2013a: 106; 李尙律 2013: 23; 柳昌煥 2013: 51).

대성동91호 출토 금동제 마구는 현존 최고의 선비계 마구인 4세기 중반 중국 조양朝陽 원대자벽화묘, 안양安陽 효민둔154호분 출토 마구와 형태나 종류, 구성 등에서 상당한 공통점이 보여 전연前燕에서 제작된 금동제 마구로 보는 것은 이견이 없다. 다만 문제는 패각이 장식된 철제 투조 운주·십금구와 패제 소반구형 장식금구가 재지에서 제작되었고, 국내에서 마구에 패각을 소재로 활용한 것이 김해지역이 가장 이르다고 보는 것에 있다.

하지만 보고자의 견해와 달리 패각을 마구의 소재로 사용하는 예는 이미 중국 삼연지역에서 계보를 찾을 수 있다. 즉 전연 성립 전후인 3세기 말~4세기 전반으로 편년되는 조양朝陽 창량요倉糧窯묘(孫國平·李智 1994), 조양 요금구姚金溝1호묘(薰高 1981), 4세기 중반 이후인 북표北標 나마동喇嘛洞ⅡM196호분(遼寧省文物考古研究所外 2004), 5세기 전반인 풍소불馮素弗묘(415년)(黎瑤渤 1973) 등 선비족鮮卑族의 묘에서 패각을 가공하여 사용한 장식금구가 확인되기 때문이다(木下尙子 2002: 530). 일시적 현상이 아니라 3세기 말부터 5세기까지 지속적으로 패각을 마구 장식에 활용해 왔고 이는 패각을 마구에 사용한 문화가 삼연지역에서 시작되었음을 의미한다(도3-8).

국내에서 확인되는 기마문화는 중국 동북지방, 특히 삼연지역의 영향을 지대하게 받았음은 주지의 사실이고, 이러한 상호관계 속에서 삼연지역의 패각 사용 마구가 다른 금동제마구와 함께 김해 대성동 집단에 유입되었고, 대성동91호에 부장된 것이라 본다. 이러한 관계가 일시적 현상에 그쳤음은 이후 대성동고분군에서 패각을 소재로 활용한 마구가 더 이상 출토되지 않음이 이를 방증해준다.

현재 국내에서 가장 이른 패각 사용 마구는 김해시 대성동91호 출토 패제 삼계장식구이다. 대성동91호분 조사 이전 논의된 기왕의 연구 성과를 정

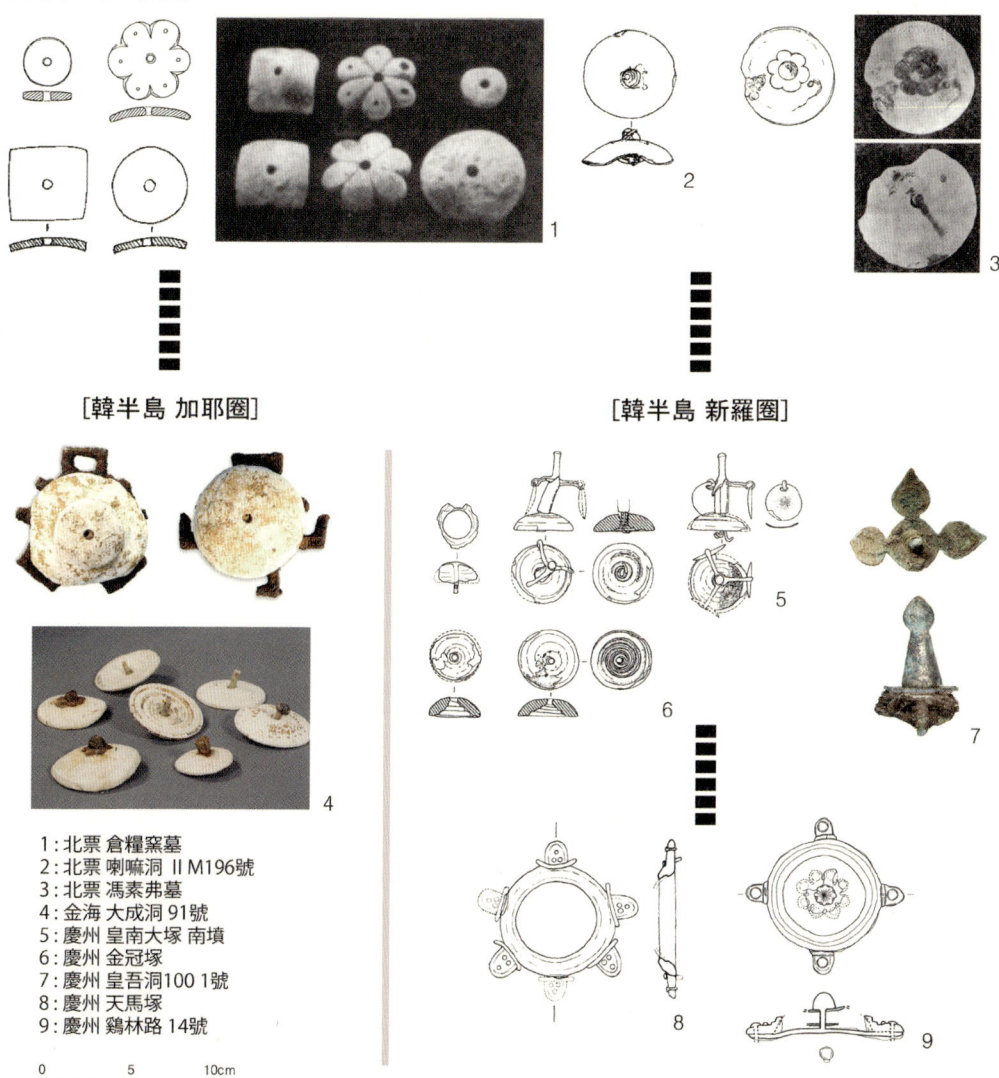

[中國 三燕地域]

[韓半島 加耶圈]

[韓半島 新羅圈]

1 : 北票 倉糧窯墓
2 : 北票 喇嘛洞 ⅡM196號
3 : 北票 馮素弗墓
4 : 金海 大成洞 91號
5 : 慶州 皇南大塚 南墳
6 : 慶州 金冠塚
7 : 慶州 皇吾洞100 1號
8 : 慶州 天馬塚
9 : 慶州 鷄林路 14號

도3-8 중국 삼연지역과 한반도 패제 장식금구의 변천(이현정)

리하면, 5세기 중반 경주 황남대총 남분에서 청자고등을 소반구형·보요부형 장식금구의 반구좌로 사용한 예를 시작으로, 5세기 후반 금관총의 소반구형 장식금구, 6세기대의 천마총, 금령총의 발부조합반구형 운주·십금구로 변화하였다. 이 패제 삼계장식구가 경주지역을 중심으로 집중 분포함에 따라

'신라 장식마구와 류큐열도산 패각의 융합'으로 신라에서 창안한 것으로 보는 것이 일반적인 견해였다(木下尙子 2002: 526~531; 李炫姃 2009: 110; 中村友昭 2014). 따라서, 패제 삼계장식구는 5세기 중반 출현하여 6세기 중반까지 신라권을 중심으로 애용된 장식마구인 것이다. 하지만 대성동91호에서 패각을 소재로 사용한 장식마구들이 다량 확인되면서 기존의 인식에 재고가 필요하다. 시기도 100년 정도 더 일찍, 그것도 신라의 중심이 아닌 금관가야의 중심인 김해지역에서 패제 삼계장식구가 출토된 것을 어떻게 이해해야 할까.

키노시다 나오코木下尙子가 이미 지적하였듯이, 패각을 장식구로 사용한 문화의 한반도 유입은 삼연 기마문화의 연장선상에서 등장한 것이고, 신라에 집중적으로 분포함은 '삼연 → 고구려 → 신라'로 이어지는 마구 문화의 영향으로 봐야 할 것이다. 신라는 지속적으로 상위계층을 위한 새로운 장식마구를 창안해왔고 마구의 재질과 형태를 통해 마장의 서열화를 진행해왔다. 이러한 흐름 속에서 신라는 삼연지역과 유사한 패제 소반구형 장식금구를 사용하다가 점차 신라 상위지배층의 수요를 충족시키기 위해 지속적으로 마구를 개량, 제작하고 그 속에서 희귀품인 류큐열도산 청자고둥을 사용한 신라 독자의 장식마구인 발부조합반구형 운주·십금구가 출현한 것이라 볼 수 있다(李炫姃 2009: 88, 2012: 175).

대성동91호에서 국내 최고最古의 패제 삼계장식구가 출현하였지만, 주류를 이룬 곳은 역시 신라권이다. 총 33곳의 유적 중 부산지역까지 포함한다면 신라권에 포함되는 곳은 20곳(60.6%)에 이른다. 그 중 신라의 중심인 경주지역에서만 10곳에 이르는 유적에서 패각을 사용한 운주·십금구, 장식금구가 확인되는 점을 통해 패제 삼계장식구의 제작, 사용 중심지는 경주지역임을 짐작할 수 있다.

신라에서는 5세기 중엽 황남대총남분 단계부터 청자고둥을 무각 장식금구의 반구좌 소재로 사용하였는데, 이때는 극히 소량의 양만 유입되어 사용이 제한적이었을 것이다. 하지만 6세기대가 되면 운주·십금구의 중앙부에 청자고둥을 가공하여 끼워 넣은 발부조합반구형 운주·십금구가 신라에서 독자적으로 창안되고 이에 따라 청자고둥의 수요가 급증하게 된다. 한반도에서 자생하지 않는 소재의 수요를 충족시키기 위해서는 안정적인 소재의 공급이 중요한데, 신라는 어떤 경로를 통해 청자고둥을 입수하였을까?

신라의 청자고둥의 입수는 류큐열도로부터 직접 입수하였을 가능성은 적고, 류큐열도산 패각류가 집산되는 큐슈九州지역이 안정적인 공급처이며 이를 주도한 것은 큐슈지역의 호족 연합세력이라 보는 것이 일반적인 견해이다(木下尙子 2002: 531). 최근에는 이를 온가가와遠賀川상류역부터 현해탄玄界灘 연안지역의 피장자층과 관련됨을 구체적으로 언급하고 있다(高田貫太 2014; 中村友昭 2014).

그런데 김해시 대성동91호분 출토 청자고둥제 마구의 이입 배경을 생각하는데 중요한 단서를 제공하는 것은 공반된 로만글라스이다. 현재 신라에서는 이시기까지 소급되는 왕묘급 유적이 조사되지 않았으나 4세기 후엽에 조영된 월성로 가13호분에서는 로만글라스 2점과 총 26점에 달하는 경옥제 곡옥이 출토되어 주목된다. 이와 함께, 금제 완 1점, 은제 완 1점, 금제 경식 3점, 금제 수식부이식 6점 등이 출토되었는데 이러한 부장품은 동시기 신라·가야고분과 비교할 때 특히 로만글라스 2점과 금제품의 부장이 탁월하다. 그래서 이 고분에서는 류큐열도산 청자고둥제 마구는 출토되지 않았으나 주곽만 조사된 점과 5세기 이후의 청자고둥제 마구와 로만글라스의 부장량을 고려한다면 대성동91호분 출토 청자고둥제 마구와 로만글라스는 신라를 경유한 것으로 보아야할 것이다. 왜냐하면 문헌사료로 볼 때 금관가야와 중국의 교섭 기사는 전혀 보이지 않지만 신라는 377년과 382년 전진前秦에 견사遣使하였다. 견사가 고구려 사신의 안내에 의해 이루어진 것으로 볼 때, 이를 통하여 북방 세계와 접한 것을 알 수 있다.

필자는 특히 적대세력이었던 신라의 철정鐵鋌, 금동제의 장신구와 마구 등이 가야와 백제지역과의 교섭이 어렵거나 단절된 시기와 양자간 정치적인 교섭이 이루어지는 시기에 일본열도에 집중 이입되고, 이시기 일본열도산 경옥제 곡옥이 신라에 이입된 점에 주목하였다.

더욱이 본서에서 강조한바와 같이 111점의 류큐열도산 청자고둥제 마구가 출토된 황남대총북분에서는 121점의 이토이가와糸魚川산 경옥제 곡옥이 공반하고 있다. 이와 같은 사례는 일본열도에서도 찾아볼 수 없다.

따라서 신라에 이입된 수천점에 달하는 최상급의 경옥제 곡옥과 수백점에 달하는 청자고둥은 신라와 왜의 우호적인 관계를 상징하는 것이며, 왜가 적극적으로 신라와의 교류를 간원한 것을 웅변하는 것이다. 특히 왕릉급 고분인 황남대총북분, 금관총, 천마총 출토 6점의 야광패제 배는 이를 상징하는 것이다.

● 관재棺材

5세기 말 경주시 금관총 출토 관재棺材는 그다지 주목되지 않았으나 일제강점기 분석결과 제주도를 제외한 한반도에서 자생하지 않는 녹나무楠로 확인되었다(尾中文彦 1939). 6세기 전엽 창녕군 송현동호분에서도 녹나무제 선재船材를 전용轉用한 목관이 출토되었다.

시마네현島根縣 오자니시大座西 2호분(도3-9)

시마네현 사카이미나토시境港市 사카이미나토境港항에서 고속선으로 1시간, 페리로 2시간 30분 거리에 있다. 오키隱岐제도의 토우고島後 오키노시마정隱岐の島町 시모니시下西에 위치한다. 고분은 항만을 바라볼 수 있는 해변으로 돌출한 해발 21m의 구릉 선단에 입지한다. 고분은 파괴되어 분구 지름 약 10m가 잔존하는 상태였다.

매장주체부는 주축 방향이 남북인 횡혈식석실로서 후벽과 측벽의 최하단 석만이 남아있었다. 현재 길이 3.6m, 폭 2.8m이며 후벽은 길이 80㎝의 장방형 할석 2매, 우벽은 장방형 할석 3매, 좌벽은 1매가 확인된다.

부장품은 동완 1점, 청동제 대장식구 1식, 철모 1점, 철부 4점, 철사 1점, 철도 1점, 철도심부 1점, 도자 5점, 양두兩頭 궁弓금구 1점, 소환이식 5점, 마노제 곡옥 6점, 벽옥제 곡옥 3점, 수정제 곡옥 1점, 수정제 절자옥切子玉 1점, 유리제 환옥 1점, 토제 곡옥 3점, 스에키須惠器 34점, 하지키土師器 6점이 출토되었다.

이 고분의 조영과 매장시기는 출토된 스에키에 근거하여 6세기 후반에서 8세기 전반으로 추정된다. 동완은 형태와 2단에 걸쳐 침선문이 시문된 것으로 볼 때 신라산으로 생각된다. 동제 대장식구도 7세기 신라지역에서 널리 분포하는 형식과 같은 형태인 점에서 철모, 철부와 함께 신라산으로 추정된다.

오키隱岐제도에는 연오랑·세오녀 전승과 관련된 지명이 보이고 토우젠島

도3-9 마네현(島根縣) 오자니시(大座西)2호분과 출토 유물

前 진자키珍岐에서 신라토기가 출토된 것으로 볼 때 영일만-울릉도-오키隱岐 -시마네島根를 연결하는 항로가 활발하게 이용되었음을 알 수 있다. 그리고 울릉도 천부동1호분에서 발해토기인 흑색마연사이호黑色磨硏四耳壺가 출토된 것에서 발해의 대 일본 견사로로도 이 항로가 이용된 것을 알 수 있다.

참고문헌

橫田登·野津硏吾(編), 2006, 『大座西遺蹟發掘調査報告書』, 隱岐, 隱岐の島 町敎育委員會.
朴天秀, 2011, 『일본속의 고대 한국 문화』, 서울, 진인진.

5세기 신라와 일본

『광개토왕비』에는 400년 신라성을 침범한 왜를 고구려군이 격퇴하였다는 기록이 보인다. 이는 5세기 초를 전후한 시기의 신라와 왜의 관계를 상징하는 사건이다. 그런데 왜가 고구려에 패한 후 김해지역으로 비정되는 임나가라任那加羅로 도망하였다는 기사가 주목된다. 4세기 일본열도의 금관가야산 철정鐵鋌, 철제갑주鐵製甲冑, 마구馬具, 통형동기筒形銅器와 대성동고분군의 킨키近畿계 문물과 같은 고고자료와 문헌사료는 일본의 연구자가 주장하는 왜군의 독자적인 외정과 출병이 아니라, 그것이 어디까지나 직접적으로는 금관가야 나아가 백제와 관련된 것임을 웅변하는 것이다. 즉 왜가 임나가라로 패퇴한 것에서 왜의 군선이 고 김해만에 정박했음을 알 수 있다.

금관가야는 대외적으로는 고구려·신라의 남진정책에 대항하고, 대내적으로는 아라가야세력을 견제하기 위해 왜와의 동맹관계를 이용한 것으로 추정된다. 이 시기 왜가 동원된 배경은 복합적이나 그 가운데에는 금관가야의 관계망 속에 포함되어있던 동래지역 즉 복천동세력에 가해지는 신라의 영향력 증대와 낙동강을 넘어 가해지는 압박에 대한 금관가야의 적극적인 공세가 직접적인 원인으로 본다.

400년 전쟁을 계기로 김해시 대성동고분군에서 왕릉이 더 이상 조영되는 것에서 알 수 있듯이 금관가야는 쇠퇴하며, 이로서 『삼국지三國志』위서魏書 변진조弁辰條에 보이는 이 지역을 중심으로 한 국제적인 철鐵 시장이 붕괴된다.

그런데 5세기 전반 종래 금관가야지역에서 이입되던 철정과 형태와 규격이 다른 철정이 일본열도에 이입되어 주목된다. 나라현奈良縣 야마토大和6호분 출토 철정은 이제까지 복천동21·22호분 출토품과 유사한 것에서 금관가야산 철정으로 인식되어왔다.

종래 금관가야의 철정으로 파악되어온 복천동21·22호분의 철정은 앞에서 언급한바와 같이 신라산 철정으로 판단되며, 따라서 야마토6호분 출토 대형 철정 가운데 대부분은 신라산으로 볼 수 있다.

복천동고분군 출토 철정의 성분분석 결과, 신라산으로 파악되는 39호분 출토품 등에서 창녕지역 출토품, 야마토6호분 출토품과 같이 동銅 성분이 높은 분석치가 나온 것으로 보아, 이러한 철정은 동일한 산지, 즉 신라지역의 철광석을 사용하여 제작된 것이다. 특히 야마토6호분의 소형 철정은 양단이 호상弧狀을 이루고 양 측면의 요철이 심한 비대칭적인 형태와 규격이 경주지역에서 제작된 철정과 흡사한 것에서 신라에서 공급된 것으로 판단된다.

더욱이 이 시기 일본열도의 오카야마현岡山縣 쿠보키야쿠시窪木薬師유적, 오사카부大阪府 노나카野中고분, 나라현 미나미야마南山4호분, 아이치현愛知縣 이세야마중학교伊勢山中學校유적 출토 중소형 철정도 종래 부산지역 출토품과 유사하여 가야지역산으로 파악되어 왔으나, 실은 경주지역 출토품과 규격과 형태가 같고, 5세기 초를 전후한 시기의 부산지역 철정이 신라에서 공급된 점에서 신라산으로 본다.

고분시대 중기 일본열도에 돌연 출현하는 막대한 양의 철제 갑주와 무기의 철소재는 이제까지 막연하게 가야산으로 파악되어 왔으나 실은 이제까지 적대적인 관계로만 파악해온 신라산 철소재를 가공한 것으로 판단된다.

이와 함께 고분시대 전기의 주술적인 벽옥제 석제품을 대신하여 화려한 금공품이 출현한다. 종래 일본열도 출토 금공품에 대해서는 이 시기 한반도 남부에서 가장 화려한 금공품이 대량으로 제작되는 곳이 신라임에도 불구하고 신라와 왜의 관계에 대한 선입관 때문에, 그 제작지는 백제 또는 가야로 파악되어 왔다. 또한 부산시 복천동고분군 출토품을 근거로 이제까지 가야 지역산으로 파악되어 왔던 5세기 전반의 일본열도산 금공품이 실은 신라산인 것으로 밝혀졌다.

이 시기의 표지적인 신라 금공품은 나라현 니이자와센즈카新澤千塚126호분 출토 금제 관식冠飾, 경식頸飾, 수식부이식垂飾附耳飾, 발식髮飾, 지륜指輪의 조합을 들 수 있으며 공반된 서역산 유리용기도 신라를 경유하여 이입된 것이 틀림없다. 또한 나라현 코죠네코즈카五條猫塚고분의 금동제 대장식구, 금동제 경갑頸甲, 차양주眉庇附冑, 후쿠오카현福岡縣 츠키노오카月の岡고분의 금동제 대장식구, 경갑, 성시구盛矢具, 안鞍, 금동제 차양주, 오사카부大阪府 시치칸七觀고분의 금동제 용문대장식구, 시가현滋賀縣 신카이新開1호분의 금동제 마구를 들 수 있다.

특히 왕릉인 오사카부 콘다고뵤야마(전 오진릉應神陵)고분의 배총인 마루야마丸山고분 출토 금동제 용문투조안장龍文透彫鞍裝은 안장의 구조와 투조 용문, 공반된 마구로 볼 때 신라산이다. 더욱이 이 시기 마구, 금동제 장신구, 철정, 철제 농공구, 공인과 같은 이입 문물의 계보가 신라인 점은 이를 방증하는 것이다. 또한 일본열도 최대규모의 왕릉인 오사카부 타이센大仙고분(전 닌토쿠릉仁德陵) 전방부에서는 금장갑주金裝甲冑와 함께 유리용기가 출토되었다. 타이센고분 출토 금장갑주는 신라산 금공품에 보이는 보요步搖가 부착된 점, 신라를 경유한 유리용기가 공반하는 점으로 볼 때 신라계 공인에 의해 제작되었을 가능성이 크다.

다음은 일본 출토 로마 유리기의 이입경로와 역사적 배경에 대해 살펴보고자 한다.

신라 적석목곽분에는 5세기 중국 남북조를 포함한 동아세아에서는 유례가 찾기 어려울 정도로 유리기가 집중 부장되어 주목된다. 특히 왕릉과 왕족묘를 중심으로 구성된 대릉원고분군에서는 월성로가13호분을 제외하면 황남대총 남분의 8점을 비롯하여 5세기 중엽-6세기 전엽이라는 짧은 기간 동안 수기의 고분에서 수십점에 달하는 유리기가 부장된다. 발굴되지 않은 왕릉과 왕족릉의 부장품을 추가한다면 100점을 상회하는 것으로 추정된다(도4-1).

도4-1 경주시 대릉원고분군 출토 유리기(박천수)

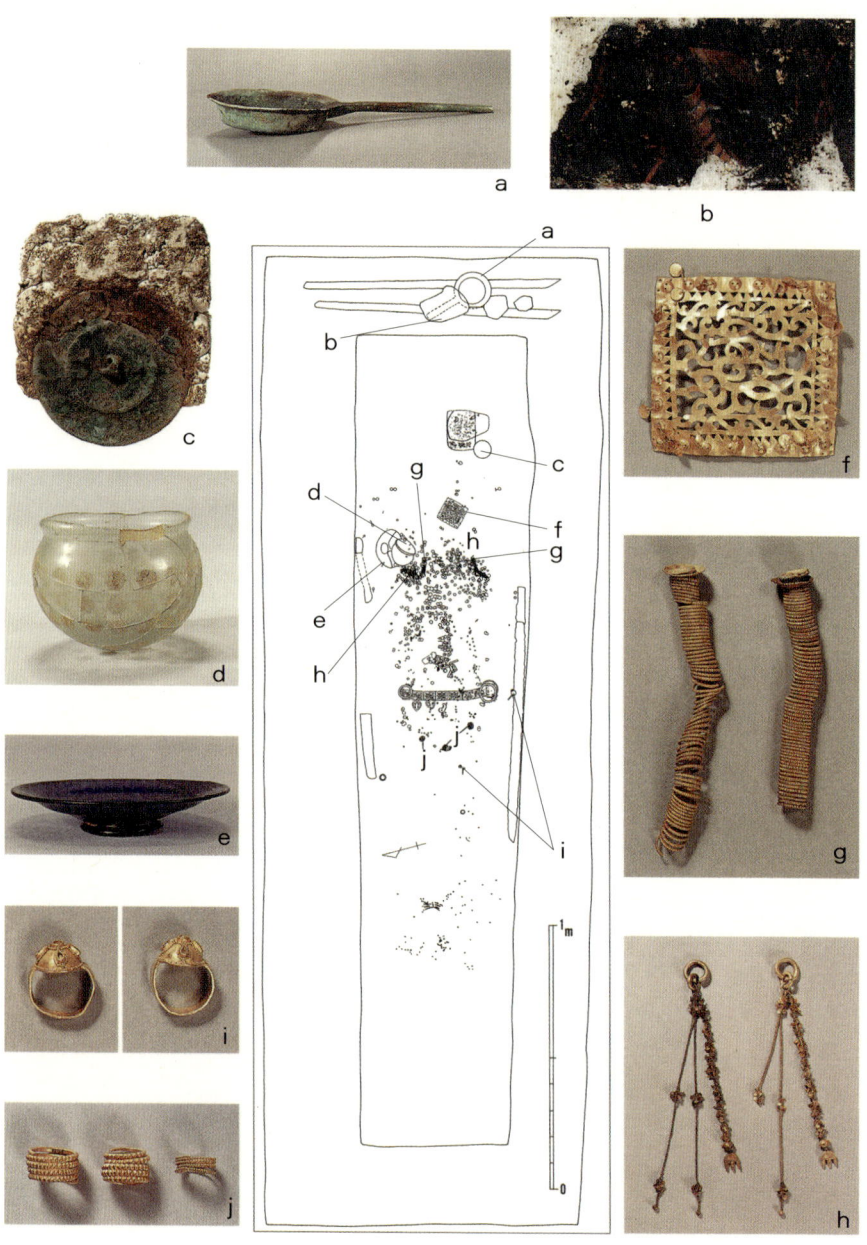

도4-2 나라현(奈良縣) 니이자와센즈카(新澤千塚)126호분 출토 유물

5세기 중엽에 조영된 나라현奈良縣 니이자와新澤126호분에서는 절자문완切子文盌과 감색명紺色皿이 금제 장신구와 함께 출토되었다. 금제 관식冠飾, 수식부이식垂飾附耳飾, 지륜指輪은 같은 형식이 경주의 황남대총 북분과 남분에서 각각 출토되었다. 126호분의 피장자는 당시 일본열도의 소형묘에서 이러한 화려한 문물이 부장된 예를 찾아 볼 수 없고, 대릉원고분군의 왕릉 배총의 피장자와 같이 로마유리기를 2점 부장한 점에서 신라로부터의 왕족급 이주민으로 파악된다(도4-2).

　같은 시기의 타이센고분 전방부에서는 금장갑주와 함께 백색명白色皿, 감색호紺色壺가 출토되어 주목된다. 이 고분 출토 유리기는 신라를 경유한 것으로 추정된다. 그 이유는 신라산 장신구가 공반된 니이자와126호분과 색조는 다르나 기종구성이 동일하고 이 시기 왜와 같이 남조南朝에 견사遣使한 백제에서는 유리기를 찾아볼 수 없으나, 신라에서는 4세기 후엽 경주시 월성로가13호분에서 이미 출현하고, 같은 시기에 해당하는 경주시 황남대총 남분에서는 다수의 유리기가 부장되기 때문이다. 더욱이 흥미로운 것은 유리가 발견된 전방부는 후원부의 주피장자와 관련된 배총인 점에서 후원부에는 다수의 유리기가 부장되었을 가능성이 크다. 즉 대릉원고분군에서 왕릉인 황남대총남분에서는 8점이 부장되고 배총에서는 2점 전후가 부장되기 때문이다. 나아가 후루이치古市고분군의 전 안칸릉安閑陵고분에서 절자문切子文완이 출토된 점에서 5세기 일본의 왕릉인 모즈百舌鳥, 후루이치古市고분군에 다수의 신라를 경유한 유리기가 부장된 것을 추정할 수 있다.

　5세기 초 일본열도의 갑주에는 정결기법釘結技法과 철포복륜기법鐵包覆輪技法이 도입된다. 정결기법에 대해서는 일본열도 갑주제작의 획기적인 기술 발전으로 평가되어 한반도 남부 특히 가야지역으로부터의 기술도입에 의한 것으로 인식되어왔다. 즉 철제 안장에 보이는 정釘의 형태와 병류기법이 동일하고 철포복륜기법도 철제 안장의 복륜기법과 동일한 점에서 이주공인에 의해 도입된 것으로 파악되어왔으나, 그 계보는 분명하게 밝혀지지 않았다. 필자는 이러한 정결기법과 철포복륜기법이 오사카부 쿠라즈카鞍塚고분, 시가현 신카이1호분, 키후현岐阜縣 나카야와타中八幡고분 출토품과 같은 신라산 마구와 경주시 황남동109호분3·4곽, 상주시 신흥리나39호분에 보이는 점에서 일본열도 갑주제작의 획기적인 변화로 인식되고 있는 이 기술이 실은 금동제 갑주의 제작기술과 같이 신라에서 이입된 것으로 판단한다.

더욱이 이 시기 일본열도에서 신라로부터 이주민이 확인된다. 즉 소형분임에도 불구하고 신라계 금동제품과 단야도구를 부장한 나라현 코죠네코즈카고분, 신라산 금공품, 철제품과 함께 낙동강하류역 계통의 석곽묘가 매장주체부인 효고현兵庫縣 미야야마宮山고분, 신라산 금공품과 신라를 경유한 유리제품을 다수 부장한 나라현 니이자와센즈카126호분 등의 피장자가 이에 해당하며, 이는 신라와 왜의 인적교류가 매우 활발하였음을 보여 준다.

한편 신라에는 다량의 일본열도산 경옥제硬玉製 곡옥曲玉이 이입되어 주목된다. 신라지역에 경옥제 곡옥이 본격적으로 이입된 것은 4세기 후엽의 경주시 월성로가13호분과 경산시 임당G6호분 단계이며, 이후 경옥제 곡옥은 신라고분에 다수 부장된다. 즉 신라의 왕릉급 무덤인 황남대총 북분, 천마총, 금관총, 서봉총 출토 금관에는 수십점에 달하는 최상급 일본열도산 경옥제 곡옥이 부착 장식되었다. 또 황남대총 남분, 북분, 천마총, 금관총, 금령총 출토 금제 대장식구와 경식頸飾에도 수하식垂下飾으로 이용되었다. 그리고 경주의 왕릉급 무덤을 중심으로 신라 지방의 대수장묘인 대구시 달서55호분, 창녕군 교동7호분, 부산시 복천동1호분, 양산시 부부총 등에서도 수백점이 부장된다.

앞에서 언급한바와 같이 일본열도의 경옥제 곡옥은 투명하고 선명한 녹색부분이 포함된 것에서 불투명하고 흰색 재질로 변한다. 그런데 이와 같은 변화가 한반도내에서 특히 신라지역에서 확인되어 흥미롭다. 즉 황남대총 북분 출토 금관에서 보는바와 같이 이 시기까지는 투명도가 높은 녹색의 경옥이 사용되다가, 금관총, 서봉총 출토 금관과 같이 그 이후에는 투명도가 낮은 것으로 바뀐다. 가장 늦은 시기인 천마총 출토 금관에는 투명도가 낮은 흰색의 경옥이 주로 사용된다(도4-3).

황남대총 북분, 금관총, 천마총에서 금동제 외연금구가 부착된 야광패夜光貝(Lunatica marmorata)국자가 확인되어 주목된다. 이 조개는 일본 아마

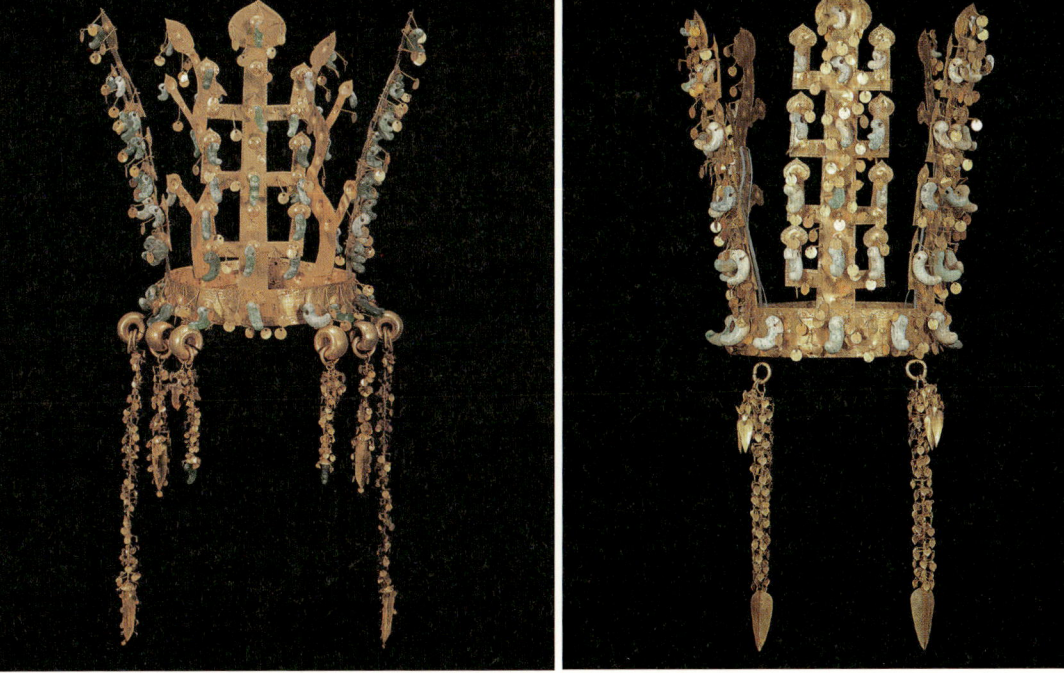

도4-3 경옥제 곡옥의 변천(좌:경주시 황남대총 북분, 우:경주시 천마총)

미오시마奄美大島 이남의 열대 인도양과 태평양에 분포하는 암초에 서식하며, 나전 등의 세공에 사용되는 것이다. 야광패제 용기는 아마미군도奄美群島에서 집중적으로 출토되는 것에서 일본열도를 경유하여 반입되었다고 판단된다.

신라에 이입된 수천점에 달하는 최상급의 경옥제 곡옥과 함께 야광패제 국자를 비롯한 류큐열도산 패제품은 신라와 왜의 우호적인 관계를 상징하는 것이며, 왜측이 적극적으로 신라와의 교류를 간원懇願한 것을 웅변하는 것이다.

신라와 왜의 교섭은 철의 유통을 담당하였던 금관가야의 쇠퇴 이후 필수품인 철과 함께 특히 신라의 금공품과 신라를 경유한 서역산 유리제품과 같은 위신재를 확보하기 위해 새로운 교섭 상대가 절대적으로 필요하였던 왜의 의도와 금관가야 쇠퇴 이후 일본열도와의 교역 장악과 함께 종래의 적대적인 관계를 타개하려는 신라의 이해관계가 합치하여 이루어졌던 것이다.

5세기 전반 왜가 가장 필요했던 금제품, 철제품과 유리기를 포함한 서역 문물을 보유한 가장 근거리에 위치한 나라는 신라였다. 특히 일본의 왕릉인 타이센고분에서 신라를 경유한 유리기가 출토된 것은 신라와 왜 왕권간의

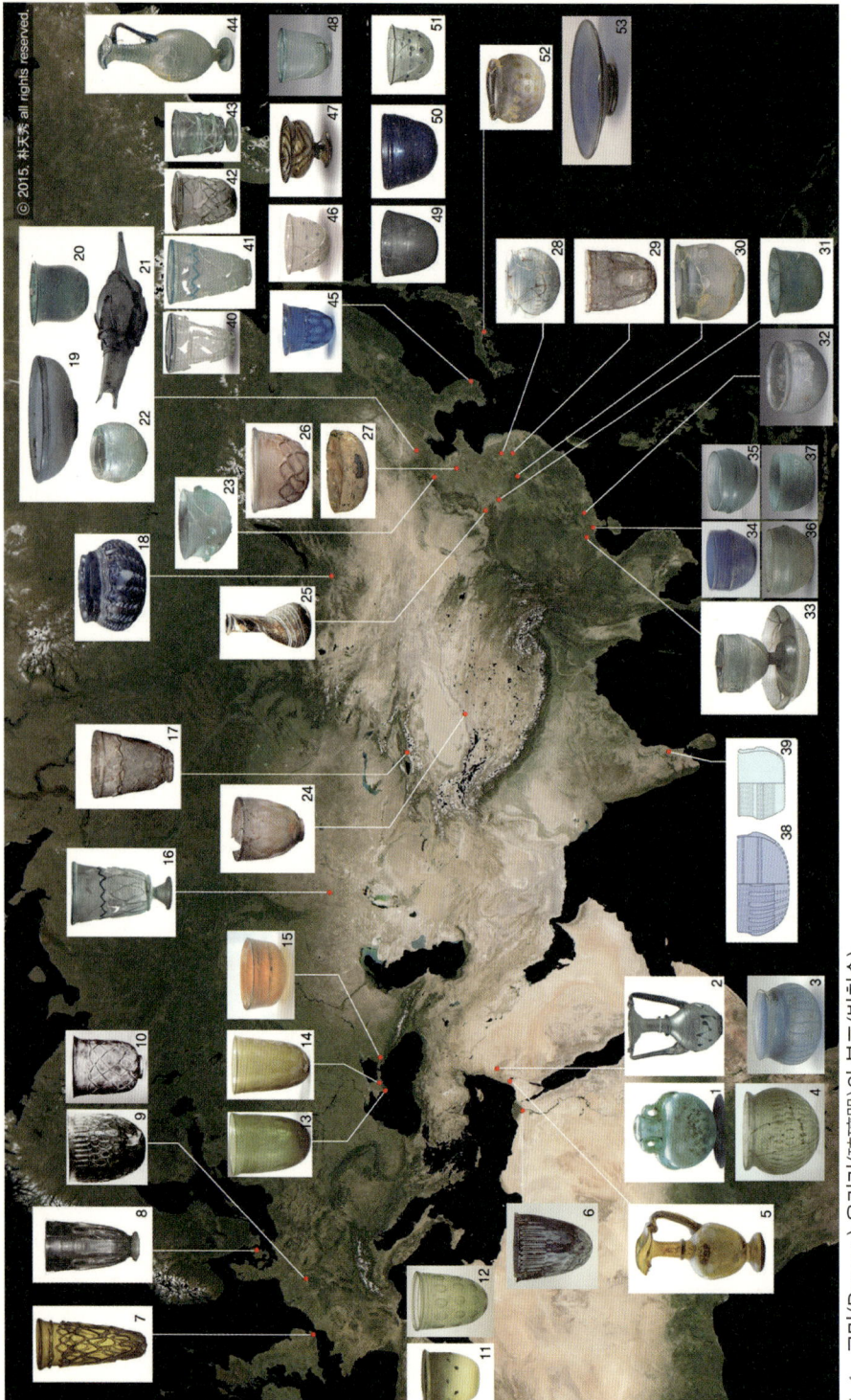

도 4-4 로마(Roman) 유리기(琉璃器)의 분포 (박천수)

1~4. Syria 5. Palestinian 6. Egypt 7. England 8. Denmark 9. Germany Cologne Luxembourg street 10. Germany Cologne Jacob street 11 12. Europe 13. Ukrane Neisatz 15. Russia Krasnodar Ust-Labinsk necropolis No2 tomb 90 16. Kazakhstan Karaguchi 17. Kyrgyzstan Ketmen-tobe Dial-Aryk고분 18. Mongolia Arhangay Golmod2陶器墓 19~22. 中國 遼寧省 北票縣 房身村墓 23. 北京市 華芳墓 24. 新疆維吾尔自治區 且末縣 扎滾鲁克3號墓地M49號墓 25. 河南省 洛陽市 果莊後燕墓 26. 河北省 景縣 祖氏墓 27. 河北省 景縣 封魔奴墓 28. 江蘇省 句容縣 春城公社 未墓 29. 江蘇省 南京市 象山7號王氏墓 30. 湖北省 鄂城六朝墓 31. 南京市 仙鹤鄉大塘六朝墓 32. 廣東省 韶關市 坪石圖東晉墓 33. 廣西壯族自治區 貴縣 南村漢墓 34. 廣西 合浦 黄泥崗 M1號墓 35 36. 廣西 合浦 红頂頂嶺M34號墓 38 39. India Arikamedu 40. 韓國 慶州市 月城路가13號墓 41 44 48 49. 慶州市 金鈴塚 42. 慶州市 瑞鳳塚 43. 慶州市 皇南大塚 南墳 45. 慶州市 天馬塚 46. 慶州市 金冠塚 47. 慶州市 皇南大塚 北墳 50. 慶州市 安溪里4號墳 51. 陝川郡 玉田M1號墳 52 53. 奈良縣 新澤126號墳

직접적인 정치적 교섭을 상징하는 것이다(도4-4).

왜인의 신라 금공품金工品에 대한 동경憧憬은 『일본서기』주아이기仲哀記에 신라를 '안염지금은채색眼炎之金銀彩色(눈부신 금은의 나라)'의 나라로 부른 것에서도 알 수 있다.

필자는 오사카부 콘다고뵤야마譽田御廟山(전 오진릉應神陵)고분의 배총인 마루야마고분 출토 신라산 용문 금동제 안장과, 황남대총 북분, 금관총, 천마총 등 신라 왕릉급 무덤에 부장된 금관과 금제 대장식구에 부착된 경옥제 곡옥이 일본열도 니이가타현新潟縣 이토이가와산인 점은 왕권간의 교섭을 상징하는 것으로 본다. 또한 신라산 금동제 대장식구와 일본열도산 경옥은 착장형 위신재인 것과 양자가 왕권과 지방과의 관계를 상징하는 정치적 장신구로 각각 활용된 것은 이와 같은 교섭을 시사한다.

특히 신라산 철모, 갑주, 성시구와 같은 무기, 무구가 일본열도에 이입되고 신라의 공인에 의해 금장갑주金裝甲冑와 병류기법에 의한 갑주가 제작된 것은 양자간 교섭의 성격을 보여주는 것이다. 이와 같은 위신재적인 성격을 지닌 무기, 무구를 적대적인 관계에서는 공유하기 어렵기 때문이다. 특히 왕릉인 타이센고분 전방부 출토의 신라계 공인에 의해 제작된 금장갑주는 이를 웅변하는 것이다.

『삼국사기』에는 신라와 왜의 교전 기록이 빈번하게 보이고 있으나, 『삼국사기』실성왕實聖王 원년(402년)조 미사흔未斯欣 파견을 통한 통교 기사와, 특히 『일본서기』오진기應神紀31년(420年)조, 닌토쿠기仁德紀11年(443년)조 등의 신라 공인 파견기사 등은 신라와 왜의 활발한 정치적 교섭을 시사한다.

특히 『일본서기』인교기允恭紀에는 가야, 백제와의 교섭기사가 전혀 보이지 않고 신라와의 교섭기사만이 보여 매우 주목된다. 즉 『일본서기』인교기3년조 신라로의 견사遣使, 신라로부터의 의사醫師 파견, 인교기42년조 신라로부터 조문단弔問團의 파견 기사로 볼 때 신라와 왜의 관계가 이 시기에는 상당히 우호적이었음을 알 수 있다(도4-5). 그럼에도 왜의 침공기록이 5세기 전반 이후에도 보이는 것은 신라가 통교한 킨키지역의 왜왕권 이외의 큐슈九州, 산인山陰, 호쿠리쿠北陸지역 세력에 의한 침공이었을 가능성이 크다.

도4-5 일본서기 인교기(允恭紀) 신라와 왜의 교섭 기사(박천수)

    신라의 왜에 대한 적극적인 외교는 백제, 가야뿐만 아니라 신라를 압박하고 있던 고구려에 대한 견제 의도가 그 배경에 있다고 할 수 있다. 신라는 동맹국이었던 고구려의 속박으로부터 벗어나기 위해 이제까지 적대국이었던 왜를 통하여 견제하려는 일종의 이이제이以夷制夷와 같은 방식을 취하였을 가능성도 상정된다. 왜냐하면 5세기 중엽 신라를 압박하던 고구려군이 철퇴撤退하는 시점이 신라와 왜의 교류가 돌연 소원해지는 것과 상호 연동되는 것에서도 방증된다. 신라가 낙동강 이동지역과 동해안 일대를 확보하고 고구려의 압박에서 벗어나 더 이상 왜가 필요하지 않게 된 것을 반영하는 것으로 본다.
    5세기 전반 신라의 낙동강이동지역으로 진출을 통한 발전은 주로 국내적

요인만을 그 배경으로 보아왔으나, 필자는 왜와의 철과 금공품의 교역을 통한 부의 축적과 후방의 안전의 확보가 그 융성의 주요한 요인의 하나로 본다.

5세기 초 일본열도에서는 나라奈良분지에 조영되던 초대형 전방후원분이 오사카 남부로 이동하여 출현한다. 그런데 5세기 초를 전후하는 시기에 신라산 문물이 오사카 남부에 이입되고, 신라지역에 일본열도산 문물이 이입되는 것이 주목된다. 왜냐하면 초대형 전방후원분이 나라 북부에서 오사카 남부로 이동하는 것에 대해 일본학계에서는 단순히 나라분지에서 묘역을 이동하였다는 묘역이동설과 새로운 왕조가 성립되었다는 왕조교체론으로 나뉘어져 논의되고 있으나, 그 이동의 외부적인 요인을 고려하고 있지 않기 때문이다.

필자는 일본열도의 금관가야산 문물, 대성동고분군의 키나이畿內계 문물과 같은 고고자료와 함께 왜가 임나가라로 퇴각하였다는 문헌사료에 의거하여, 400년 고구려와의 전쟁의 주체는 나라 북부의 사키佐紀세력으로 본다.

4세기 말-5세기 초에 조영된 후루이치古市고분군의 나카츠야마仲ツ山고분(전傳 나카츠히메노미코토릉仲津媛陵, 전장286m)에 인접한 쿠라즈카鞍塚고분, 슈킨즈카珠金塚고분과 모즈百舌鳥고분군의 카미이시미산자이上石津ミサンザイ고분(전 리츄릉履中陵, 전장365m)배총인 시치칸七觀고분에 신라산 마구, 철정, 철모 등이 부장되어 주목된다. 양 고분의 마구는 종래 부산시 복천동고분군 출토 마구와 유사한 것에서 금관가야산으로 인식되어 왔으나, 그 형식으로 볼 때 경주시 황남동109호3·4곽 출토 마구와 병행하는 시기의 신라산이 분명하다. 더욱이 같은 시기 경주시 월성로가13호분과 경산시 임당동G6호분 출토품과 같은 양질의 경옥제 곡옥이 돌연히 출현한다.

이와 같이 4세기 말 이미 오사카 남부에 신라산 마구가 이입되고 신라에 일본열도산 경옥제 곡옥이 본격적으로 이입되는 것이 주목된다. 왜냐하면 이 시기 경옥제 곡옥이 오사카부 코카네즈카黃金塚고분, 슈킨즈카고분 등 오사카 남부고분에서 주로 부장되는 점에서 신라에 이입된 곡옥은 오사카 남부세력을 통해 입수된 것으로 파악되기 때문이다(도4-6).

이는 금관가야와 왕권을 장악한 나라 분지 북부의 사키세력이 교섭하는

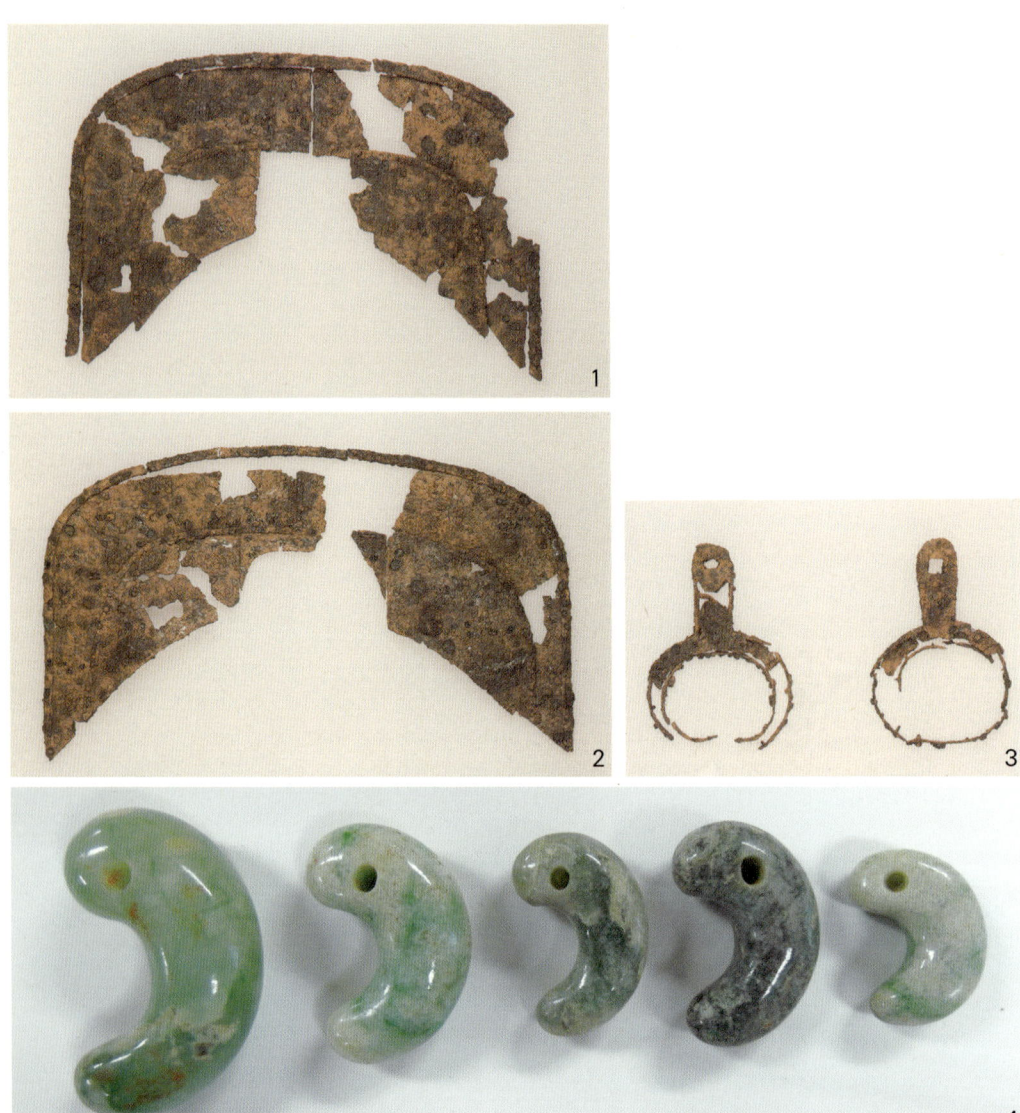

도4-6 오오사카부 쿠라즈카 출토 고분(1~3), 슈킨즈카 고분(4) 신라산 마구와 경옥제 곡옥(4: 박천수)

시기에 새롭게 대두한 오사카남부 세력은 이미 신라와의 교섭을 개시한 것으로 볼 수 있게 한다. 즉 초대형 전방후원분이 나라 북부에서 오사카 남부로 옮겨지며, 특히 왕릉인 콘다고뵤야마고분(전 오진릉), 타이센고분(전 닌토쿠릉)이 조영되는 시기에 왜왕권의 교섭 대상이 금관가야에서 신라로 바

도4-7 오사카부 모즈(百舌鳥)고분군 출토 신라와 신라 경유 문물(박천수)

뀐 것이다. 그래서 고분의 배총인 마루야마고분의 금동제 마구가 신라산인 것과 타이센고분 출토 금장갑주가 신라 공인工人에 의해 제작된 점에서 즉 신라와의 교섭을 계기로 오사카 남부의 신흥세력인 후루이치, 모즈고분군 축조 집단이 왕권을 장악한 것으로 본다(도4-7).

이러한 교섭의 양상으로 볼 때 4세기 말 왜왕권의 중추부를 구성하는 양대 세력인 나라 북부와 오사카 남부의 대외교섭 상대가 각각 금관가야와 신라임을 알 수 있다. 그래서 각각 다른 교섭 상대의 성쇠가 양대 세력의 흥망에 결정적인 영향을 미친 것으로 생각된다. 즉 400년 고구려 남정의 결과 금관가야와 동맹관계였던 나라 북부의 사키 세력이 패퇴하고 신라와 동맹한 신흥세력인 오사카 남부세력이 왕권을 쟁탈한 것이다.

그래서 필자는 초대형 전방후원분의 나라 북부에서 오사카 남부로의 이동은 단순히 묘역이동으로 볼 수 없고 왕조가 교체된 결과로 파악한다(도4-8). 더욱이 초대형 전방후원분을 축조한 카와치왕조의 융성은 신라와의 교섭을 통한 필수물자인 철, 위신재인 금공품과 첨단기술을 가진 공인의 도입이 중요한 배경으로 작용한 것으로 볼 수 있다. 한편 신라는 왜와의 교섭을 통하여 철을 수출하고 왜와의 동맹관계를 통하여 신라를 압박하던 고구려를 견제하고 후방의 안전을 도모한 것으로 추정된다.

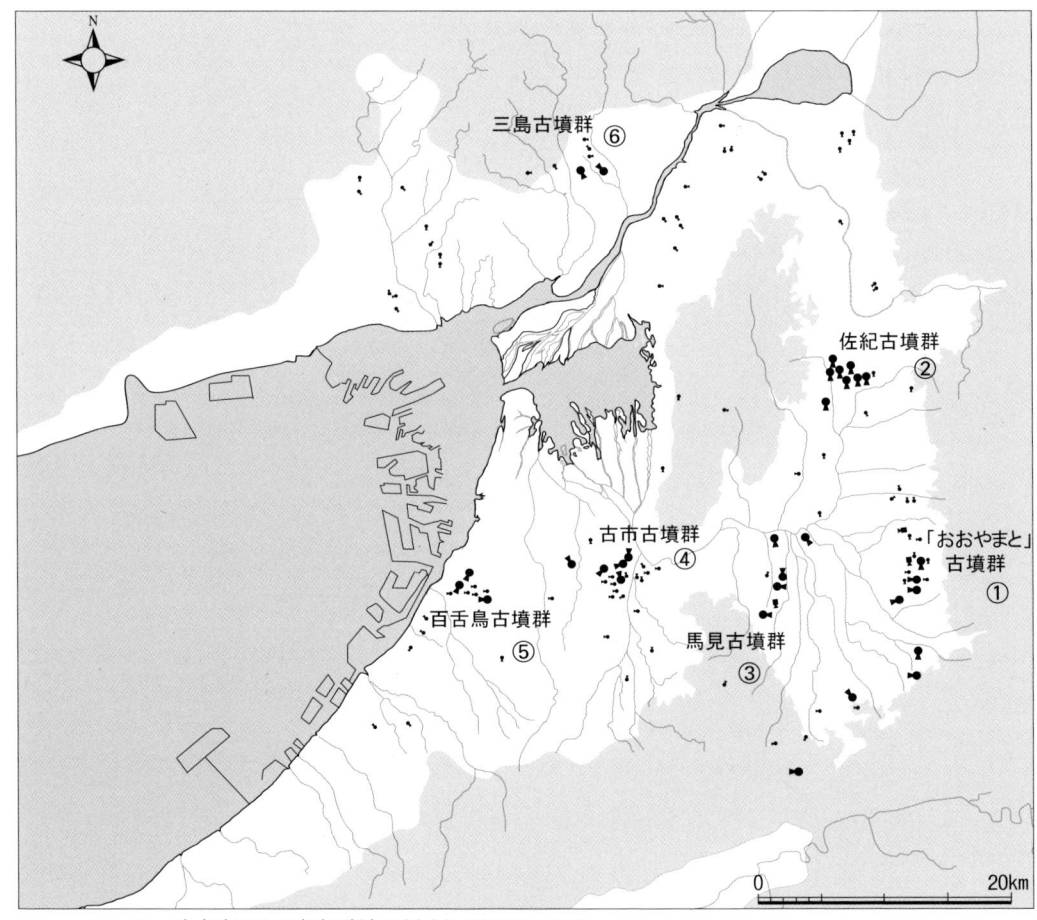

도4-8　키나이(畿內)지방 대형 고분 분포(坂靖 2012)

나라현(① 오오야마토 고분군, ② 사키고분군, ③ 우마미고분군)
오오사카부(④ 후루이치 고분군, ⑤ 모즈고분군, ⑥ 미시마고분군)

효고현兵庫縣 이치가와市川유역

JR 히메지姬路역에서 버스로 히메지시 매장문화재센터 부근에 내려 미야야마宮山고분에서부터 견학하는 것이 좋다.

미야야마고분이 위치하는 이치가와는 동해와 세토나이카이瀬戶內海의 중간에 위치하는 아사고시朝來市 미쿠니야마三國山에서 발원하여 히메지시를 관류해 세토나이카이에 하구를 형성하는 전체 길이 73km의 하천이다. 이 유역에는 고대 한반도와 관련된 유적과 유물이 가장 집중하고 있다. 이는 이치가와가 마루야마가와의 상류역을 매개로 동해와 세토나이카이를 연결하는 교통로의 역할을 한 것에 기인한다.

미야야마고분은 이치가와 하구에서 4km 떨어진 우안에 해당하는 히메지시 시고정西鄕町 사카모토坂本의 해발 35m 구릉 선단에 위치한다(도4-9).

5세기 전엽에 조영된 지름 30m의 원분으로, 분구 정상 부근에 평행하게 배치된 제1호와 제2호 수혈식석곽과 그 밑 1.9m 지점에서 또 하나의 수혈식 석곽인 3호 석곽이 조영되었다.

이 고분의 석곽 축조과정, 평면형태, 꺾쇠와 못을 사용한 목관, 매장시설 내 토기 부장 등은 한반도 묘제의 영향에 의해 축조된 전형적인 고분이다. 더욱이 당시 일본열도에서 찾아 볼 수 없는 순장자의 존재가 제2호 석곽에서 확인되었다. 즉, 제2호 석곽에서는 주인공의 것으로 보이는 금제 수식부이식과 옥류의 조합이 석곽 동쪽에서 출토되었는데, 그것과는 별도로 금제

도4-9 효고현 미야야마(宮山)고분(박천수)

소환이식과 옥류의 조합이 석곽 서쪽에서 확인되었다. 도굴되지 않았던 석곽인 점을 감안할 때 두 사람이 매장되었다면 수식부이식과 소환이식이라는 위계 차이로 볼 수 있으며, 주인공과 함께 순장자가 매장되었을 가능성이 크다. 수혈식석곽 내부에 주인공과 함께 순장자를 매장하는 것은 한반도 남부 지역 수장묘에서 일반적으로 행해진 관습이다.

3기의 수혈식석곽에서 금제 수식부이식, 은제 반지, 금동제 대장식금구, 금은장 환두대도, 곡옥과 유리구슬을 조합한 경식을 비롯한 화려한 가야산 장신구와 철정, 철모를 비롯한 무기·무구류와 마구, 농공구류가 출토되었다. 이 가운데 금제 수식부이식은 사슬, 중간식인 공구체, 수식의 외연에 시문된 각목문 장식과 그 단부의 금립으로 볼 때 대가야산으로 판단되고, 대장식구는 문양이 당초문인 점에서 철정, 철모와 함께 신라산이다. 마구는 백제산으

도4-10 효고현 미야야마고분 출토유물(박천수)

로 보고 있다(도4-10).

 전체적으로 길이에 비해 폭이 넓은 수혈식석곽에 꺾쇠와 못으로 결합한 목관이 사용된 점, 순장이 이루어진 점, 한반도산 문물이 다수 부장된 점, 토기가 석곽 내에 부장된 점이 주목된다. 특히 토기가 매장시설 내에 부장된 것은 음식물이 피장자에게 공헌된 것으로 파악된다. 수혈식석곽과 꺾쇠, 못으로 결합한 목관과 함께 한반도 남부지역의 묘제와 함께 장제가 도입된 것으로 볼 수 있다. 따라서 이 고분군의 피장자는 한반도남부에서 정착한 이주민으로 파악된다.

이치노코市之郷유적은 미야마고분의 대안에 해당하는 이치가와 서안의 이치노코에 위치한다. 여러 시대에 걸치는 유구 중 A, B지구와 E지구에서는 고훈시대에 해당하는 취락유구와 유물 등이 다수 발견되었다. 이 유구들은 다시 5세기에서 6세기 전엽에 걸치는 시기와 7세기 전반에 걸치는 시기로 대별된다.

고훈시대의 주거지는 대부분 방형 또는 장방형으로 기둥은 사주식이나 이 가운데 특징적인 것은 SH18 주거지와 같이 부뚜막이 설치되어 있는 것이다. 더욱이 이 주거지에서는 시루를 비롯한 평저발 등의 한식계 토기가 다수 출토되었다. 부뚜막이 설치된 점과 한식계 토기의 출토로 보아 이주민이 취락내에서 거주했던 것으로 판단된다. 이 외에도 여러 주거지에서 한식계토기가 다수 출토되었다. 이 유적은 미야마고분과 같은 시기인 점과 이치가와를 사이에 둔 대안에 위치한 점에서 볼 때 미야마고분 피장자와 관련된 이주민의 취락으로 추정된다.

오쿠야마奥山1, 2호분은 미야마고분으로부터 남쪽 1.5km 떨어진 오쿠야마奥山에 입지한다. 고분군은 마을의 논 가운데 위치하는데 4기가 존재한 것으로 전해지며 2기가 조사되었다.

1호분은 지름 약 15m의 타원형으로 높이는 약 3m이다. 매장 시설은 점토와 할석으로 만든 석곽을 설치하고 그 안에 상형 목관을 두었다. 삼각판정결판갑, 철모, 철촉, 철도, 철검, 도자, 비轡, 꺾쇠, U자형삽날, 철겸, 식금구, 벽옥제 관옥, 거울, 금제 소환이식, 환옥 다수, 유리소옥 다수, 목관 편 등이 출토되었다. 금제 이식과 대부袋部 단면 8각형철모는 대가야산, U자형삽날은 신라산이다.

2호분은 1호분의 북쪽에 위치하는데, 대부분이 유실되어 극히 일부분만 잔존하고 있다. 매장 시설은 수혈식석곽으로 할석을 5, 6단으로 쌓았다. 바닥에는 작은 자갈을 깔았다. 부장품은 횡장판정결판갑, 철모, 철도, 철촉, 철겸, 철환, 교구, 꺾쇠 1점, 벽옥제 관옥, 유리소옥 등이 출토되었다. 3점의 철모는 봉부의 폭이 넓고 장봉인 점에서 신라산으로 보인다.

출토품으로 보아 1, 2호분은 모두 5세기 중엽에 축조된 점, 꺾쇠를 사용한 목관을 수혈식석곽안에 안치한 점, 금제 소환이식, 철모, U자형삽날과 같은 대가야와 신라산 부장품이 확인되는 점 등으로 볼 때 미야야마宮山고분으로부터 이어지는 이주민 수장의 무덤으로 추정된다.

미노나가즈카見野長塚고분은 오쿠야마고분의 동쪽에 인접한 고분이다. 분구는 많이 삭평되었으며 전체 길이 34m, 폭 3~6m, 깊이 20~50㎝의 주구가 확인되었다. 서쪽의 전방부와 후원부가 이어지는 지점에서 남쪽으로 주구 바깥까지 이어지는 작은 구는 배수구로 보인다.

매장시설은 후원부와 전방부에 각각 1기씩 횡혈식석실을 축조하였는데, 모두 입구가 남쪽으로 트여 있다. 후원부의 석실은 기저부만 겨우 잔존하고 있는데 주축은 분구와 직교하며, 우편재식 연도가 달려있다. 현실은 폭 2.6m, 잔존 길이 4.8m, 연도는 폭 1.2m, 잔존 길이 80㎝이다. 상면에는 전면에 천석을 깔았다. 전방부의 석실은 석재마저 전부 유실되어 자세한 상황은 알 수 없다.

후원부 석실에서는 거울, 장신구, 철기, 스에키, 하지키와 함께 인골이 출토되었다. 장신구로는 금제 이식, 벽옥제 관옥, 유리소옥 등이 확인되었고, 그 외 타원형경판비, 심엽형행엽, 철모, 철촉과 함께 개배, 대부호, 고배, 유공광구소호, 장식호, 기대 등 다양한 스에키가 출토되었다. 인골의 경우 치아 2점, 두개골편 3점이 확인되었으며, 장년남성의 것으로 감정된다. 전방부 석실에서도 스에키와 철부, 마구, 유리제 소옥 등이 일부 확인되었다.

후원부 석실의 입구부 정면 주구에는 폭 2m로 설치한 육교와 양옆으로 2기의 작은 수혈이 있고 이곳에서 북쪽으로 약 5m 떨어진 곳에 장식호와 기대가 남북으로 나란히 출토되었는데, 분구제사와 관련되는 것으로 추정된다. 주구 내에서는 분구에서 떨어진 원통형, 가형, 인물형, 동물형 등의 형상 하

도4-11　효고현 미노(見野)6호분과 석실(박천수)

니와가 출토되었다.

이 고분은 출토된 스에키와 마구로 볼 때 6세기 전엽에 축조되었다. 이 고분의 피장자는 대가야산 금제 이식과 철모, 신라산 당초문투조 심엽형행엽뿐만 아니라 다량의 토기를 석실 내에 부장한 점에서 이주민 수장으로 추정된다.

미노見野고분군은 미노나가즈카고분군에서 북쪽의 미야야마고분으로 가는 도로상의 산기슭에 축조된 후·종말기 군집분이다(도4-11). 현재 15기가 확인되나 분구는 모두 유실되거나 변형되어 분형과 규모 등은 확실하게 알 수 없다.

그 가운데 3호분은 좌편재식 연도를 갖춘 횡혈식석실으로 입구는 남동쪽으로 두었다. 전체 길이 11.18m, 현실 길이 4.35m, 폭 1.63~2.06m, 높이 2.45m이고, 연도 폭은 1.65m이다. 현실 후벽부에 돌을 깔아 단을 지게 만들었고 그 앞에 상식석관을 안치하였다. 전벽은 높이 35cm의 대석 1매로 축조하였고, 입구부에 문주석을 세웠으며 그 위에 2매의 돌을 쌓았다. 천장은 현실과 연도 모두 2매의 돌로 덮었다. 석실 내에서 개배, 고배, 단경호, 편병, 옹 등의 스에키와 이식, 곡옥, 수정제 옥, 유리제 소옥 등의 장신구, 철기 등이 출토되었다. 스에키의 형식과 석실의 형태로 보아 7세기 전엽에 축조된 것이다.

6호분은 하나의 원분에 2기의 횡혈식석실이 축조된 것이다. 양 석실은 6m 정도 떨어져 있는데, 입구는 모두 남서쪽으로 두었다. 동석실은 중앙연도식으로 전체 길이 8.8m, 현실 폭 1.6m, 높이 1.8m이다. 천석을 깔아 시상을 마련하였고, 현실 전방부 오른쪽에 상식석관을 안치하였다. 측벽은 4, 5단으로 쌓았고, 천장석은 3매가 남아 있다. 석실 내에서 다양한 스에키와 하지키, 금제 소환이식, 관옥, 유리제 소옥 등의 장신구와, 철도, 철촉, 마구 등의 철기가 출토되었다. 스에키의 경우 후벽쪽이 입구 쪽에서 출토된 것보다 오래된 형식인 점에서 추가장이 이루어졌던 것으로 보인다.

서석실은 중앙연도식으로, 전체 길이 8.5m, 폭 1.5m, 높이 2m이다. 측벽은 4, 5단으로 쌓았고, 천장석은 4매가 남아 있다. 현실에는 2기의 소형 상식석관이 배치되었다. 석실 내에서는 스에키와 하지키, 장신구와 철기 등이 출토되었다.

이러한 동서 2기의 석실은 후벽의 위치를 동일하게 하고, 규모와 구조, 입구방향 등도 유사하게 만든 쌍실분으로 거의 같은 시기에 축조된 것으로 생각된다. 스에키의 형식도 같은 6세기 후엽에서 7세기 전반으로 편년된다.

10호분의 경우 봉토의 대부분이 유실되어 거석을 사용한 대형의 횡혈식 석실이 노출되어 마치 나라현奈良縣의 이시부다이石舞臺고분을 연상시킨다. 남동쪽으로 입구가 트여 있는 중앙연도식이다. 전체 길이는 10.7m, 현실의 길이 4.0m, 폭 2.1~2.3m, 높이 약 2m, 연도 폭은 2.0m이다. 현실의 천장과 각 벽은 1매의 거석으로 축조되었으며 또 연도부의 천장도 현실 천장석에 준하는 거석을 사용하였다. 현실과 연도 천장의 단차는 거의 없고, 현문 양쪽에는 대형의 문주석을 세웠다. 부장품은 출토되지 않았으나, 석재의 사용법으로 보아 고훈시대에서 가장 늦은 시기의 특색을 갖춘 점에서 7세기 후엽에 축조된 것으로 생각된다.

이 고분군의 피장자는 미노나가즈카고분군에 연속되어 축조된 점과 하나의 원분 내에 2기의 횡혈식석실을 조영한 백제지역의 묘제가 보이는 점, 금제 소환이식이 부장된 점, 인접하여 미노폐사見野廢寺가 위치하는 점에서 한반도로부터의 이주민으로 볼 수 있다.

미노폐사는 오쿠야마고분군과 미노나가즈카고분 사이에 위치하며 절터로 상정되는 일대는 현재 많은 개변으로 인해 가람배치 등을 복원하는 것은 어렵다. 다만 탑의 심초석이 출토되어 현재는 히메지姬路문학관의 정원으로 옮겨져 있다.

기와는 수막새 6종, 암막새 9종, 방형전이 있는데 2기로 대별된다. 1기의 수막새는 대부분 단판의 연화문이 시문되어 있다. 암막새의 경우 중호문과 소문, 당초문 등 3종류의 문양이 베풀어진 것이다. 이 문양대의 양상으로 보아 8세기 전엽으로 볼 수 있다.

2기의 수막새는 3엽연화문이 많고, 암막새는 전체적인 규격과 당초문의 형태에서 동범 기와가 많이 확인되고 있다. 이 기와들은 전부 하리마코쿠후

播磨國府 계통의 것이다.

따라서 미노폐사는 8세기 전엽에 이주민 씨족의 사원으로 창건되었으며 이후 하리마코쿠시播磨國司에 의해 정비된 것으로 추정된다.

이치노코폐사市之鄕廢寺는 미야야마고분의 대안에 해당하는 이치가와 서안 이치노코에 위치한다.

토담과 구획 구일 가능성이 큰 구, 이 구와 평행하는 주축을 가진 굴립주건물과 기와적재유구, 수혈 등이 확인되었다. 유구 내에서는 7세기 후반에서 헤이안平安시대에 걸치는 유물이 출토되었다. 그리고 이 구에 둘러싸인 범위에서 기와와 포함층에서 치미를 비롯한 대량의 기와가 출토되었으며 이는 3기로 나누어진다.

1기의 수막새는 모두 연화문을 베푼 것으로 소판계와 단판계, 복판계 등으로 분류된다. 소판8엽연화문, 복판8엽연화문, 단판6엽연화문 등이 대표적이다. 이와 함께 치미가 확인되었는데, 복판6엽연화문과 복판8엽연화문 등의 문양이 시문된 것이 특징으로 수막새와 동범인 것도 확인된다. 문양의 형태로 보아 7세기 후엽에서 8세기 전엽으로 생각된다.

2기의 수막새는 소판16엽연화문과 이중권문 등이 시문된 것이 특징이다. 암막새에는 당초문을 시문하였다. 이 기와들은 하리마코쿠후播磨國府 계통의 것으로 8세기 후반에서 9세기 전반에 해당한다.

3기의 수막새는 단판연화문과 당초문이 시문된 것으로 하리마코쿠후의 계통을 포함하여 9세기 중반의 것으로 추정된다.

이상과 같이 이 사원은 이주민 씨족의 사원으로 7세기 후엽에 창건되었으며, 이후 하리마코쿠시播磨國司에 의해 정비된 것으로 추정된다.

시라기신사新羅神社는 오쿠야마고분군과 미노나가즈카고분의 남쪽에 위치한다(도4-12).

제신은 주아이仲哀, 오진應神, 진구神功이며 신체神體는 거울이다. 유래에 대해서는 잘 알 수 없으나 진구의 소위 신라정벌과 관련하여 창건된 것으로 전해지고 있으나, 이 지역에 거주한 이주민에 의해 건립된 것으로 추정된다.

이치가와유역에는 5세기 전엽 미야야마고분의 피장자인 이주민이 이입된 후 8세기 전엽까지 지속적으로 이주민의 거주가 확인되고, 더욱이 지금까지도 시라기新羅신사가 건재하는 바와 같이 이주민의 전승이 전해져 내려오고 있다.

　이곳에는 미야야마고분에 인접하여 히메지시 매장문화재센터가 있으며 이곳에 출토유물이 전시되어 있다.

참고문헌

朴天秀, 2012, 『일본속 고대 한국문화-近畿地方-』, 서울, 동북아역사재단.

도4-12 효고현 시라기신사(新羅神社)(박천수)

6세기 신라와 일본

6세기 후반이 되면 약 1세기간 두절되었던 신라 문물의 돌연 이입되어 주목된다. 이 시기의 유명한 나라현奈良縣 후지노키藤ノ木고분의 마구 제작지에 대해서는 아직도 논의가 계속되고 있지만, 이 후지노키고분 출토 안장鞍裝은 그 구조적 특징과 공반 마구로 볼 때 신라산일 가능성이 크다. 더욱이 후지노키고분 출토 안장의 삼각형三脚形 파수把手와 유사한 파수가 부착된 안장이 경주시 황남대총 북분, 경주시 황오동37호분, 경산시 임당동5A호분, 성주군 성산동38호분 등 5세기 후반의 신라권역에 집중 분포하는 점이 밝혀져 신라산일 가능성이 커졌다. 또한 이 고분에서는 반점문 장식구슬을 비롯한 신라산 유리구슬이 다수 출토되었다. 후지노키고분의 마구는 그 위신재적인 성격으로 볼 때 신라왕권과 왜왕권간의 교섭 없이는 도입이 불가능한 것이다.

그리고 이 시기 신라산 마구가 큐슈九州지방에 집중 이입된다. 후쿠오카현福岡縣 오키노시마沖ノ島7·8호유구의 마구는 금동제 인동투조자엽형행엽忍冬透彫刺葉形杏葉, 조인당초문투조심엽형행엽鳥人唐草文透彫心葉形杏葉, 보요부식금구步搖附飾金具, 청자고둥장식운주イモガイ裝飾雲珠·식금구飾金具 등으로 구성된 것이다. 이러한 마구는 경주시慶州市 천마총天馬塚, 계림로鷄林路14호묘 출토품과 유사하고 신라산 금제 지륜指輪이 동반한 것에서 신라산으로 본다.

이 오키노시마沖ノ島8호유구출토 담록색철출절자원문완淡綠色凸出切子圓文盌도 신라마구를 동반한 점에서 신라를 경유한 것으로 본다. 나가사키현長崎縣 이키壹岐 사사즈카笹塚고분에서는 금동제 인동당초문투조심엽형경판비忍冬唐草文透彫心葉形鏡板轡, 인동당초문투조심엽형행엽忍冬唐草文透彫心葉形杏葉, 구형식금구龜形飾金具, 청자고둥イモガイ裝飾雲珠·식금구飾金具가 출토되었다. 이러한 마구는 신라산으로 상정되며, 같은 구조의 경판비鏡板轡가 창녕군昌寧郡 송현동松峴洞7호분과 대구시大邱市 죽곡리竹谷里2호분 등 신라의 심엽형경판비心葉形鏡板轡 등에 보인다(諫早直人 2012 : 102-103). 또 쇼로쿠双六고분에서는 금동제 인동당초문안忍冬唐草文鞍, 인동십자문경판비忍冬十字文鏡板轡, 보요부식금구步搖附飾金具, 청자고둥장식운주イモガイ裝飾雲珠·식금구, 청동제靑銅製 령鈴 등이 출토되었다. 두 고분에서는 신라 인화문토기가 각각 출토되어 이들 마구가 신라산임을 방증한다.

588년 창건된 나라현 아스카사飛鳥寺는 문헌사료에 의거하여 종래 백제의 영향에 의해 건립된 것으로 파악되어 왔으며 목탑 출토 사리 장엄구도 백제산으로 보아왔다. 그러나 직전에 건립된 부여군 왕흥사 출토 사리 장엄구와는 조합과 형식을 달리하는 점에서 백제산으로 보기 어렵다. 왜냐하면 아스카사 사리장엄구에는 마구인 사행상철기, 단야도구인 지석, 갑주가 공반되고, 신라산인 반점문 장식유리구슬이 출토되어 주목된다. 그래서 아스카사의 건립에 백제인들이 주도한 점은 인정되나, 가람배치에서 확인되는 고구려의 영향과 함께 사리장엄구로 볼 때 신라의 영향도 유의해야 할 것으로 사료된다.

시마네현島根縣 오자니시大座西2호분에서 신라산 동완과 대장식구가 부장된 것에서 영일만-울릉도-오키隱岐-시마네島根를 연결하는 항로가 활발하게 이용되었음을 알 수 있다.

가야 멸망 직후인『일본서기』킨메이기欽明紀21년(560년)조에 신라와 일본이 처음으로 국교를 열었으며, 이 시기 신라가 일본에 사절을 파견한 것은 562년 대가야 멸망과 관련한 정치적인 배려로 보고 있다. 남부 가야제국을 지배하에 넣고 가야 북부지역의 병합을 꾀하던 시기에 신라는 일본과 백제와의 군사동맹 관계를 단절시킬 필요가 있었다. 또 6세기 후반은 이제까지 일본과의 교섭을 주도하였던 백제가 555년 왕자 혜惠의 파견을 마지막으로 더 이상 사절을 보내지 않고, 일본도 사절을 파견하지 않아 백제와 일본의 관계가 그 후 20년간 단절되는 시기이다. 따라서 백제로부터 전해지던 문물을 신라가 대신하여 전하겠다는 제의를 한 것으로 보고 있다.

　6세기 후반 중국의 남조가 멸망하여 정치, 문화의 중심이 화북으로 옮겨짐에 따라 백제와 중국과의 관계가 멀어지고 한강 하류역을 획득한 신라가 북조와의 관계를 긴밀히 함으로서 왜가 백제에서 도입하던 선진문물을 신라로부터 받아들이게 된 것으로 파악되고 있다.

　이와 관련하여 주목되는 것은 나가사키현長崎縣 이키壹岐 쇼로쿠雙六고분 출토 북제北齊산 백유록채원문완白釉綠彩圓文碗이다. 백유록채원문완은 경주시 안압지에서 같은 기종이 출토(弓場紀知 2006)되고, 이 고분에서는 신라후기 양식 토기와 신라마구가 공반된 것에서 신라를 경유하여 이입된 것으로 파악된다. 근래 진해시 석동유적에서 백유록채원문완이 출토된 것도 이를 방증한다(도5-1).

　그리고 군마현群馬縣 칸논야마觀音山고분 출토 동제수병銅製水瓶은 북제의 고적회락묘庫狄廻洛墓 부장품과 유사하다. 종래 이 수병水瓶은 중국에서 직접 이입되거나 공반된 거울가운데 무령왕릉武寧王陵 출토경과 동범경이 존재하는 점에서 백제를 경유한 것으로 파악되어 왔다. 그러나 이 고분에서는 다른 중국제 문물이 보이지 않고, 이 시기 한반도 정세와 신라산 마구가 공반된 점에서 수병은 그 곳에서 직접 전래된 것이 아니고 신라를 경유하여 들어온 것으로 보는 것이 합리적이다.

　이 시기 후쿠오카현 오키노시마沖の島 7, 8호유구에서는 금동제 신라산 마구가 다수 확인된다. 특히 8호유구에서는 사산조 페르시아산 유리배가 출토되어 주목된다(도5-2). 이 유리배는 북주北周 이현李賢부부묘 출토품과 유사한 점에서 신라와 북조北朝의 교섭에 의해 이입된 것으로 판단된다. 이는 신라가 한강 하류역을 차지함으로써 신라가 대 중국교섭에서 유리한 입지를 차지하고, 또 옛 가야지역에 해당하는 남해안의 동반부를 확보함으로써 백제

도5-1 나가사키현(長崎縣) 이키(壹岐) 소로쿠(雙六)고분 출토 유물, 관련 유물(박천수)

(1, 2, 4: 소로쿠고분, 3: 진해시 석동)

도5-2　후쿠오카현 오키노시마(沖の島) 7, 8호유구 출토품

와 왜의 교통이 어려워진 것에 기인한다. 즉 왜가 백제로부터 전수받았던 중국의 선진문물을 신라로부터 받아들일 수밖에 없는 상황이 조성된 것이다.

쿄토부京都府 사가노嵯峨野지역

JR쿄토역에서 사가노선을 타고 사가아라시야마嵯峨嵐山역에서 하차하여 일본식 정원으로 유명한 텐류사天龍寺를 지나면 하타秦씨가 축조한 카츠라가와의 제방인 카도노오오이葛野大堰에 도달한다(도5-3). 토게츠쿄渡月橋를 지나 작은 수로를 따라가면 하타씨가 술을 만들었다는 마츠오대사松尾大社에 이른다(도5-3, 5-4).

하타씨의 분묘로 추정되는 헤비즈카蛇塚고분은 쿄토시 우쿄쿠 우즈마사 오모카케정太秦面影町의 대지에 입지하는 전방후원분이다. 전방부는 남서쪽을 향해 있으며 분구는 유실되었다. 전체 길이 75m, 전방부 폭 약 30m이고, 후원부 지름 약 45m로 추정된다.

매장 시설은 후원부에 입구가 남동쪽으로 열려 있는 횡혈식석실이다. 중앙연도식으로 평면형태는 장방형이고 현실 천장석의 대부분과 후벽의 일부

도5-3 쿄토부 마츠오대사(松尾大社)(박천수)

도 5-4 교토부(京都府) 사가노(嵯峨野) 카츠라가와(桂川)와 카도노오오이(葛野大堰)(박천수)

도5-5 쿄토부 헤비즈카(蛇塚)고분 석실(박천수)

가 유실되었다. 석실 전체 길이 17.8m, 현실 길이 6.8m, 폭 3.8m, 높이 5.2m 이며, 연도 길이 11m, 폭 2.6m, 높이 3.4m이다. 측벽은 2단으로 쌓았으나 연도의 가장 안쪽의 벽석은 1매로서 길이 2.5m, 높이 3.3m의 규모의 대형이다. 벽석은 규암질의 거석이고 상부로 갈수록 약간 경사지게 들여쌓았다(도 5-5).

이 고분의 피장자는 고분의 규모가 나라현의 이시부타이石舞台고분에 필적하는 거석분인 점, 7세기 초두에 돌연 이와 같은 대형고분이 조영되는 점에서 문헌에 보이는 이주민 씨족인 하타秦씨로 추정되고 있다.

타이카쿠지大覺寺고분군은 우쿄쿠 사가타이카쿠지몬마에노보리정嵯峨大覺寺門前登り町의 평지에 위치하는 고분군이다. 고훈시대 후기의 대형원분과 방분을 포함해 4기가 분포한다.

1호분인 마루야마圓山고분은 지름 50m, 높이 9m 규모의 키타야마시로北山城지역 최대의 원분이다. 매장 시설은 횡혈식석실로서 전체 길이 14.5m이다. 석실은 중앙연도식으로 길이 4.9m, 폭 3.2m, 높이 4.4m로, 연도부가 긴 것이 특징이다. 석실 내에는 가형석관이 2기 이상 매납되었으며 금제 소환이식, 환두대도, 칼집금구, 철촉, 도자, 십금구, 스에키, 하지키 등이 출토되었다.

2호분인 뉴도즈카入道塚고분은 한 변 28m의 방분으로, 횡혈식석실에서 가형석관편과 장식부 스에키가 출토되었다.

3호분인 미나미텐즈카南天塚고분은 지름 10m 정도의 원분으로, 횡혈식석실에서 가형석관 편, 장식부 스에키, 신라산의 인화문 토기병과 금제 소환이식 등이 출토되었다.

4호분인 키즈네즈카狐塚고분은 지름 28m의 원분으로, 매장 시설은 역시 횡혈식석실이다.

이 고분군의 피장자는 대형 원분이며 헤비즈카蛇塚고분 피장자를 중심으로 한 지역의 씨족인 하타씨로 추정되고 있다. 더욱이 이 고분군에서 인화문 토기병과 신라산 금제 이식이 출토되어 하타씨와 신라와의 관계를 엿 볼 수 있다(도5-6).

카타기하라폐사樫原廢寺는 니시쿄쿠西京區 카타기하라樫原에 있는 고대 사

도5-6　쿄토부 타이카쿠지(大覺寺)고분군 미나미텐즈카(南天塚)고분 출토 유물(박천수)

원유적이다. 나가오카長岡구릉의 동쪽 능선에 입지한다. 화강암의 초석과 함께 와적기단을 갖춘 팔각탑이 확인되었다(도5-7). 팔각탑을 중심으로 남쪽에는 기단을 가진 중문이 있고 그 좌우에는 회랑이 보인다.

사원은 중문, 탑, 금당, 강당 등이 일직선으로 배열된 오사카부 시텐노사四天王寺와 같은 형태의 가람배치였던 것으로 추정된다. 이 후 북쪽에서 회랑, 굴립주건물 3동, 탑의 북쪽에 건물기단이 발견되었다. 그리고 사적공원의 남쪽과 서쪽 구릉사면에서는 이 사원에 사용되었던 기와를 구웠던 기와 가마터가 발견되었다.

이 사원을 건립한 씨족에 대해서는 주변이 하타씨의 세력권이었다는 것에서 하타씨에 의해 건립되었다는 설이 유력하다. 이는 팔각탑과 고구려와의 관계를 주목하여 왔으나, 하남시 이성산성과 경주시 나정의 건물지에서 팔각건물지가 확인되어 신라의 영향에 의하여 성립되었을 가능성이 큰 점에서 역시 하타씨와 신라와의 관계를 알 수 있다.

코류사廣隆寺는 우쿄쿠 우즈마사太秦에 있는 사원이다. 일본의 국보 1호인 목조 반가사유상이 소장되어 있는 것으로 유명하다.

코류사는 7세기 전반 키타노폐사北野廢寺로 추정되는 곳에서 창건된 후 헤이안^{平安} 천도 전후한 즈음에 현재 지점으로 이전되었다는 설이 유력하였으나, 최근에는 이곳에서도 아스카시대의 기와가 출토되어 이에 대한 반론도 있다.

도5-7 쿄토부 가타기하라폐사(樫原廢寺)(박천수)

국보인 목조 반가사유상의 경우 한반도에서 전래되었다는 설과 일본에서 자체 제작하였다는 설이 있으나, 일본열도의 불상에 사용되는 쿠스노키楠가 아닌 한반도산 적송이 사용된 점과 제작기법이 다른 점에서 한반도에서 제작된 것이 분명하다(도5-8).

또한 반가사유상의 제작지에 대해서는 신라산, 백제산으로 나뉘어져 있으나 경북대학교 소장 봉화군 북지리 출토 석조반가사유상이 코류사와 국립중앙박물관소장품과 매우 유사한 점, 적송이 경상북도 북부지역에 자생하는 점 등으로 볼 때 신라에서 제작된 것으로 판단된다. 왜냐하면 국보83호 불상은 코류사 불상과 가장 유사함에도 불구하고, 출토지를 알 수 없기 때문이다. 북지리 불상(도5-9)은 확실한 신라 영역에서 출토되고, 또한 적송의 주요 산지가 봉화군일대 점에서 양 불상은 양식뿐만 아니라 매우 깊은 관계에 있다고 본다.

그래서 이 불상은 『일본서기』의 스이코推古 11년(603년)조에 보이는 쇼토쿠태자聖德太子에게 전해진 것, 또는 스이코 31년(623년)에 신라로부터 받

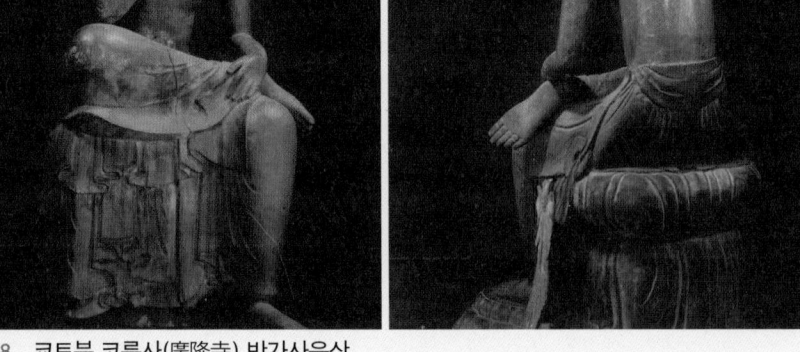

도5-8 쿄토부 코류사(廣隆寺) 반가사유상

도 5-9 봉화군 북지리 출토 불상(경북대학교 박물관 소장, 오세윤)

은 불상으로 비정하고 있다. 그래서 코류사는 『일본서기』 등의 기록으로 볼 때 하타씨의 씨사氏寺로 지어진 것은 확실하다. 하타씨는 사가노지역을 중심으로 치수, 양잠, 양조 등에 종사하며 소가씨蘇我氏와 함께 양대 이주민 세력이다.

사가노지역 일대는 신라불상인 코류사의 반가사유상뿐만 아니라 타이카쿠지고분군의 미나미텐즈카고분에서 신라산 금제 이식과 토기가 출토됨으로서 6세기대에 이미 신라인들이 이지역에 거주하였음을 알 수 있다. 이 지역에는 하타씨의 직능을 보여주는 카츠라가와의 제방인 카도노오오이葛野大堰 축제築堤, 양조와 관련된 마츠오대사松尾大社, 양잠과 관련된 코노시마木島신사 등이 신라계 이주민의 전승이 내려오고 있다. 이 지역은 하타씨에 의한

도5-10 국보 83호 금동미륵보살반가사유상(국립중앙박물관)

일종의 자치 도시와 같은 신라계 이주민 씨족의 소세계가 형성된 것을 알 수 있다.

참고문헌
朴天秀, 2012,『일본속 고대 한국문화-近畿地方-』, 서울, 동북아역사재단.

7세기 신라와 일본

신라·당과 백제·일본의 외교관계로 파악되어온 7세기 전반뿐만 아니라 신라와 일본이 적대적인 관계에 직면하는 것으로 파악되어온 7세기 후반에도 신라문화가 노도와 같이 일본열도에 이입되어 주목된다.

여기에서는 신라토기, 화장묘, 왕릉의 풍수사상, 쇼소인正倉院 소장품의 도입과정을 살펴보면서 신라와 일본과의 관계에 대해 접근하고자 한다.

먼저 주목되는 것은 7세기 인화문이 시문된 신라 토기가 백제 토기를 초월하는 수량으로 일본열도 킨키近畿지역을 중심으로 이입되는 것이다. 더욱이 신라토기는 나니와궁難波宮, 이시카미石神유적, 후지와라경藤原京와 같은 궁도宮都와 호류사法隆寺, 시텐노사四天王寺, 토유라사豊浦寺 등과 사원에 집중하는 것에서 국가적인 외교사절에 동반한 정치적인 교섭에 의해 이입된 것이 분명하다. 또한 공방지인 아스카이케飛鳥池유적, 니시타치바나西橘유적, 오오이太井유적 등에서 신라 토기가 출토되는 것에서 당시 일본의 금속기 생산에 신라 공인이 관여한 것이 밝혀졌다. 더욱이 신라 토기는 호류가 주된 기종인 점에서 후대의 쇼소인 소장 약호藥壺와 같이 저장기로써 내용물을 반입하는 기능을 가졌을 가능성이 매우 큰 점이 주목된다(江浦洋 1988).

그리고 주목되는 것은 쿄토부京都府 카미카모신사上賀茂神社출토품은 사산조 페르시아산 유리용기이다. 일본열도로의 이입시기는 후쿠오카현福岡縣 오키노시마沖ノ島 8호유구으로 볼 때 6세기 후반 이래로 추정된다. 가미카모신사는 카모賀茂씨氏의 씨신氏神을 제사지내는 신사로서 문헌에는 몬무文武 2년(698년) 이래 보인다. 그런데 흥미로운 것은 카모씨와 신라로부터의 이주민으로 추정되고 있는 하타씨秦氏가 혼인관계를 맺고 있는 점이다(朴天秀 2013). 하타씨는 쿄토부 코류사廣隆寺가 조영된 우즈마사太秦지역을 거점으로 활동하였으며, 『일본서기』 수이고推古 31년(623년) 신라로부터 이입된 불상을 코류사에 안치한 이주민 씨족이다. 불상은 목조 반가사유상半跏思惟像으로 추정되고 있으며, 앞에서 언급한바와 같이 이 반가사유상은 봉화군 북지리 출토 석조 반가사유상으로 볼 때 신라불이 분명하다. 그래서 가미카모신사 출토 사산조 페르시아산 유리용기는 7세기 전반 하타씨秦氏와 신라와의 교섭을 통하여 도입되었으며, 이후 카모씨에게 전해진 것으로 추정된다.

　따라서 쇼소인 소장 유리제 원환문배圓環文杯는 사산조 페르시아산으로 기형과 원환문圓環文의 형태가 칠곡군 송림사 전탑 출토품(도6-1)과 흡사하여 일찍부터 주목되어왔다. 그럼에도 중국 서안시西安市 하가촌何家村 출토 원환문圓環文와 일본의 동전인 와도카이친和同開珎이 공반되는 것을 근거로 당으로부터 직접 이입된 것으로 보는 견해(古寺智津子 2012)가 있으나 수긍하기 어렵다. 왜냐하면 하가촌何家村 출토품과 정창원 원환문배는 형태가 전혀 다르기 때문이다.

　쇼소인 원환문배는 7세기에도 지속적으로 서역계 유리용기가 신라를 경유하여 이입된 것을 방증하며, 이시기 신라와 일본과의 관계를 상징하는 문

도6-1　대구시 송림사 전탑 출토품과 쇼소인(正倉院) 소장 유리제 원환문배
1. 쇼소인　2, 3. 송림사

1　　2　　3

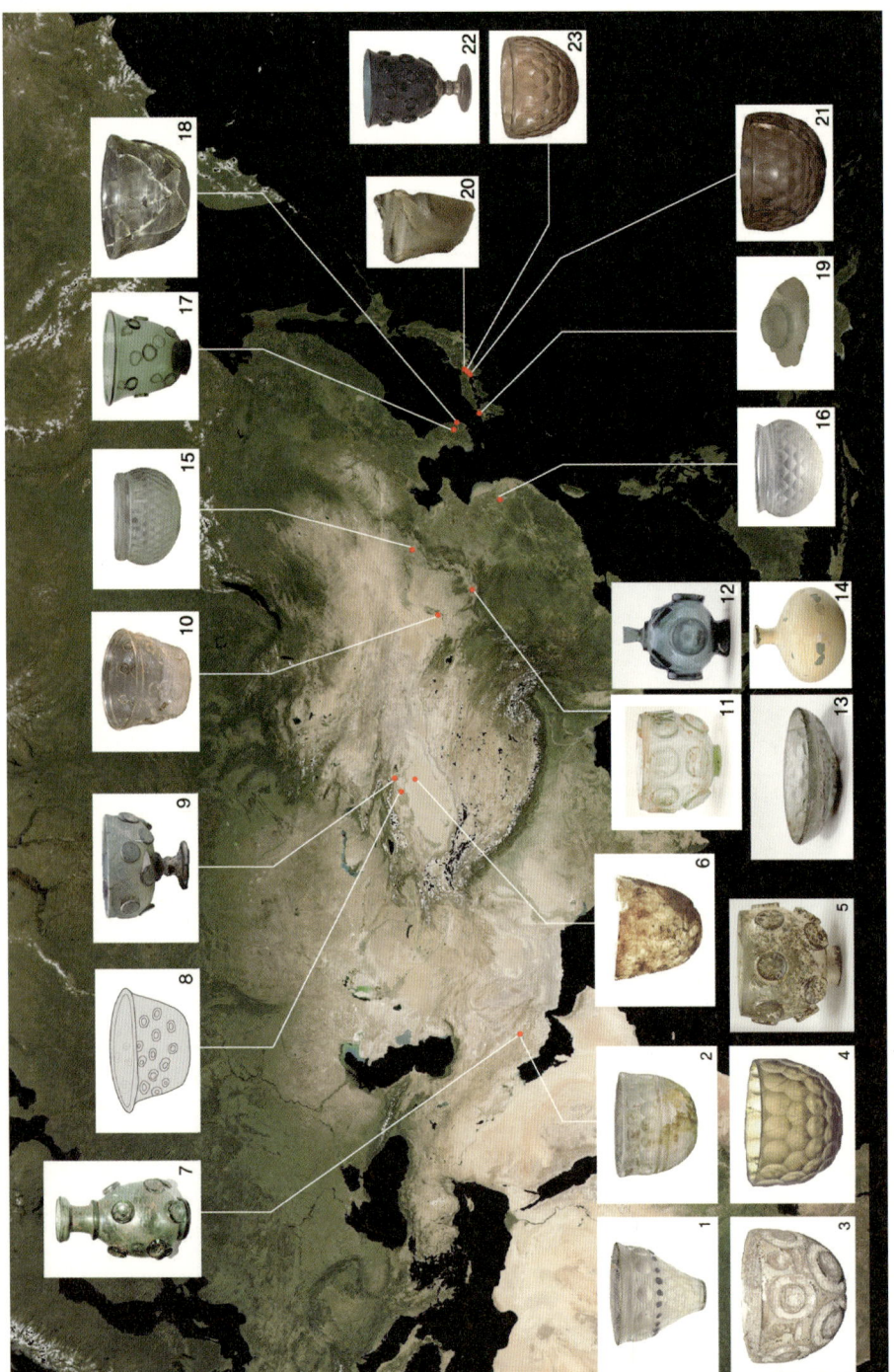

도 6-2 사산(Sassanian) 유리기(琉璃器)의 분포 (박천수)

1~5, 7. Iran 6. 新疆維吾尔自治區 鄯善縣 營盤墓地M9號墓中國 8. 新疆維吾尔自治區 庫車縣 庫木吐拉石窟 壁畫 9. 新疆維吾尔自治區 木箐匈奴石窟 10. 寧夏回族自治區 固原市 李賢墓 11. 陝西省 西安市 何家村 12. 陝西省 西安市 清禪寺 舍利塔 13. 河南省 洛陽市 關林村18號 唐墓 14. 山西省 大同市 南対91107號墓 15. 山西省 大同市 南対107號墓 16. 江蘇省 句容市 春城 劉宋墓 17. 漆谷郡 松林寺 18. 韓國 慶州市 皇南大塚 北墳 19. 日本 福岡縣 沖ノ島 8號祭祀遺構 20. 京都府 上賀茂神社 21. 大阪府 傅 安閑陵古墳 22 23. 奈良縣 正倉院

물로 볼 수 있다(도6-2).

호류사 전래 사기사자수문금四騎獅子狩文錦은 종래 견당사에 의해 직접 이입된 것으로 파악되어 왔다. 그러나 호류사와 인접한 곳에 신라 문물을 부장한 후지노키藤ノ木고분이 6세기 후엽에 조영되고, 또한 신라산 연硯이 출토되어 주목된다. 더욱이 주지하는바와 같이 호류사에는 신라인들이 마구에 사용한 옥충으로 장식한 옥충주자가 전래되고 있는 점에서 신라와의 관계를 엿볼 수 있다. 그리고 이와 함께 시가현滋賀縣 스후구사崇福寺 출토 사리구, 나라현 아마사尼寺 등 사지 출토 사리장엄구에 보이는 신라적인 요소도 고려할 필요가 있다.

종래 일본의 기와는 니라현 아스카사 출토 단판연화문와당單瓣蓮花文瓦當은 백제계, 나라현 토유라사 출토 유릉단판연화문와당有稜單瓣蓮花文瓦當은 고구려계로 파악되어왔다. 그러나 후자는 경주시 월성해자 출토품 등으로 볼 때 고구려의 영향으로 볼 수 없고 신라의 영향에 의한 것으로 밝혀졌다. 또한 토유라사 출토 와당을 생산한 7세기 전반 쿄토부 하야아가리隼上り와요지 출토 단판연화문와당도 백제계로 파악되어왔으나, 신라계로 보는 견해가 제기되었다(高田貫太 2011). 더욱이 종래 당의 직접적인 영향에 의한 것으로 보아온 일본의 7-8세기 와당의 주류를 형성하는 복판연화문와당複瓣蓮花文瓦當도 경주시 방내리36호분 등에서 확인되듯이 7세기 전반에 이미 출현한 점에서 신라의 영향에 의해 성립되었다고 본다.

그리고 이 시기 신라와 큐슈九州와의 관계를 알 수 있는 자료가 확인되어 주목된다. 7세기 초 후쿠오카현福岡縣 후나바루船原고분의 매납갱埋納坑에서 철제 마주馬胄, 사행상철기蛇行狀鉄器, 호등壺鐙, 금동제 안鞍, 경판비鏡板轡, 마령馬鈴, 보요부식금구步搖附飾金具등이 출토되었다(도6-3).

후나바루船原고분 출토품의 계보系譜는 전술한 오키노시마沖ノ島7·8호유적, 쇼로쿠双六고분·사사즈카笹塚고분 출토품과 같이 신라에 구해진다. 예를 들면 후나바루船原고분 매납갱에서 출토된 금동제 보요부식금구는 육각형 투조 금속판과 그 위에 기하학적으로 배치된 복수의 보요부식금구가 중앙에 있는 주상柱狀의 봉棒과 같은 것으로부터 우산살과 같이 분지되는 구조이다.

도 6-3　후쿠오카현 후나바루(船原)고분과 출토 마구(古賀市敎育委員會·九州歷史資料館 제공)

이와 같은 화려한 의장은 이제까지 출토예가 없는 일본의 독창적인 마구로 보고 있다.

그러나 6세기 초에 제작된 천마총고분 출토 금동제 보요부 운주雲珠와 식금구도 중앙에 있는 반구형半球形의 발鉢과 다섯 또는 십자상으로 붙은 각脚에 각각 주상柱狀의 봉棒을 세우고 보요로서 장식하고 있어, 그 조형은 신라마구에 구해진다.

후바바루船原고분의 마구는 미주馬冑에서 호등壺鐙에 이르는 조합으로 구성되어 나가사키현長崎縣 이키壱岐 쇼로쿠双六고분·사사즈카笹塚고분, 후쿠오카현福岡縣 오키노시마沖ノ島7·8호유적, 나라현奈良縣 후지노키藤ノ木고분, 사이타마현埼玉縣 쇼군야마將軍山고분 출토 마구가 신라산임을 웅변한다.

이 시기의 일본 범종사梵鐘史의 명종名鐘으로 불리는 쿄토부京都府 묘신사妙心寺 종鐘은 내면內面의 명문銘文에 의해 몬무文武2년(698년) 치쿠젠코쿠筑前國 카스야노코오리糟屋評에서 제작된 것으로 밝혀졌다(도6-4). 이 종鐘은 후쿠오카현福岡縣 칸제온사觀世音寺 종鐘과 함께 정제된 모습, 우아한 문양으로 유명하며, 양자는 같은 시기 동일 공방에서 제작된 것이다(도6-5).

두 종의 제작공인은 상하대上下帶의 당초문唐草文과 당좌撞座의 연화문蓮華文이 그 제작지인 카스야노코오리糟屋評와 인접한 후쿠오카현福岡縣 텐타이사天臺寺의 와瓦 문양과 문헌사료로 볼 때 신라계의 이주민임이 판명되었다.

후쿠오카현福岡縣의 텐타이지天臺寺와 인접한 오이타폐사大分廢寺 출토 당초문연복판연화문唐草文緣複瓣蓮華文수막새와 보상화당초문宝相華唐草文암막새는 일본을 대표하는 신라계 와당이다. 그 당초문연복판연화문수막새는 중방中房 외측의 예대蕊帶, 외연의 보상화당초문宝相華唐草文, 악면鄂面의 보상화당초문 등의 특징으로 볼 때 경주시 사천왕사 출토 통일신라 암막새의 문양과 유사하다. 보상화당초문암막새는 앞에서 언급한 당초문복판연화문수막새와 조합을 이룬다. 주문양은 오른쪽에서 왼쪽으로 향하는 보상화당초문이며, 외구外區와 협구脇區는 계선界線으로 둘러싸인 주문珠文이다. 이 보상화당초문은 앞에서 언급한 수막새 외연外緣의 문양과 같다(亀田修一 2006 : 362-365).

도6-4　쿄토부 묘신사와
종(박천수)

도6-5　후쿠오카현 칸제온
사와 종 (박천수)

텐타이사天臺寺가 있는 타가와군田河郡 관련 문헌사료로는 『풍전국풍토기 豊前國風土記』를 들 수 있다.

> 田河郡 鹿春 (중략) 新羅國神 自度到來 住此河原 便即 名曰鹿春神 郷北有峰
> (중략) 第二峰有銅 黄幷楊龍骨等 (중략)

이 가사에서 신라국신新羅國神이 이주한 점, 카와라타케香春岳의 제2봉에 동銅이 산출된 것을 알 수 있다. 이 신라국신新羅國神은 『연희식延喜式』에 보이는 카라쿠니오키나가오히메신사辛國息長大姫目命神社에 해당하며, 텐타이지天臺寺의 신라계 기와를 해석하는데 유효한 자료이다(龜田修一 2006 : 291).

이제까지 7세기 전반 663년 백제 멸망 이전 한반도와 일본열도의 관계는 백제를 중심으로 파악되어 왔으며, 그 후 신라와 일본은 적대적인 국면으로 돌입한 것으로 상정되어왔다. 그러나 실제로는 7세기 전반뿐만 아니라 663년 백제 멸망직후에도 양국 간 긴밀한 교섭이 행해진 것이 문헌사료에 보인다. 특히 『일본서기』 텐치天智7년(668년)조에는 신라사가 내일來日하고, 나카토미노카마타리中臣鎌足가 김유신金庾信에게 선船을 보내며 또한 덴치天智가 문무왕文武王에게 선船을 보낸 것이 보여 주목된다. 왜냐하면 이는 왕권간의 긴밀한 교섭으로 볼 수 있기 때문이다.

7세기 후반 백제가 멸망하고 당唐과 외교 관계가 단절된 일본은 선진문물의 도입을 신라에 의존 할 수밖에 없었으며, 한편 당과의 전쟁에 임하였던 신라는 후방의 안전을 도모할 필요가 있었던 것이다. 또한 양자는 당으로부터 침공을 막고자하는 공통의 목적이 있었던 것으로 볼 수 있다.

오사카부大阪府 모즈百舌鳥고분군과 후루이치古市고분군

오사카 난카이南海전철 난바難波역에서 타서 사카이堺역에 내려 사카이시청 방면으로 걸으면 모즈고분군의 최대 전방후원분인 타이센大仙고분에 도달한다.

모즈고분군은 사카이시의 동남 방향에 위치한 모즈대지로 불리는 단구를 중심으로 입지하며 서쪽으로 오사카만을 끼고 있다. 이 고분군에서 동쪽으로 10㎞ 떨어진 곳에는 4세기 말부터 축조가 개시되는 후루이치古市고분군이 존재한다. 후루이치고분군이 하비키노羽曳野 구릉을 이용한데 비해, 모즈고분군은 대량의 성토가 필요한 평지에 축조되었다. 이 고분군은 전방후원분 23기, 가리비식帆立貝式고분 9기, 방분 8기, 원분 54기가 있었으나 현존하는 고분은 46기이다.

이 고분군은 오사카만에 연하여 남북으로 축조된 군과 내륙의 쿠다라가와百濟川에 연한 군으로 분류된다. 전자는 타이센大仙(닌토쿠릉仁德陵)고분, 카미이시츠미산자이上石津ミサンザイ(니추릉履中陵)고분, 타데이야마田出井山(한제이릉反正陵)고분이 있다. 후자는 하지니산자이土師ニサンザイ고분, 고뵤야마御廟山고분, 이타스케いたすけ고분 등이 있다. 특히 오사카만에 연하여 남북으로 축조된 고분은 바다를 항해하는 배에서 그 측면을 볼 수 있게 하여 국내외에 위용을 과시하려는 의도에 의해 조영된 것이다. 이 고분군의 초대형 전방후원분은 5세기 전엽 카미이시츠미산자이上石津ミサンザイ고분, 5세기 중엽 타이센고분, 5세기 후엽 하지니산자이土師ニサンザイ고분 순서로 축조되었다.

도6-6 오사카부 시치칸(七觀)고분 출토 유물

치노오카乳の岡고분은 이 고분군에서 4세기 후엽 가장 먼저 조영된 전방후원분으로 남서쪽에 위치한다. 전방부의 대부분이 깎여 주택지로 변했지만, 본래는 길이 155m의 전방후원분으로, 이 고분군에서 6번째로 큰 고분이다. 거의 완전한 상태로 남아있는 후원부는 지름 94m, 높이 14m의 규모로, 중앙부에는 나가모치형長持形석관이 있으며, 즙석과 하니와가 확인된다. 주호는 이미 매워져 주택과 공장 등으로 변했지만 발굴 조사 결과, 후원부 서쪽의 경우 폭 약 30m이였던 것으로 확인되었다.

카미이시즈미산자이고분은 길이 360m, 전방부 폭 235m, 길이 190m, 높이 15.3m, 후원부 지름 200m, 높이 18.6m, 표면적 170,000㎡에 이르는 것으로 일본열도에서 3번째로 큰 고분이다. 분구는 3단 축성으로 전방부가 남서쪽을 향하고 서쪽 연결부와 연결한 돌출부가 있다. 현재는 홑겹의 주호와 주제周堤로 둘러져 있으나 원래는 외측에 폭 20m정도의 이중 주호가 돌려졌던 것으로 밝혀졌다. 배총은 20기 전후가 있었으나 현재는 4기가 존재한다.

배총인 시치칸七觀고분은 카미이시즈미산자이고분의 북방 약 50m에 위치하며 지름 50m, 높이 8m의 원분으로 매장 시설은 3기가 확인되었다. 제1곽(서곽)에서는 환판비, 목심철판장 등자, 삼환령, 철도, 철촉이 출토되었다. 제2곽(동곽)에서는 금동제 대장식구, 삼각판혁결판갑, 장방판혁결판갑, 견갑, 경갑, 삼각판혁결주 등이 출토되었다(도6-6).

제3곽에서는 130여 점에 달하는 철도를 중심으로 철검, 사행상철검, 소환두대도, 철모, 철창 등의 무기류가 출토되었다. 1곽은 4세기 말, 2곽은 5세기 초로 편년되며, 전자의 마구와 후자의 대장식구는 신라산이다.

티이센고분은 전방부 3단, 후원부 4단 축성으로 삼중의 주호를 돌리고, 좌우의 연결부와 연결된 제사장인 돌출부가 있다. 규모는 일본열도 최대로서 길이 486m, 전방부 폭 305m, 높이 33m, 후원부 지름 249m, 높이 35m, 삼중 호의 외주는 2,718m, 그 안쪽의 면적은 464,124㎡이며, 호를 포함한 전체 길이는 840m에 달한다. 전방후원분과 원분으로 구성된 15기 전후의 배총이 주호에 연하여 배치되어 있다(도6-7).

매장 시설은 후원부와 전방부에서 각각 수혈식석곽과 나가모치형長持形

도6-7 오사카부 모즈(百舌鳥)고분군

석관이 확인되었다.

특히 전방부에서는 1872년 태풍으로 인해 전방부 2단에 축조된 수혈식 석곽 내에서 나가모치형석관과 석관 주위에서 금동장 투구, 갑옷, 유리제의 호壺와 명皿, 철도 등의 부장품이 확인되었다. 이 유물들은 묘사도가 작성된 후 다시 매납되어 현재 관찰이 불가능하다. 출토상태를 묘사한 그림에 따르면 갑주는 차양주遮陽冑와 횡장판정결판갑橫長板釘結板甲으로, 전자는 금동제의 소찰과 보요步搖로 장식한 것이며 후자는 철지금장제이다.

유리용기는 로마유리기로 그 유리잔의 형태와 한반도 내에서의 출토예로 볼 때 신라를 경유한 것으로 생각되며, 금동제 갑주는 보요의 형태나 금동기술로 볼 때 신라계 공인에 의해 일본열도에서 제작된 것으로 본다. 보스턴미술관 소장품으로 타이센고분 출토로 전하는 수대경獸帶鏡 금동제 단봉單鳳환두대도, 삼환령三環鈴, 마탁 등이 있다. 환두대도는 내연의 각목문, 병두금구와 초구금구의 교호사선문으로 볼 때 6세기 전엽의 대가야산으로 추정되고, 마탁은 형식으로 볼 때 6세기대 형식인 점에서 이 유물들은 타이센고분 출토품으로 보기 어렵다.

쿠로히메야마黑姬山고분은 모즈·후루이치고분군의 중간에 위치하는 전방후원분이다. 길이 114m, 전방부 폭 65m, 높이 11.6m, 후원부 지름 64m, 높이 11m이며, 매장 시설은 후원부와 전방부에 각 1기의 수혈식석곽이 있다. 특히 전방부의 석곽에서는 24령에 달하는 갑주와 무기류가 출토되어 주목된다. 출토된 삼각판정결판갑三角板釘結板甲과 횡장판정결판갑으로 볼 때 고분의 시기는 5세기 후엽이다.

모즈고분군은 오사카만에 인접하며 일본열도 최대의 스에키須惠器 생산 거점인 스에무라陶邑 구릉이 남쪽에 접한 점에서 한반도와 교류를 통하여 이주민과 그 선진 기술을 통하여 발전한 카와치河內왕권의 모습을 내외에 과시할 정치적 목적으로 축조한 것이다.

이 고분군은 후루이치고분군과 같이 일본열도의 패권이 나라분지에서 오사카 남부로 이동한 것을 웅변한다. 이 고분군의 왕릉인 타이센고분에서 신라를 경유한 문물과 신라계 공인에 의해 제작된 금동제 갑주가 부장되고, 카미이시즈미산자이고분의 배총인 시치칸고분에 신라산 금동제 대장식구와 마구가 부장된 것은, 이제까지 잘 알 수 없었던 카와치왕조의 성립과 발전 배경이 실은 적대적인 관계로만 보아왔던 신라와의 교역에 의한 것을 알 수 있게 한다.

오사카 킨테츠近鐵전철 텐노우지天王寺역에서 카와치나가노선河內長野線을 타고 후루이치古市역에 내려 도보 20분 거리에 후루이치고분군의 최대 전방후원분인 콘다고뵤야마譽田御廟山고분이 있다.

후루이치고분군은 후지이데라시藤井寺市부터 하비키노시羽曳野市에 걸친 하비키노 구릉 북변에 형성된 단구상에 동서 3km, 남북 4km의 범위에 걸쳐 분포하고 있다(도6-8). 이 고분군은 야마토카와大和川와 이시카와石川의 합류점 부근의 나카카와치中河內에 해당한다. 이 고분군은 전방후원분 31기, 원분 30기, 방분 48기, 형태불명 14기 등 총 123기로 구성되어 있다. 그 중에는 길이 200m를 넘는 초대형 전방후원분 6기가 있으며, 4세기 후반부터 6세기 중엽에 걸쳐 형성되었다. 이 고분군은 길이 400m를 넘는 초대형 전방후원분인 콘다고뵤야마고분부터 한 변이 10m에 못 미치는 소형방분까지 다양한 고분

도6-8 오사카부 후루이치(古市)고분군(羽曳野市敎育委員會 제공)

으로 구성되었다. 이는 나라奈良분지에 조영된 전기의 대형고분군이 전방후원분과 전방후방분으로 구성된 것과 비교된다. 더욱이 왕묘로 추정되는 거대한 전방후원분에는 효고현兵庫縣 타츠야마龍山 부근에서 나는 돌을 사용한 나가모치형長持形 석관이라 불리는 조합형 석관을 수혈식석곽 내에 안치하는 장법이 채용된 것이다. 따라서 전기고분에 공통적으로 나타나는 할죽형목관과 이를 안치한 장대한 수혈식석곽은 보이지 않는다.

후루이치고분군의 최초의 초대형 전방후원분은 츠노시로야마津堂城山고분이며 이후 나가츠야마仲津山고분이 조영된다. 나가츠야마고분에 이어 조영된 것은 오진릉応神陵으로 추정되고 있는 콘다고뵤야마고분이다. 이 고분은 분구의 길이로 보면 사카이시堺市의 타이센고분에 이은 일본열도의 두 번째 큰 고분이다. 콘다고뵤야마고분 이후에는 이치노야마市野山고분, 카루사토오츠카輕里大塚고분, 오카미산자이岡ミサンザイ고분 등의 거대 고분이 계속해서 축조된다. 그러나 분구의 규모는 점점 축소되어 6세기가 되면 12m 급의 노나카보케야마野中ボケ山고분이나 타카야시로야마高屋城山고분이 가장 큰 고분이 될 정도로 작아진다.

츠도시로야마고분은 하비키노 구릉의 최북단에 있으며 카와치에 축조된 최초의 거대 전방후원분이다. 길이 208m, 전방부 폭 121m, 후원부 지름 128m이며 주호를 포함한 전체 길이는 436m이다. 전방부는 남서로 향하고 있으며 분구는 삼단축성으로 이루어졌다. 주위에는 이중의 주호와 주제가 돌려져있다. 1912년 후원부의 수혈식석곽 안에서 나가모치형석관이 발견되었다. 석관 내외에서는 거울, 파형동기 등의 동제품과 경옥제 곡옥, 석제 팔찌류 등의 석제품 등이 출토되었다. 전방부 북쪽 주호 내에서는 한 변 17m, 높이 1.5m의 도島상시설이 확인되었고, 경사면 상부에서는 수조水鳥형 하니와가 발견되었다. 축조연대는 하니와, 석관 및 부장품으로 볼 때 4세기 후반으로 추정된다. 이 고분은 출토된 파형동기와 하니와가 나라분지 북부의 사키고분군 출토품과 유사한 점이 지적된다.

나가츠야마고분은 전체 길이 290m의 전방후원분으로 후루이치고분군 내에서는 콘다고뵤야마고분 다음으로 큰 규모이다. 전방부는 남서로 향하고 있으며 분구는 삼단축성으로 폭이 좁고 깊은 주호와 폭이 넓은 주제가 주위를 둘러싸고 있다. 내부 시설이나 부장품에 대해 자세한 것은 알 수 없으나 석관이 존재하고 곡옥이 출토된 것으로 전해지고 있다. 전방부 전면의 조사에서는 하니와와 즙석이 확인되었다. 주제에서 출토된 하니와는 원통형 외에도 삿갓과 방패 모양도 있다. 축조 연대는 하니와로 볼 때 콘다고뵤야마 출토 하니와보다 시기가 이른 것에서 5세기 초로 비정되고 있다.

타테즈카盾塚고분, 쿠라즈카鞍塚고분, 슈킨즈카珠金塚고분은 나가츠야마고분과 콘다고뵤야마고분 사이의 홍적대지위에 위치하여 어느 쪽의 배총인지 분명하지 않다. 카테츠카고분은 전체 길이 63m, 전방부 폭 20m, 높이 6m, 후원부 지름 43m이다. 이 고분은 통형동기와 장방판혁결판갑, 석천石釧 등이 출토되어 4세기 후엽으로 본다.

쿠라즈카고분은 지름 39m, 높이 5m의 원분으로 철제 안금구, 경판비, 목심철판장 등자, 철정, 철모, 갑주, 대도 등이 출토되어 4세기 말에 조영된 것으로 본다.

슈킨즈카고분은 한 변 28m, 높이 4m의 방분으로, 남곽은 할죽형목곽이며 북곽은 상형목관이다. 금제 공옥, 철제 따비, 삼각판혁결판갑三角板革結板甲, 삼각판정결판갑三角板釘結板甲, 철제무기류와 농공구 등이 출토되어 5세기 전엽으로 본다.

콘다고뵤야마誉田御廟山고분은 전체 길이 425m, 전방부 폭 300m, 높이 약 36m, 후원부는 지름 250m, 높이 약 35m이다. 전방부는 북북서로 향하고 있고 분구는 삼단축성이며 연결부 양쪽으로 주호와 주제를 이중으로 돌렸다. 분구와 주제의 경사면에는 안팎으로 즙석과 하니와가 확인되고 있다. 하니와는 지름이 40cm전후의 대형품이 많고 삿갓형 목제품과 각종 어형 토제품도 출토되었다. 전방부 동쪽의 주호는 안쪽으로 들어오게 하였는데 이는 먼저 축조된 후타츠즈카二つ塚고분을 피하기 위함이다. 축조 연대는 5세기 전엽으로 비정된다. 주위에는 6기의 배총이 확인되었으며, 마루야마丸山고분과 아리야마アリ山고분에서는 금동제 마구와 다량의 철제품이 각각 출토되었다.

전방부에 인접하여 배총으로 축조된 마루야마고분은 지름 45m, 높이 6m

의 원분이다. 이 고분 출토로 전하며 콘다하치만궁譽田八幡宮에 소장되어 있는 2조의 금동제 용문투조 안금구는 제작지가 중국 동북지역, 고구려, 신라, 가야지역으로 비정되고 있는 것이다. 마루야마고분 출토 안장은 경주시 황남대총 남분, 전 대구시 현풍면 양리고분군 출토품과 같은 금동제 용문 투조안장이 존재하고 황남대총 남분, 강릉시 초당동A-1호분, 경산시 임당동 7B호분 등에서 용문투조 대장식구가 확인되는 것에서, 그 기원은 중국 동북지역에 찾아지나 신라에서 제작된 것으로 본다. 더욱이 마루야마고분 출토 안장에는 보요부입주식운주步搖附立柱式雲珠가 공반된 것에서 신라산이다(도 6-9). 이는 이 시기의 인접한 쿠라즈카고분 출토 마구가 신라산인 점에서도

① 丸山古墳　③ 鞍塚古墳　② 珠金塚古墳　④ 野中古墳　⑤ 安閑陵古墳

도6-9　오사카부 후루이치(古市)고분군 출토 신라산과 신라 경유 문물(박천수)

방증된다. 아리야마고분은 한 변 45m, 높이 4.5m로, 방분으로, 콘다고뵤야마고분의 전방부 서쪽에 접하여 축조된 배총이다. 이 고분에서는 분구 중앙부에 철제 무기와 농공구의 매납시설이 3기 확인되었으며, 대도 77점을 비롯한 다량의 무기가 출토되어 무기고와 같은 성격을 지닌 것으로 추정된다.

하카야마墓山고분은 후루이치고분군의 거의 중앙에 위치하고 있는 대형 전방후원분으로 전체 길이 225m, 전방부 폭 153m, 높이 19.3m, 후원부 지름 135m, 높이 20.7m이다. 전방부는 서쪽으로 향하고 있으며 분구는 삼단축성으로 이루어졌다. 주위에는 약 15m 폭의 주호와 37m의 주제가 둘러싸고 있으며, 후원부에서 츠도시로야마고분과 같은 석관이 확인되었다. 또 후원부에서는 활석제 곡옥과 하니와가 출토되었다. 전방부 남쪽의 주제에서는 즙석과 원통형, 방패형, 인물형의 하니와가 확인되었다. 축조 연대는 하니와, 석제품, 석관의 특징으로 볼 때 5세기 중엽으로 비정된다.

노나카野中고분은 하카야마고분의 후원부 북쪽에 위치하며 한 변 28m, 높이 4m의 방분으로 5기의 매장 시설이 확인되었다. 철제의 무구, 무기, 농공구, 36kg에 달하는 철정, 가야토기, 삼각판혁결판갑 등이 출토되었다. 철정은 그 형태와 규격으로 볼 때 신라산이며, 가야토기는 함안지역산이다.

이치노야마市野山고분은 5세기 후엽에 조영되었으며 북쪽에 위치하며 현재 인교릉允恭陵으로 비정되고 있다. 전체 길이 230m, 전방부 폭 160m, 높이 23m, 후원부 지름 140m, 높이 23m이다. 전방부는 북쪽으로 향하고 있으며 분구는 삼단축성으로 이루어졌다. 주위에는 이중의 주호와 주제가 둘러싸고 있다. 주위에는 원분과 방분으로 구성된 8기의 배총이 배치되었다.

나가모치야마長持山고분은 이치노야마고분의 배총으로 후원부 서쪽에 위치한다. 지름 40m, 높이 7m의 원분이다. 매장 시설은 수혈식석곽과 석관으로 구성되어 있다. 북쪽의 석관은 쿠마모토熊本산 아소용결응회암阿蘇溶結凝灰巖으로 만들어진 가형석관이다. 이곳에서는 금동제 대장식금구, 안금구, 경판비, 행엽, 철제 목심철판장 등자, 패갑挂甲 등이 출토되었다. 대장식금구와 마구는 형식으로 볼 때 대가야산이다.

후루이치고분군의 특징은 철제품, 그 중에서도 특히 무기와 무구가 많이

부장되는 것이다. 부장품은 전반기에는 거울, 석제팔찌류, 각종 동제품 등의 전기적인 색채가 강한 품목이 잔존하는데 비해 후반기에는 금공품, 마구, 무기, 무구류가 대량으로 부장되는 경향이 현저하며, 전기 고분의 주된 부장품이었던 거울이나 석제팔찌류는 수가 줄어들거나 부장하지 않게 된다. 한편 철기가 다량 부장되며 아리야마アリ山고분과 니시하카야마西墓山고분에 부장된 철기의 수는 각각 2,000점을 넘는다. 더욱이 철제품뿐만 아니라 콘다고뵤야미고분이나 나가모치야마고분에서 출토된 마구와 같은 금공품이 부장된다.

미네가즈가峰ヶ塚고분은 가루자토輕里 니쵸메2丁目 후루이치고분군 내에 위치한다. 하비키노시교육위원회에 의해 고분정비에 동반하여 6차에 걸쳐 조사되었다. 분구는 전체 길이 96m, 후원부 지름 56m, 높이 9m, 전방부 폭 74.4m, 높이 10.5m이다. 분구는 2단 축성으로, 연결부 북측에는 돌출부造出가 있으며, 폭 20m의 내호內濠와 폭 10m의 내제內堤, 그리고 폭 7.2m~9.2m의 외호를 돌렸다. 즙석葺石은 둥근 조약돌을 전면에 깔았으며, 상단사면의 끝자락에는 각진 돌로 담처럼으로 쌓았다. 또한, 평탄면에는 폭 1.5m 범위에 작은 돌을 깐 부석敷石과 하니와 열이 보인다. 분구 정상부에는 폭 5m 범위에 소형 조약돌을 깔았으며 양쪽에 원형 하니와를 수립한 통로상의 시설이 확인 되었다. 매장 시설은 후원부 정상부에서 수혈식석곽이 조사되었다. 13세기 후반경에 도굴되어 대부분의 벽석이 유실되었으나, 석실 기저부가 잔존하고 있었다(도6-10).

이 석실은 장축이 고분 주축방향과 평행하고, 길이 4.5m, 폭 2m로 높이는 약 1.8m로 추정된다. 석실 내에서 적색안료赤色顔料를 칠한 석관 편과 피장자의 치아 등이 출토되었다. 석관 편은 회흑색과 핑크색 2종류의 쿠마모토현 아소산 용결응회암인 것으로 보아, 그 형태로 볼 때 주형석관舟形石棺으로 생각된다.

부장품은 금동제 관모, 은제 수식부이식, 금동제 호록, 경鏡, 녹각제鹿角製 도장구刀裝具를 구비한 대도大刀, 곡옥, 관옥, 유리제 옥, 공옥空玉과 금동제, 은제 화형식花形飾 등이 출토되었다. 특히 장식대도가 15점 출토되었으며, 1.2m에 달하는 대도는 어패魚佩, 동령銅鈴, 삼륜옥三輪玉, 은제 나선장식환두

도6-10 오사카부 미네가즈가(峰ヶ塚)고분 매장시설

環頭 등으로 장식된 것으로 이세신궁伊勢神宮의 옥전玉纏대도의 조형으로 추정된다.

　조영 시기는 출토품으로 볼 때 5세기 말~6세기 초로 추정된다. 금동제 관모는 유리제 옥이 감입된 것으로 쿠마모토현 에타후나야마江田船山고분 출토품과 유사하여 백제산으로 추정된다. 금동제, 은제 화형장식은 백제지역 출토품과 유사하다. 3조가 출토된 어패는 제작기법으로 볼 때 한반도산 또는 한반도계 공인이 제작한 것으로 판단된다(도6-11).

　어패는 경주시 서봉총 출토 어패와 형태가 유사하나 제작기법이 다르다. 그런데 이 고분 출토 어패 가운데 물고기의 눈에 해당하는 곳에 청색 유리제 옥을 감입한 것이 보여 주목된다. 이와 유사한 것이 대가야산으로 추정되는 나가노현長野縣 아제치畦地1호분 출토 은제 수식부이식에도 보이는 것에서 대가야산 또는 대가야계 공인에 의해 일본열도에서 제작되었을 가능성이 상정된다. 금동제 호록과 은제 수식부이식도 형태로 볼 때 대가야산 또는 대가야계로 파악된다. 철제 가위는 신라지역에서 주로 출토되는 것에서 신라산으로 본다.

이 고분의 피장자는 큐슈九州제 석관에 화려한 백제, 신라, 대가야 문물을 보유한 점에서 큐슈지역의 호족세력과 연계하여 한반도 남부와 교류한 유력 호족으로 볼 수 있다.

후루이치고분군은 4세기 후반부터 6세기 전반에 축조된 다양한 규모와 형태를 지닌 고분군으로, 이 가운데 특히 콘다고뵤야마고분은 일본열도의 패권이 나라분지에서 오사카 남부로 이동한 것을 웅변한다. 더욱이 후루이치고분군의 부장품을 통해 볼 때 왕이 종교적 사제자에서 탈각하여 정치적 지배자로 변모하였음을 알 수 있다. 이 고분군에서는 시기별로 계통이 다른 한반도산 문물이 이입되어 주목된다.

4세기 후엽 타테즈카고분에서는 금관가야산 철제품과 통형동기가 부장되었으나, 4세기 말 쿠라즈카고분에서는 돌연 신라산 마구와 철정, 농공구,

도6-11 　오사카부 미네가즈카고분 출토품

무기가 부장된다. 5세기 전엽 마루야마고분과 슈킨즈카고분에서는 신라산 마구와 금제 곡옥이 부장된다. 5세기 후엽 나가모치야마고분에서는 대가야산 마구가 부장된다. 6세기 초의 미네가즈가峯ヶ塚古墳고분에서는 백제산 문물이 부장된다.

특히 후루이치고분군에서는 일본열도에서 가장 이른 시기인 4세기 말에 신라산 문물이 이입되어 주목된다. 또한 이 고분군의 왕릉인 콘다고뵤야마고분의 배총인 마루야마고분에서 신라산 금동제 마구가 부장되고, 하카야마고분의 배총인 노나카고분에 신라산 철정이 부장된 것은, 이제까지 잘 알 수 없었던 카와치왕조의 성립과 발전 배경이 실은 적대적인 관계로만 보아왔던 신라와의 교역에 의한 것임을 알 수 있다. 또한 나가모치야마고분에서 대가야산의 금동제 마구가 부장된 것은 5세기 후엽 왜왕권의 교역상대가 신라에서 대가야로 바뀐 것을 상징하는 것으로 6세기 초에 조영된 미네가즈가고분 출토 백제산 문물도 역시 변화를 보여주는 것이다.

참고문헌

朴天秀, 2012, 『일본속 고대 한국문화-近畿地方-』, 서울, 동북아역사재단.

8세기 신라와 일본

8세기 일본 문화를 대표하는 것은 서역을 통하여 이입된 쇼소인正倉院의 화려한 문물이다. 종래 쇼소인 소장품에 대해서는 신라묵墨, 신라금琴, 신라장적新羅帳籍, 화엄경華嚴經과 같이 일부의 확실한 신라제품을 제외하고 대부분은 견당사遣唐使에 의해 전래된 것으로 인식되었다.

1959년 대구시 송림사 전탑내 사리장엄구舍利莊嚴具의 발견에 의해 쇼소인의 유리제품이 신라를 경유하였음이 확인되었다. 1970년대 안압지 발굴에 의해 금동제 가위, 사하리佐波理 등이 신라산임이 밝혀졌다. 또한 색전色氈, 화전花氈의 포기布記를 통한 문헌사학의 연구에 의해 모전毛氈제품이 신라에서 생산되거나 경유하였음이 확인되었다.

그리고 국내 사원지의 조사에 의해 이와 관련한 중요한 유물이 출토되어 주목된다. 창녕군 말흘리사지末屹里寺址와 군위군 인각사麟角寺 유적 출토 금속공예품은 신라산이 분명한 사하리뿐만 아니라 이제까지 중국산으로 보아온 쇼소인 금속공예품의 상당수가 신라산 임이 판명되었다.

나아가 색전, 화전뿐만 아니라 불국사 석가탑 출토 사리 장엄구에 동반한 능직물綾織物은 문양이 서역계상에서 출토한 직물과 쇼소인 소장품과 유사한 점에서 쇼소인 직물 가운데 신라를 경유한 것이 확인되었다.

이제까지 쇼소인 소장품에 대해서는 일부의 확실한 신라제품을 제외하고 그 외 대부분은 견당사에 의해 장래된 것으로 보아왔다. 그러나 주지하듯이 당과 일본간에는 672년부터 701년까지 교섭이 단절되었으나, 신라와 일본간에는 668년부터 최후의 신라사新羅使가 파견되는 779년까지 양국간에는 신라에서 47회, 일본에서 25회의 사절이 왕래하였다. 한편 견당사가 260년간 장안長安에 도달한 것은 13회에 불과하며, 전원이 무사히 귀국한 것은 단지 1차례에 불과하다.

7세기 후엽~8세기 초 후쿠오카현 오키노시마沖の島 5호 제사유구에서 금동제 용두龍頭와 함께 당삼채唐三彩의 장경병長頸瓶과 같은 초 일급품이 봉헌되어 주목된다. 왜냐하면 오키노시마는 견당사의 항로로 볼 수 없고 견신라사遣新羅使의 항로에 속하며 동일 형식의 금동제 용두가 신라지역에서 다수 출토되고, 당삼채도 경주에서 출토 예가 증가하고 있기 때문이다. 그래서 오키노시마유적 출토 중국문물은 쇼소인 소장품이 신라를 경유하였음을 웅변하는 자료로 평가된다. 종래 금동제 용두도 중국산으로 파악되어 왔으나 영남지역에서 다수 출토된 점에서 신라산일 가능성이 매우 크다.

다음은 아스카飛鳥, 나라奈良시대의 왕릉에 보이는 풍수 사상의 도입 문제에 대해 살펴보고자 한다. 이 시기의 왕릉의 입지에 대해 일본 연구자들은 아스카시대의 전면前面이 계곡에 면한 소위 곡오谷奧·측부側部 밀착형에서 나라시대가 되면 전면이 트인 곡오부谷奧部 돌출형으로 변한다고 보고, 전자는 중국 특히 남조南朝의 풍수 사상의 의한 것으로, 후자도 마찬가지로 중국의 풍수 사상의 영향에 의한 것으로 파악하고 있다(北村多加史 2004).

전자의 경우 그 기원은 물론 남조에 구해지나 직접적으로는 아스카문화에 강한 영향을 미친 백제의 공주시 송산리고분군의 계곡에 면한 곡오·측부 밀착형과 같은 묘제와 장제의 영향에 의한 것으로 파악된다.

그런데 문제가 되는 것은 후자의 기원을 어디에 둘 것인가이다. 이는 전자와 같이 백제의 영향이라 보기 어려운데 왜냐하면 백제의 경우 538년 천도 이후 성립하는 부여군 능산리고분군에서 곡오부 돌출형이 등장하나 입지로 볼 때 본격적인 풍수 사상이 도입되는 것으로 보기 어렵기 때문이다.

일본에서는 곡오부 돌출형이 등장하는 것은 텐치릉天智陵과 그 후의 텐무天武·지토릉持統陵에는 아스카시대의 왕릉의 입지의 영향이 잔존하며 곡오부 돌출형, 즉, 풍수 사상이 본격적으로 도입되는 것은 쇼무릉聖武陵이다. 이 쇼무릉의 입지는 선덕여왕릉 이래 신라 왕릉의 입지와 유사하며 특히 원성왕릉인 괘릉의 입지와 흡사한 점이 주목된다. 또한 이 시기 일본의 왕릉에서는 당과 같이 능체를 산에 조영하지 않는 점도 신라와 유사하다(도7-1).

더욱이 이와 관련하여 쇼무릉聖武陵의 배후에 입시하는 나호야마묘那富山墓의 석인상의 존재가 주목된다. 왜냐하면 이 석인상은 신라 왕릉에 보이는 십이지상의 영향에 의해 수립된 것으로 파악되기 때문이다. 그래서 쇼무聖武의 왕자묘인 나호야마노호카의 십이지상은 쇼무릉에 보이는 풍수 사상의 도입 배경을 암시하는 것으로 생각된다.

왕릉의 풍수 사상과 관련하여 화장의 도입 문제에 대해 살펴보고자 한다. 일본열도의 화장은 『속일본기續日本紀』 몬무文武4년(700년) 승려인 토죠道昭의 장례 이래, 지토릉持統陵 몬무릉文武陵 등의 왕릉에 도입되어 나라, 헤이안시대平安時代에 널리 행해진다.

화장의 도입 배경에 대하여 토죠가 당에 유학한 것을 근거로 중국의 불교 사상의 수용에 의한 것으로 해석되어 왔다. 한편 신라, 백제 등 한반도와 관련된 것으로 보는 견해도 제시되었으나, 지금도 중국영향설이 유력시되고 있다. 즉 일본 고대의 화장은 율령국가 성립기 지배계층에게 중국의 선진문화의 하나로서 율령제도와 불교와 함께 수용하여 율령국가에 적합한 장법으로 도입한 것으로 보고 있다.

그러나 중국에서 화장이 승려에 국한되고 더욱이 왕릉에서 행해지지 않은 점에서 그 영향설은 성립하기 어려운 것으로 본다. 더욱이 불교는 아스카시대에 이미 도입되었으므로 불교와 직접 관련된 것으로 보기 어렵다.

경주시 조양동유적의 화장묘는 석제의 외함내에 당삼채를 장골기로 사용하는 것에서 알 수 있듯이 신라 지배계층의 경우, 석제 외함내에 당삼채, 녹유도기, 인화문토기를 장골기로 사용하는 것이 특징이다. 와카야마현和歌山縣 이치사토야마一里山묘의 경우도 석제 외함내에 나라삼채의 장골기를 사용

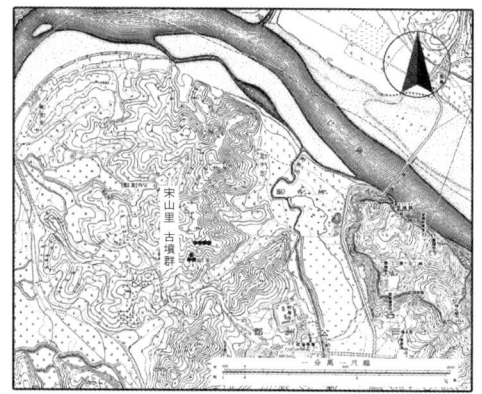

① 公州市 宋山里 古墳群

④ 慶州市 善德女王陵

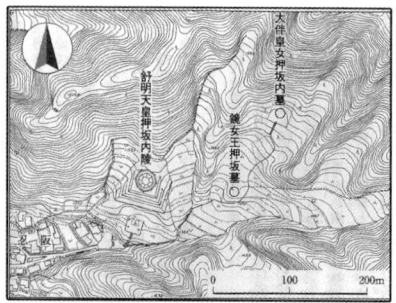

② 奈良縣 舒明陵 古墳

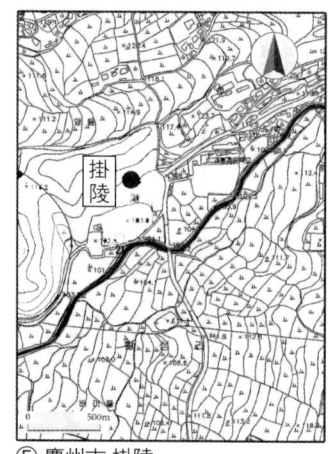

⑤ 慶州市 掛陵

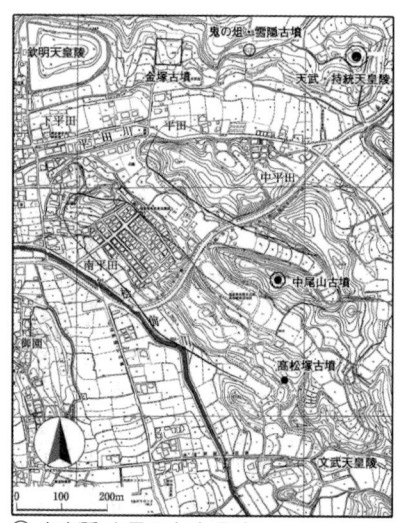

③ 奈良縣 中尾山古墳 周邊

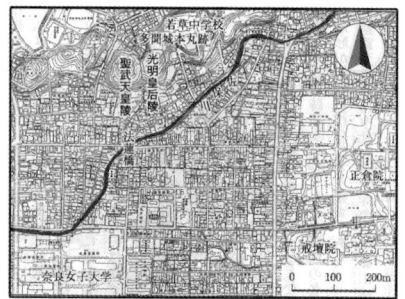

⑥ 奈良縣 聖武陵 古墳

도7-1　7-8세기 한일 왕릉의 입지와 그 변화

(1, 4, 5, 6. 박천수　2, 3, 6. 北村多加史)

하고 있으며, 그 외 삼채, 동완을 사용하는 예가 다수 보인다. 신라와 일본의 화장묘에는 이와 같은 공통점도 있으나 물론 차이점도 보인다. 그러나 삼채, 동완과 특수한 용기를 석제 외함속에 매납하는 공통점이 보이는 것이 흥미롭다.

화장묘의 도입과 관련하여 주목되는 것은 『일본서기』 텐무天武21년(681년)조에 신라의 사절使節이 국왕이 돌아간 것을 알린 점이다. 즉 신라는 일본에 대하여 국왕의 흉서를 알렸으며 이때 문무왕의 장례, 즉 화장이 선행신 것으로 추정된다(도7-2).

필자는 7세기 후반 일본의 왕릉에 새로운 풍수 사상이 신라로부터 도입된 것으로 볼 때, 왕릉의 화장은 중국의 영향으로 생각할 수 없고 신라로부터 풍수 사상과 함께 직접 도입된 것으로 판단한다.

국가의 가장 중요한 제의의 하나인 왕릉에 신라식의 장제가 도입된 것은 당시 신라와 일본의 왕권간의 정치적인 교섭을 상징하는 것으로 본다.

7세기 후반 백제의 영향에 의한 1탑 1금당식 가람배치가 성행하던 일본 열도에 돌연 2탑 1금당식의 쌍탑식 가람 배치가 나라현 후지와라경藤原京의 국가 사원인 혼야쿠사本藥師寺에 도입된다. 혼야쿠사의 가람배치는 감은사의 가람배치와 축척, 구조가 동일한 것으로 지적되어 왔다. 이 시기는 백제, 고구려 멸망 이후 선진 문물의 도입지가 소멸되고 당과의 관계 악화로 인한 견당사를 파견하지 못한 일본 측의 사정에 주목하고자 한다.

더욱이 8세기 나라시대 일본 문화를 상징하는 토다이사東大寺는 가람 배치가 신라식인 쌍탑식이며 대불의 주조와 건립에 신라인들이 참여한 것으로 기록되어 있다. 한편 일본 연구자들은 토다이사, 타이안사大安寺, 시이디이사西大寺의 탑이 신라와 달리 탑원으로 분리된 점에 주목하여 신라의 영향을 배제하고 있으나 타당한 것으로 볼 수 없다. 왜냐하면 일반적으로 볼 수 없으나 경주 고선사지에서도 탑원이 확인되고 있기 때문이다.

종래 당의 직접적인 영향에 의한 것으로 보아온 일본의 7-8세기 와당의 주류를 형성하는 복판연화문와당도 경주 방내리36호분에서 확인되듯이 7세기 초를 전후하여 이미 출현한 점에서 신라의 영향에 의해 성립된 것으로 파

도7-2 **경주시 문무왕릉과 감은사(오세윤)**

악된다.

마지막으로 쇼소인 소장품의 제작지와 이입 경로에 대해 논하고자 한다. 쇼소인의 창건 연대는 텐뵤天平 연간(729~749)이다. 이곳에는 8세기 나라시대를 중심으로 한 신라·당·페르시아·일본의 고대 문물 9천여 점이 소장되어 있다.

최근 국내 사원지의 조사에 의해 이와 관련된 중요한 유물이 출토되었다. 창녕군 말흘리사지에서는 수혈내에서 금동제의 병향로, 화사, 만, 장식판, 마구 등이 일괄로 출토되었다. 말흘리 사지 출토 병향로는 조안형 화로, 화형 대좌, 인동문 투창 등이 쇼소인 남창南倉의 것과 유사하다. 더욱이 삼성미술관 리움 소장의 병향로는 자루 끝의 사자형 진좌의 형태까지 쇼소인 소장품과 일치한다. 금동제 화사는 수각이 붙은 것으로 유례가 쇼소인 중창中倉에 보인다. 금동제 대부완의 수각獸脚도 쇼소인 소장품과 유사하다. 이곳에서는 신라의 전형적인 심엽형 경판비가 함께 출토되어 이러한 금공품이 6세기 신라의 금공 기술을 계승한 것임을 알 수 있게 한다(도7-3).

군위군 인각사에서는 청동제 병향로, 합자, 병, 금고 등이 출토되었으며, 병향로는 사자형의 진좌를 가진 것으로 합자는 상륜형의 손잡이를 가진 것

도7-3   창녕군 말흘리사지 출토 유물

으로 9세기의 것이나 정창원 소장품과 유사하다.

　　두 유적 출토 금속공예품은 이제까지 신라산이 분명한 사하리 뿐만 아니라 이제까지 중국산으로 보아온 쇼소인 금속공예품의 상당수가 신라산 임을 알 수 있게 한다.

　　경주시 불국사 석가탑 출토 사리 장엄구에 동반한 능직물綾織物은 문양이 실크로드상에서 출토한 직물과 쇼소인 소장품과 유사한 점에서 주목된다. 이 능직물의 발견에 의해 쇼소인 직물 가운데 신라를 경유한 것이 존재함을 알 수 있다.

　　7세기 이래 경옥제 곡옥은 고분에 부장되지 않고 경주시 황룡사목탑지, 서금당지, 분황사 전탑, 대구시 송림사 전탑 등에서 사리장엄구, 또는 진단구로서 애용된다. 그 후 경옥제 곡옥은 8세기 경주시 불국사 석가탑에 사리장엄구로서 봉안된 후 한반도에서 자취를 감춘다. 이는 일본열도에서 경옥제 곡옥이 사용되지 않는 시기와 일치하여 생에서의 수입이 단절된 것에 기인하는 것으로 추정된다. 8세기 신라와 일본과의 관계는 신라와 발해의 대립 가운데 후자의 대일對日외교 진출에 대한 신라의 견제를 배경으로 들 수 있다. 한편 일본은 신라문화의 도입과 신라를 통한 당 문물의 도입을 목적으로 한 것으로 볼 수 있다.

일본속 신라문화 7

와카야마현和歌山縣 이치사토야마一里山고묘와 나고쇼폐사名古曾廢寺

JR타카노구치高野口역에서 도보 10분 거리에 위치하는 이치사토야마고묘는 하시모토시 타카구치정隅田町 나고쇼名古曾의 스타하지만신사로부터 서쪽으로 약 10km 떨어진 키노가와紀ノ川 상류역에 위치하는 화장묘이다. 고분은 1963년 발견되었으며 키노가와를 조망할 수 있는 산기슭에 입지하고 있어 풍수사상에 의해 입지가 선정된 것이 주목된다. 구지형으로 볼 때 양 측면에

도7-4 와카야마현(和歌山縣) 이치사토야마(一里山)고묘(박천수)

도7-5 와카야마현(和歌山縣) 이치사토야마(一里山)고묘 출토품

는 안부상의 돌출부가 감싸고 있었던 것으로 파악된다. 또한 방형의 석함 내에 나라 삼채의 장골기가 매납된 구조가 주목되는데, 삼채도기를 장골기로서 석함 내에 매납한 것은 경주시 조양동화장묘와 유사하다(도7-4, 5). 나고쇼폐사는 화장묘의 남쪽에 인접하여 위치한다. 1탑 1금당의 호류사法隆寺식 가람 배치이다. 탑은 한 변 10m의 와적기단으로, 심초석은 2.3×1.3m이며 중앙에 1단 지름 60cm, 깊이 10cm, 2단 지름 22cm, 깊이 5cm의 주혈이 있다. 금당은 15×12m가 복원되어 있다(도7-6).

나고쇼폐사는 이주민에 의해 건립된 사원으로 인접한 이치사토야마의 화장묘가 이주민의 무덤임이며, 이를 통하여 화장의 도입 과정과 배경을 알 수 있게 한다.

참고문헌

朴天秀, 2012, 『일본속 고대 한국문화-近畿地方-』, 서울, 동북아역사재단.

도7-6 와카야마현(和歌山縣) 나고쇼폐사(名古曾廢寺)(박천수)

9세기 신라와 일본

이 시기는 교역의 장소가 8세기대는 헤죠쿄平城京이었으나 타자이부大宰府로 바뀐다. 이를 상징하는 것이 후쿠오카현福岡縣 코로칸鴻臚館유적이다.
　코로칸유적은 후쿠오카시福岡市의 히이카와樋井川과 나카가와那珂川 사이 하카다만博多灣에 접하여 위치한 외교 시설이다. 코로칸은 7세기 후반 설립된 츠쿠시칸筑紫館을 계승하는 것으로 11세기 중엽까지 존속하였다. 계곡을 사이에 두고 남, 북의 두 시설이 있었으며, 후자는 헤이안平安시대 문헌사료에 보이는 코로북관鴻臚北館에 해당한다.
　이곳에서는 청록색 유리병과 무색 유리완이 이슬람 도기, 중국 도자기, 신라 인화문토기와 함께 출토되었다. 유리 용기는 이란, 시리아에서 제작된 것으로 신라 인화문토기가 공반되고 최근 신라에서 이슬람 유리가 다수 확인되고 있는 점에서 신라를 경유한 것으로 볼 수 있다(도8-1).
　이슬람 도기는 외면의 청록색의 투명도가 높은 유리질의 유약, 밝은 황회색의 가는 구멍이 많은 태도가 특징적이다. 기형은 호로 파악되며 수십 점의 파편이 출토되었다. 이슬람 도기 역시 직접 이입된 것으로 볼 수 없고 유리와 함께 신라를 경유한 것으로 본다.
　경주시 안압지 출토 무색 유리 배杯(도8-2)는 이슬람 유리가 신라를 경유

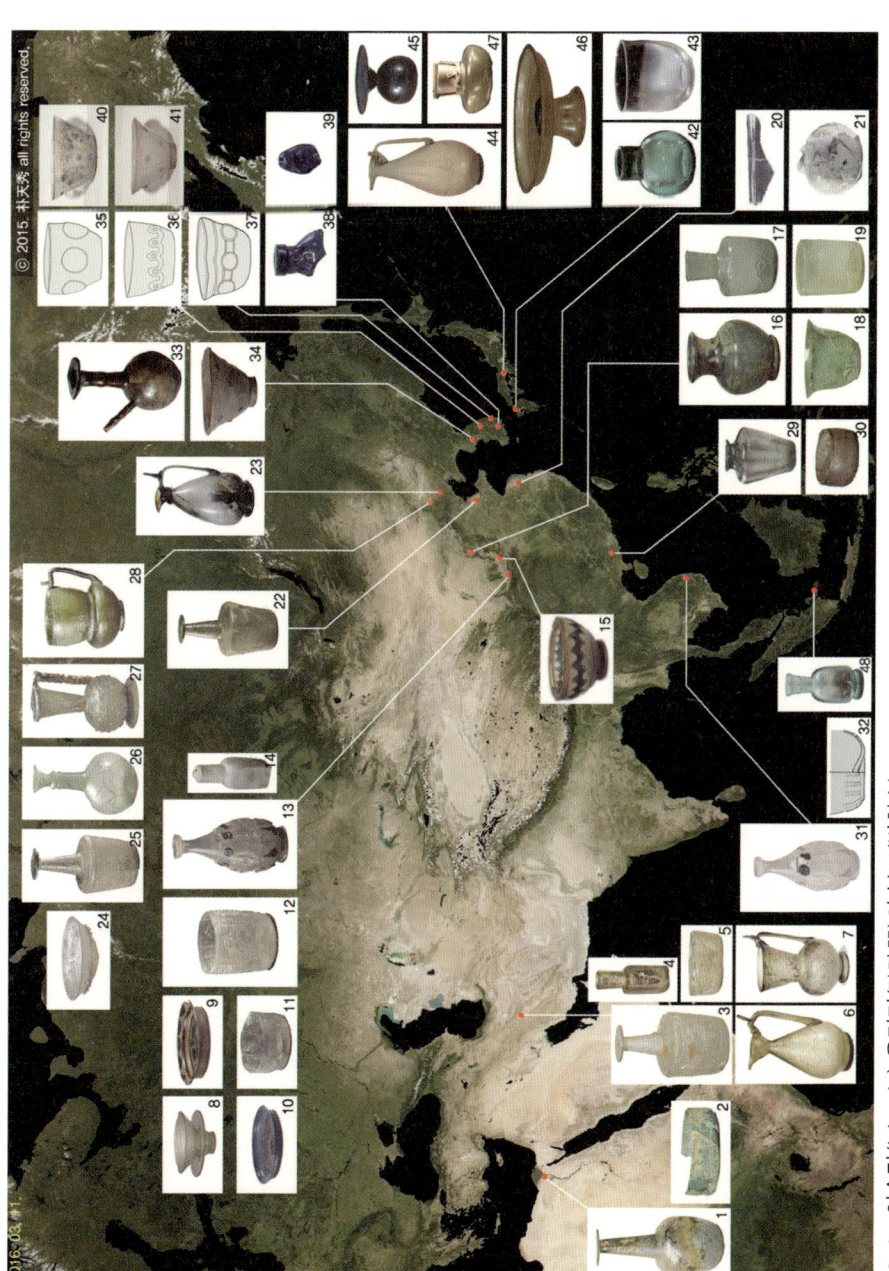

도 8-1 이슬람(Islamic) 유리기(琉璃器)의 분포 (박천수)

1, 2. Egypt Fustat 3~7. Iran 8~13. 中國 陝西省 寶鷄市 法門寺 14. 陝西省 西安市 鐵佛寺 15. 湖南省 常德市 南坪鄕 七里橋 16~20. 河北省 定州市 靜志寺 21. 河北省 天津市 獨樂寺 22. 遼寧省 朝陽市 北塔 23~27. 內蒙古自治區 奈曼旗 陳國公主墓 28. 廣東省 廣州市 南漢康陵 30. 廣東省 廣州市 南越 宮署址 33. Vietnam Cu Lao Cham 34, 35. 河北省 定白部 寺址 36, 37. 遼寧省 朝陽市 法庫寺址 智光國師塔 38. 廣州市 金支臺 39, 40. 韓國 陝州市 伯岩里寺址 41, 42. 崇實大學校博物館所藏品 43, 44. 福岡縣 沖儺能遺跡 45~46. 奈良縣 正倉院 47. 奈良縣 唐招提寺 48. Indonesia Belitung

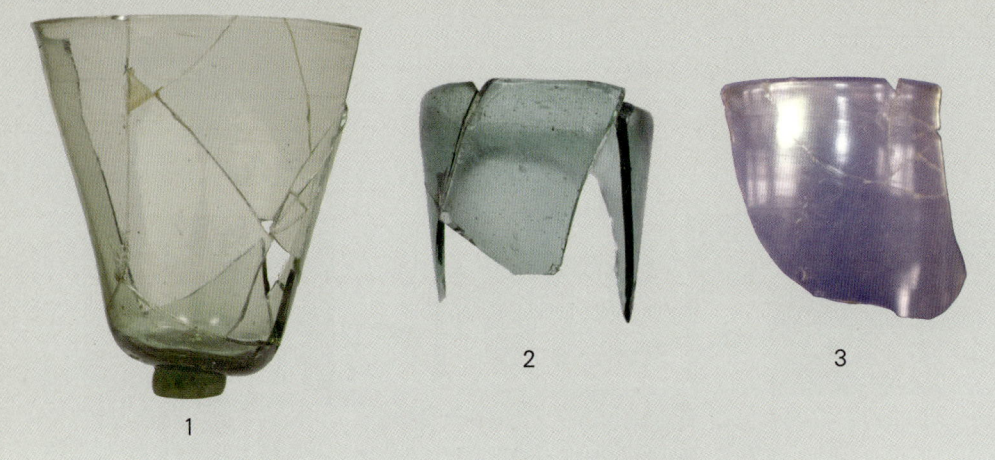

도8-2 경주시 안압지 출토품과 후쿠오카현(福岡縣) 코로칸(鴻臚館)유적 출토 이슬람유리
(1, 2. 코로칸 3. 안압지)(1, 2. 박천수)

하였음을 방증한다. 이슬람 유리기는 근래 경주시 사천왕사, 합천군 백암리 사지를 비롯하여 출토 예가 증가하고 있다. 통일신라말 고려초로 추정되는 구 오구라小倉 반출 도쿄박물관 보관 황해도 연백군 사지 출토 플라스크형주자注子와 반점문배斑點文杯는 이슬람 유리기이다. 국립중앙박물관과 숭실대학교박물관에도 유사품이 있는 점에서 상당수의 이슬람 유리기가 이 시기에도 이입된 것으로 본다. 이와 함께 이미 발굴된 자료가운데 이슬람 도기의 존재 가능성과 앞으로의 조사에 의한 출토도 기대된다.

그런데 이 시기의 도자기를 비롯한 중국산 문물과 이슬람 유리와 도기를 비롯한 서역산 문물에 대해 대부분의 일본 연구자들은 당을 통하여 직접 이입된 것으로 보고 있다. 그러나 이 유적에서는 신라 인화문토기가 이슬람 유리기·도기와 공반되는 것으로 보아 신라인의 활동에 의해 서역문물이 일본열도에 이입된 것을 알 수 있게 한다.

후쿠오카현 타타라코메다多々良込田유적은 후쿠오카시 히가시구東區 타테노츠多の津에 소재한다. 이 유적에서는 8세기 후반부터 10세기에 걸친 시기의 건물지가 확인되었다. 건물지는 규모가 크고 건물의 크기, 방향에서 규격성이 엿보인다.

이곳에서는 청록색 유리완이 이슬람도기, 신라 인화문토기와 함께 출토

도8-3 군위군 인각사 출토 월주요 자기

되었다. 유리 용기는 역시 코로칸과 같이 신라를 경유한 것으로 볼 수 있다. 이슬람 도기는 구연부에 가까운 부분으로 저장용기인 호로 추정된다.

그런데 코로칸유적, 타타라코메다유적에서 신라토기와 공반되는 출토 사례와 경주지역, 완도 청해진유적과 광양 마로산성 등 남해안일대에서 중국 도자기가 출토되는 사례로 볼 때 이러한 문물이 신라를 경유하였음을 알 수 있다(도8-3).

신라에 동남아시아, 아라비아해 주변 산물이 이입된 것을 알 수 있는 것은 경주시 불국사 석가탑 출토 유향乳香과『삼국사기』색복色服, 거기車騎조,『매신라물해買新羅物解』이다. 즉 신라에는 홍해연안에서 동남아시아에 걸친 원산지를 가진 유향乳香, 슬슬瑟瑟, 대모玳瑁, 공작미孔雀尾, 비취모翡翠毛, 자단紫檀, 침향沈香, 소방蘇芳, 가리늑阿莉勒, 훈륙薰陸, 정자丁字, 침향沈香, 필발華撥, 안식향安息香, 동황同黃, 용뇌향龍腦香, 백단향白檀香 등 다양한 물품이 이입되었다. 또한 나라현奈良縣 호류사法隆寺에는 소그드문자 등이 새겨진 백단향白檀香이 남아있고, 소쇼인에는 길이 156㎝에 달하는 침향沈香을 비롯하여 유향, 백단향 등이 신라금新羅琴, 신라묵新羅墨과 함께 현존하고 있어, 이러한 물품이 신라를 경유하여 이입된 것을 알 수 있다.

더욱이 9세기 중후반 당唐의 강남江南, 영남도嶺南道의 사정을 보여주는 이븐 쿠르다지마Ibn kuhrdadhibah의 『제도로諸道路 및 제왕국지諸王國誌』와 남송 보경 원년(1225) 조여괄趙汝适이 편찬한 『제번지諸蕃誌』의 신라 국조에는 신라의 대외교역품으로 마안馬鞍, 검劍, 동경銅鏡, 인삼人蔘, 송자松子, 사향麝香, 육계肉桂, 진자榛子, 석결명石決明, 송탑자宋塔子, 방풍防風, 백부자白附子, 복령茯笭, 초피貂皮 등이 보인다. 특히 이븐 쿠르다지마가 기술한 내용은 신라가 동남아시아, 아라비아해 주변 산물을 일방적으로 구입한 것이 아니고 신라산 물품뿐만 아니라 주변 산물을 이슬람 상인들에게 판매한 것을 알 수 있다.

이 시기는 신라 하대에 해당하며 종래 왕권 간의 교섭에 의한 교역이 쇠퇴하고 장보고로 대표되는 한, 중, 일 삼각무역에 종사한 신라의 해상세력을 통해 일본열도에 서역 문물이 이입된다.

장보고는 주지하는바와 같이 9세기 전반 신라인의 해외 진출과 국제 무역활동을 대표하는 인물이다. 그는 흥덕왕3년 완도에 청해진을 열고 이를 본영으로 한반도 서남해안에서 동아시아 해상으로 진출하여 당과의 국제 무역을 주도하고 일본과의 해상 무역을 장악하여 당, 신라, 일본을 연결하는 해상 무역망을 형성하였다.

장보고 선단의 이러한 활동은 일본의 구법승인 엔닌圓仁의 『입당구법순례기入唐求法巡禮記』와 『속일본후기續日本後記』 등을 통해 알 수 있다. 『입당구법순례기』권2 개성開成4년(839년) 6월 27일에 의하면 장대사의 교관선交關船 2척이 적산포赤山浦에 이르렀다는 기록이 있다. 28일조에는 장보고가 보낸 대당大唐 매물사賣物使인 최병마사崔兵馬使에 관한 기록도 보인다. 대당 매물사인 최병마사가 교관선 즉 무역선을 타고 당으로 들어온 것이다.

청해진에 거점을 형성한 장보고는 휘하의 매물사를 당에 파견하여 신라에서 가지고 간 물품을 판매하는 한편 현지의 재당 신라상인들의 무역망을 이용하여 아라비아, 동남아시아산, 희귀 사치품과 중국산 선진 문물을 구입하여 이를 신라와 일본에 판매하는 중개 무역을 실시하였다.

장보고선단은 당뿐만 아니라 일본과도 활발한 무역활동을 전개하였다. 회역사廻易使라는 이름으로 파견된 장보고의 무역 사절들이 가지고간 唐物당물은 인기가 있었다.

장보고 선단의 무역 활동은 『속일본후기』권9 죠와承和7년(840년)12월조에 나온다. 타자이부人宰府에 장보고가 방물을 가져오고, 같은 책 권10 죠와8년(841년) 2월 무진戊辰조에는 태정관太政官이 장보고가 작년12월 말안장 등을 진상했으나, 장보고는 남의 나라의 신하이므로 조공하는 것은 법규에 어긋난다고 하여 헌상품을 돌려주고, 적재한 화물은 민간인들과 무역하는 것을 허락하였다는 기사가 보인다.

『속일본후기』권11 죠와9년(842년) 정월 을사乙巳조 죠와9년 정월 초하루 신라인 이소정李少貞 등 40명이 치쿠시오츠筑紫大津에 도착하였다. 소정은 장보고가 죽고 그 부장 이창진 등이 반란을 일으켰으나 무진주의 염장閻丈이 군사를 일으켜 토벌하여 평정하였다고 전했다. 또 지난해 회역사 이충李忠, 양원揚圓 등이 가져온 화물은 곧 부하 관리와 죽은 장보고의 사람들에게 남겨진 것들이니 빨리 보내달라고 요청하였다.

장보고는 치쿠젠국수 훈야노미야다마로라는 무역 파트너와 밀접한 관계를 유지하고 있었다. 장보고 암살 직후 훈야노미야다마로는 그전 해에 장보고의 회역사인 이충, 양원 등이 가지고온 물품을 압수하였는데 그 이유는 자신이 당국 화물을 구입하기위해 이미 그 대금을 지불했기 때문이다.

장보고와의 무역을 통하여 축적한 부는 일본 지배층의 경제적인 기반이 되었다.

820년대 이후 장보고의 교관선이 일본에 나타나기 시작하자 타자이부를 비롯한 큐슈지역의 호족은 물론 헤이안 귀족들도 적극적으로 신라의 교관물을 구입하기 위해 타자이부로 몰려들었다.

장보고의 교관선에 의해 운반된 교관물은 타자이부를 통하여 교역되었는데 타자이부는 외국 상인과의 무역을 조사 감독하였다. 신라 상인들은 타자이부의 허가하에 민간과의 무역에 종사하였으며 그 동안 타자이부의 코로칸鴻臚館에 머물렀던 것이다.

장보고는 이상과 같이 완도의 청해진을 거점으로 교관선을 이용하여 당에는 대당 매물사를 파견하고 일본에는 회역사를 파견하여 동아시아 국제무역을 주도하였다(이유진 2015:30-33).

그런데 이 시기 신라인의 무역은 종래 왕경에 거주하였던 소그드인, 위구르인과 같은 서역인의 활동으로부터 일정 부분 영향을 받은 것으로 추정된다. 왜냐하면 중국 동해안에 연한 신라인 거주지 마치 소그드인의 무역 중계지에 보이는 집단 거주지를 방불케 하기 때문이다.

9세기 중엽 강회江淮지방을 여행한 엔닌圓仁의 『입당구법순례기』에는 많은 신라인 거주지가 기록되어 있다. 엔닌은 신라 거주민의 도움을 받아 구법 활동을 하였다. 귀국 후 천태종 3대 좌주로서 적산赤山 법화원에서 수행 중 불법연구의 수호신으로 자신의 주명신呪命神으로 받아들인 적산 신라명신을 모시기 위해 시가현滋賀縣 엔랴쿠사延曆寺에 적산궁을 건립하였다(도8-4).

신라인이 주로 거주한 곳은 산동山東반도, 항주만杭州灣 등이 꼽힌다. 신라인 거주지가 형성될 수 있었던 원인으로는 당나라의 개방적인 이민족 정책, 신라와 당나라의 지속적인 교류와 우호적 관계, 두 나라 사이의 지리적 접근성 등을 들 수 있다.

대표적인 것이 신라방新羅坊이다. 당나라 때 다양한 신라 사람들이 중국대륙으로 건너가 살았다. 주로 교역하던 상인들이 많았으나, 견당사遣唐使, 학문을 익히러 간 유학생, 불법을 배우러 간 구법승求法僧, 그리고 경제적 난민도 있었다. 본래 중국에서 방坊이란 성城 안에 구획된 거주지역을 일컫는 용어이다. 그러므로 신라방이란 신라인이 집단으로 거주하는 방을 가리킨다. 한편, 성 바깥에 형성된 신라인의 집단 거주지역은 흔히 신라촌新羅村으로 불리었다. 신라촌의 책임자도 신라인으로서 흔히 촌장村長으로 불리었으며, 여러개의 신라촌을 묶어 신라소新羅所라는 관청에서 통제했다고 한다.

신라방은 주로 바다 근처 도시에 설치되었기 때문에 그곳에 거주하는 신라인들은 주로 상업과 해운업을 생업으로 삼았다. 신라인의 해상활동이 활발해지면서 조선업과 선박수리업 등이 발달했으며, 당나라에 왕래하는 외국인을 대상으로 교통 편의를 제공하고 현지 사정을 알려주는 역어譯語와 통사通事가 있었다. 당나라의 관리가 된 신라인도 다수 확인된다.

신라방은 양주揚洲 북쪽의 연수현漣水縣에서 초주楚州, 온주溫州 북쪽의 황엄현黃嚴縣에 걸쳐 형성되었으며, 장강長江 하류의 국제 무역도시였던 양주, 명주明洲, 산동반도의 등주登州와 내주來州의 성내에도 존재한 것으로 보고 있다(권덕영 2005:61). 신라관은 등주, 신라원은 적산촌赤山村, 진장촌眞莊村, 천태산天臺山, 천주泉州 등에서 보이며, 신라소는 문등현 등에 보인다.

신라인 거주지인 신라방이 등주登州에서 천주泉州에 이르는 광역 관계망을 형성하게된 것은 해상 실크로드를 통한 무역 활동에 따른 것이다. 이와 같은 광역 관계망이 형성된 것은 좁은 신라만을 대상으로 것이 아니라 배후의 넓은 일본 시장을 배경으로 하였기 때문이다(도8-5).

9세기 후반 청해진의 폐절 이후 500년간의 신라와 일본과의 직접적인 교류는 종언終焉을 맞이한다.

도8-4 시가현(滋賀縣) 엔랴쿠사(延曆寺) 적산궁(박천수)

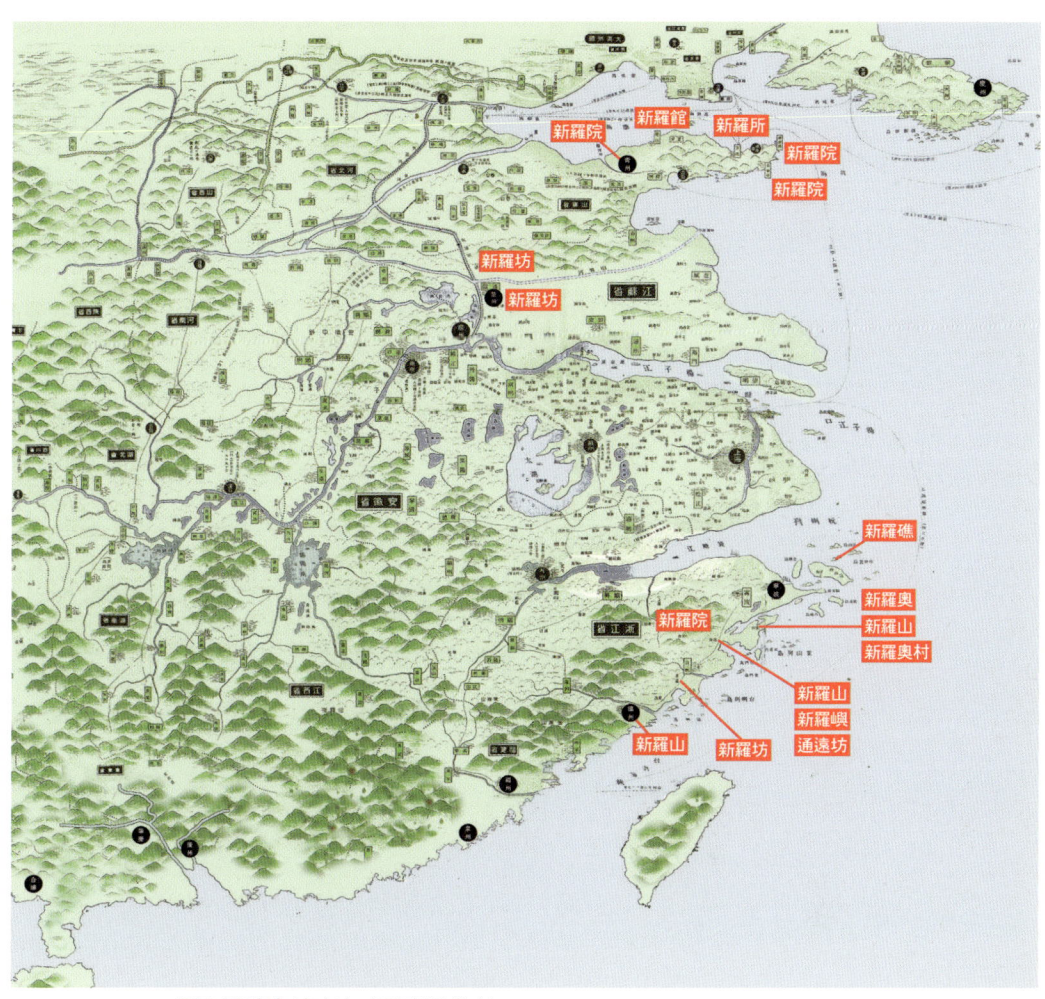

도8-5 중국 동해안 신라인 거주지(박천수)

토다이사東大寺, 쇼소인正倉院과 쇼무료聖武陵와 나호야마那富山묘

킨테츠近鐵 나라奈良역에서 버스로 10분 거리에 도달하는 토다이사는 나라시 죠시정雜司町에 있는 화엄종 대본산의 사원이다. 일본 전역에 건립된 60여 고쿠분지國分寺의 중심이 되는 총국분사의 위치에 해당된다. 8세기 초 쇼무聖武에 의해 건립되었으며, 나라의 대불이라고 알려져 있는 노사나불盧舍那佛을 본존으로 한다.

창건기의 가람은 남대문, 중문, 금당인 대불전, 강당이 남북으로 배치되었고, 남대문과 중문 사이에는 높이가 70m로 추정되는 칠층 목탑이 동서로 배치되었다.

서탑은 발굴 조사에 의해 한 변 23.8m의 정방형의 절석기단이 확인되었다. 탑은 중세 이후에 2번의 화재로 인해 대부분 소실되었다. 탑지는 대불전 앞 좌우에 잘남아 있으며, 동탑은 가가미이케鏡池의 옆, 서탑은 주차장옆에 있다. 양 탑지의 높은 기단은 예전 목탑의 위용을 알 수 있게 한다.

대불은 대좌臺座 등의 일부만 원래의 모습이 남아있고, 대불전도 에도江戶 시대인 18세기 초두에 재건된 것이다.

토다이사에는 야쿠시사와 같이 신라식의 쌍탑식 가람배치가 확인된다. 더욱이 백제계 이주민인 쿠니노키미마로國中公麻呂가 조불장관造佛長官으로 활

도8-6   나라현 토다이사(東大寺)(박천수)

도8-7   나라현 토다이사(東大寺) 카라쿠니(辛國)신사(박천수)

도8-8 나라현 토다이사(東大寺) 서탑지와 동탑지(박천수)

도8-9 나라현 쇼소인(正倉院)(박천수)

약하였으며, 대불전의 오른쪽에는 아직도 이주민과 관련된 카라쿠니辛國신사가 남아있어 흥미롭다(도8-8).

쇼소인은 토다이사 대불전의 북서쪽에 위치하며, 북창北倉, 중창中倉, 남창南倉으로 구성된 대형 고상창고이다(도8-10). 미술·공예·기록·생활 등 각 방면에 걸친 물품들이 소장되어 있는데, 8세기 나라시대를 중심으로 한 신라·당·페르시아·일본의 고대 문물이 소장되어 있다.

종래 쇼소인 소장품에 대해서는 신라먹墨, 신라금琴, 신라장적新羅帳籍, 화엄경華嚴經 등과 같은 일부의 확실한 신라제품을 제외하고는 대부분 견당사에 의해 장래된 것으로 보았다. 그러나 대구시 송림사 전탑 내 사리장엄구의 발견에 의해 쇼소인의 유리제품이 신라를 경유하였음이 확인되었고, 경주시 안압지 발굴에 의해 금동제 가위, 사하리佐波里 등이 신라산임이 밝혀졌다. 색전色氈, 화전花氈의 포기布記를 통한 문헌사학의 연구에 의해 모전毛氈제품도 신라에서 생산되거나 또는 경유하였음이 확인되었다(도8-11).

창녕군 말흘리사지 출토 병향로는 조안형 화로, 화형 대좌, 인동문 투창

도8-10 나라현 쇼소인(正倉院) 소장 신라산 문물

등이 쇼소인 남창南倉의 것과 유사하다. 금동제 화사는 수각이 붙은 것으로 유례가 쇼소인 중창에 보인다. 금동제 대부완의 수각도 쇼소인 소장품과 유사하다. 또한 군위군 인각사 출토 병향로도 사자형의 진좌에 합자는 상륜형의 손잡이를 가진 것으로 9세기의 것이나 쇼소인 소장품과 유사하다. 두 유적 출토 금속공예품은 이제까지 신라산이 분명한 사하리제품 뿐만 아니라 이제까지 중국산으로 보아온 쇼소인 금속공예품의 상당수가 신라산 임을 알 수 있게 한다.

도8-11   나라현 쇼무릉(聖武陵)고분(박천수)

뿐만 아니라 경주시 불국사 석가탑 출토 사리장엄구에 동반한 능직물綾織物은 문양이 실크로드상에서 출토된 직물과 쇼소인 소장품과 유사한 점에서 쇼소인 직물 가운데 신라를 경유한 것이 존재하는 것이 분명해 졌다.

따라서 토다이사와 쇼소인은 8세기 일본열도에 끼친 신라 문화를 상징하는 문화유산이라고 볼 수 있다.

쇼무료聖武陵와 나호야마那富山묘

쇼무료는 나라시 호렌정法蓮町 헤이조경의 동북쪽, 쇼소인 서쪽에 위치하며 고메이光明왕후릉이 그 동쪽에 있다. 쇼무는 재위기간이 724~749년으로 토다이사를 비롯하여 일본 전역에 고쿠분지國分寺를 건립하였다.

쇼무료는 나라분지가 조망되는 사호야마佐保山구릉의 남쪽에 입지하며 그 앞으로 사호야마가와佐保川가 흘려가고 있어, 전형적인 풍수사상에 의해

도8-12   나라현 나호야마묘(那富山墓)(박천수)

축조된 것으로 본다(도8-12).

분구는 원형이나 분정은 오각형이다. 카마쿠라시대의 기록에 따르면 매장 시설은 석실인 것으로 추정된다.

나호야마묘는 쇼무료의 배후 약 700m 떨어진 호렌정 나호야마의 남쪽 구릉정상부에 위치하고 있으며 쇼무의 왕자묘로 치정되고 있다. 타이코쿠가시바大黑ヶ芝고분으로도 불린다.

분구는 원형으로 지름 약 10m, 높이 약 1.5m이다. 이 고분에서는 분구둘레 4군데에 십이지十二支가 새겨진 입석立石이 확인되어 주목된다. 이 돌은 자연석으로 수두인신獸頭人身상이 선각으로 새겨져 있다. 서북쪽의 높이 80㎝의 상은 두상에「北」을 새긴 쥐子상, 서남쪽의 높이 50㎝의 상은 소丑상, 동북쪽의 높이 50㎝의 상은 판별이 어려우나 개戌상, 동남쪽의 높이 50㎝의 상은 두상에「東」을 새긴 토끼卯상으로 추정된다(도8-13).

이 석인상은 신라 왕릉에 보이는 십이지상의 영향에 의해 수립된 것으로 쇼무료에 보이는 풍수 사상과 함께 신라에서 도입된 것으로 보인다.

참고문헌
朴天秀, 2012,『일본속 고대 한국문화-近畿地方-』, 서울, 동북아역사재단.

신라와 일본 교류의 역사적 의의

지금까지 고고자료를 중심으로 문헌사료를 활용하여 5세기, 6세기 후반, 7세기 후반, 8세기, 9세기 전반 신라가 일본과의 교류의 주도권을 장악한 점을 밝혀 삼국시대의 고대 한일관계가 가야, 백제 일변도로 볼 수 없다는 점을 분명히 하여 고대 한일관계사를 새롭게 조명하였다.

특히 적대세력이었던 신라의 철정鐵鋌, 금동제장신구金銅製裝身具, 마구馬具 등이 가야와 백제지역과의 교섭이 어렵거나 단절된 시기와 양자兩者간 정치적인 교섭이 이루어지는 5세기 전반과 6세기 후반 일본열도에 집중 이입되며, 이시기 일본열도산 경옥제硬玉製 곡옥曲玉이 신라에 이입된 점에 주목하였다. 왜냐하면 일본열도산 경옥제 곡옥이 수천 점 이상 신라에 이입된 것은 일본연구자들이 주장하는 바와 같이 신라산 문물이 약탈과 침략에 의한 것이 아니라 양 지역 간 정치적인 교섭과 교역에 의해 이입된 것임을 웅변하기 때문이다. 그것은 일정한 기간 동안 지속적으로 신라산 철정과 금동제 장신구, 마구와 함께 신라를 경유한 서역산 유리제품이 일본열도 왕릉급 고분에 부장되고, 일본열도산 경옥제 곡옥이 신라 왕권의 표상인 금관에 장식되는 것에서도 알 수 있다.

5세기 전반 적대세력이었던 신라의 철정, 금동제 장신구, 마구 등과 함께 이입되고 이와 함께 나라현奈良縣 니이자와센즈카新澤千塚126호분과 오사카부大阪府 전傳 타이센大仙(전 닌토쿠릉仁德陵)고분 출토 로만글라스가 신라를 경유하여 이입된다. 이와 같이 신라 문물이 활발하게 이입되는 시기가 『광개토왕비』에 보이는 400년 전쟁 직후 종래 일본에 철소재를 공급해온 금관가야가 쇠퇴하는 정치적 상황이 적대적이었던 양국 간의 교섭이 본격화하는 계기가 된 것이다. 당시 왜가 필요로 하였던 철, 금 그리고 특히 서역 문물을 가진 가장 가까운 나라는 신라이었다. 이 시기 신라와 카와치河內왕조의 비약적인 발전은 양자의 교류가 가져온 산물이라고 하여도 과언이 아니다. 그리고 신라는 왜와의 교섭을 통하여 당시 신라를 압박하고 있던 고구려에 대한 견제하려는 의도가 추정된다. 왜냐하면 5세기 중엽 신라를 압박하던 고구려군이 철퇴撤退하는 시점이 신라와 왜의 교류가 돌연 소원疎遠해지는 것과 상호 연동되는 것으로 파악되기 때문이다.

6세기 후반 유명한 나라현 후지노키藤ノ木고분 출토품을 비롯한 신라산 금동제마구金銅製馬具가 집중 이입되고, 경주시 황룡사목탑지 출토품과 같은 일본열도산 경옥이 이입된다. 이 시기 백제와 왜의 관계가 555년 이래 일시적으로 단절되는 한편, 신라와 왜는 정식으로 국교를 맺는다. 이는 신라가 옛 가야지역인 남해안의 동반부를 차지하면서 백제와 왜의 교통이 어려워진 것과, 신라가 한강 하류역을 차지함으로써 왜와의 교섭에서 유리한 입지를 차지한 것에 기인한다. 그래서 왜가 백제로부터 전수받았던 선진문물을 신라로부터 받아들일 수밖에 없는 상황이 조성된 것이다. 또한 이 시기 일본열도에 돌연 이입되는 중국 북조北朝문물은 신라를 경유한 것으로 파악되기에 이러한 변화를 반영하는 것으로 볼 수 있다. 이와 함께 후쿠오카현福岡縣 오키노시마沖ノ島 출토 사산글라스는 신라 마구, 장신구와 함께 봉헌된 점에서 이 시기의 서역 문물이 신라를 경유한 것을 알 수 있다.

7세기 후반 쇼소인正倉院 소장 사산글라스인 원환문배圓環文杯는 대구시 송림사 전탑 출토품과 흡사한 점에서 이 시기 서역 문물이 신라를 경유한 것을 알 수 있다. 특히 668년 고구려 멸망부터 당唐과의 외교가 재개되는 701년까지 일본은 선진문물의 입수를 신라에 의존할 수밖에 없었으며, 한편 신라는 당과의 전쟁 가운데 후방의 안전을 도모할 필요가 있었던 것이다.

8세기 쇼소인의 화려한 서역 문물은 대부분 신라를 경유한 것으로 본다. 당시 신라와 일본과의 관계는 신라와 발해가 대립하는 가운데 후자의 대일對日외교 진출에 대한 신라의 견제를 배경으로 들 수 있다. 한편 일본은 신라문화의 도입과 신라를 통한 당唐 문물의 도입을 목적으로 한 것으로 볼 수 있다

9세기 전반 후쿠오카현 코로칸鴻臚館유적 출토 이슬람글라스, 이슬람도기는 경주에서 이슬람글라스가 출토되고 이 유적에서 신라 인화문토기가 공반하는 것에서 이 시기 서역 문물이 신라를 경유한 것을 알 수 있다. 이 시기 신라와 일본 간의 교역이 공무역에서 사무역으로 전환되며, 신라인에 의한 활발한 한, 중, 일 삼각무역이 행해진다. 종래 오직 신라와 일본의 무역과 관련하여 이 시기만이 주목하여왔으나 이는 이전 시기 신라인의 무역활동을 기반으로 한 것임을 고려할 필요성이 제기된다.

이제까지 쇼소인正倉院 소장품과 코로칸鴻臚館 출토품을 통하여 당唐과 서역西域의 선진 문물은 견당사遣唐使 또는 당과의 무역에 의해 장래된 것으로 보아왔다. 그러나 주지하듯이 당과 일본간에는 672년부터 701년까지 교섭이 단절되었으나, 한편 신라와 일본간에는 668년부터 최후의 신라사가 파견되는 779년까지 양국간에는 신라에서 47회, 일본에서 25회의 사절이 왕래하였다. 한편 견당사가 260년간 장안長安에 도달한 것은 13회에 불과하였다. 전원이 무사히 귀국한 것은 단지 1회에 불과하다. 더욱이 코로칸 출토 서역 및 당 문물에는 반드시 신라 문물이 동반하는 것에서 신라를 경유한 것을 알 수 있다. 앞으로 고고자료를 통한 청해진을 비롯한 남해안, 중국 동해안, 동남아시아, 일본 큐슈九州지방의 신라인의 무역 활동에 대한 연구의 필요성이 제기된다. 또한 신라와 서역과의 관계에 대한 심도있는 연구가 기대된다(도 9-1).

본 연구는 오키노시마沖の島 제사유적과 코로칸유적 등으로 볼 때 일본연구자의 견당사론에 대한 비판과 함께 신라 문화가 단순히 당의 문화를 전해준 중계자에 지나지 않는다는 일본 연구자들의 사관을 논박하는 계기가 된 것으로 판단된다.

도9-1 경주시 원성왕릉의 서역인상(박천수)

이제까지 고대 일본의 문명화를 견당사 편중사관으로 해석한 것은 근대 일본의 문명화가 서양문화와의 접촉에 의한 것을 고대에 투영한 것에 지나지 않는다(李成市 1997).

앞으로 고대 일본의 문명화에 지대한 영향을 미친 신라문화에 대한 정당한 평가를 통하여 고대 한일관계사의 새로운 조명이 기대된다.

나아가 종래 적대적, 지배·종속적 관계로 보아온 고대 한일관계에 대하여, 가장 적대적인 관계로 보아온 신라와 일본과의 관계가 역사적 사실이 아닌 것을 밝힘으로써, 고대 한반도와 일본열도의 관계를 재정립하고자 한다.

시가현滋賀縣 코마사카狛坂마애불

JR도카이도센쿠사츠역東海線草津역에서 테이산코난교통帝産湖南交通버스 콘제金勝선을 타고 30분 후 종점인 커뮤니티센터 콘제金勝에서 하차하여 콘제잔으로 등산하여 1시간이면 도달한다.

코마사카마애불은 릿토시栗東市 콘제잔金勝山 산속 계곡 오츠시大津市와의 경계에 가까운 지점에 있는 마애불이다. 마애불은 코마사카사狛板寺를 향하고 있으며 큰 화강암의 마애면에 조각된 삼존불이다. 높이 약 6m, 폭 3.6m의 벽면에 높이 3m, 얼굴너비 70㎝의 아미타여래좌상을 본존으로, 관음·세지勢至의 양 협시挾侍를 조각하고, 그 주위에 12체의 불상을 반육조로 새겼다. 중앙에 있는 아미타여래는 수미단須彌壇의 중앙에 앉아 있고, 양 옆의 불상은 연화좌 위에 서있다(도9-1).

조성 연대는 확실하지 않으나 이 유적에 인접하여 816년경에 콘제지金勝寺와 관련되어 창건된 코마사카사가 있어 그와 관련된 시기로 보는 설과, 그보다 앞선 나라奈良시대로 보는 설도 있다.

이주민인 콘제金勝씨족이 부근에 정착하였다고 전해지고, 본존의 얼굴과 형태 등이 통일신라 조각과 유사하여 신라의 영향을 엿볼 수 있다.

참고문헌

朴天秀, 2012, 『일본속 고대 한국문화-近畿地方-』, 서울, 동북아역사재단.

도9-2 시가현(滋賀縣) 고마사카(狛坂)마애불 원경과 석불(박천수)

참고문헌

1. 한일관계사 총론

김석형, 1966,『초기 조일 관계 연구』, 평양, 사회과학원출판사.
平野邦雄, 1969,『大和前代社會組織の研究』, 東京, 吉川弘文館.
上田正昭・井上秀雄(編), 1974,『古代の日本と朝鮮』, 東京, 學生社.
李進熙, 1977,『好太王碑と任那日本府』, 東京, 學生社.
坂元義種, 1978,『古代東アジアの日本と朝鮮』, 東京, 吉川弘文館.
金鉉球, 1985,『大和政權の對外關係研究』, 東京, 吉川弘文館.
鈴木靖民, 1985,『古代對外關係史の研究』, 東京, 吉川弘文館.
國史編纂委員會(編), 1986,『韓國史論16-古代韓日關係史-』, 果川, 國史編纂委員會.
山尾幸久, 1989,『古代の日朝關係』, 東京, 塙書房.
韓國精神文化研究院, 1990,『古代韓日文化交流研究』, 城南, 韓國精神文化研究院.
歷史學研究會(編)(山里澄江・손승철옮김), 1992,『한일관계사의 재조명』, 서울, 이론과 실천.
趙恒來・河宇鳳・孫承喆(編), 1994,『講座-韓日關係史』, 서울, 玄音社.
鄭孝雲, 1995,『古代韓日政治交渉史』, 서울, 學研文化社.
鈴木英夫, 1996,『古代の倭國と朝鮮諸國』, 東京, 青木書店.
李成市, 1997,『東アジアの王權と交易』, 東京, 青木書店.
高寬敏, 1997,『古代朝鮮諸國と倭國』, 東京, 雄山閣.
田中史生, 1997,『日本古代國家と渡来人』, 東京, 校倉書房.
延敏洙, 1998,『古代韓日關係史』, 서울, 혜안.
이진희・강재언(김익한・김동명옮김), 1998,『한일교류사-새로운 이웃나라관계를 구축하기 위하여』, 서울, 학고재.
森公章, 1998,『白村江以後-國家危機と東アジア外交』, 東京, 講談社.
吉田晶, 1998,『倭王權の時代』, 東京, 新日本出版社.
熊谷公男, 2001,『日本の歷史3-大王から天皇へ』, 東京, 講談社.

鈴木靖民(編), 2002, 『日本の時代史2倭國と東アジア』, 東京, 吉川弘文館.
한국고대사학회(編), 2002, 『韓國古代史研究-고대 한일 관계사의 새로운 조명-』27, 서울, 서경문화사.
延敏洙, 2003, 『古代韓日交流史』, 서울, 혜안.
木村誠, 2004, 『古代朝鮮の國家と社會』, 東京, 吉川弘文館.
武田幸男, 2005, 『古代を考える-日本と朝鮮-』, 東京, 吉川弘文館.
高田貫太, 2005, 『日本列島5, 6世紀 韓半島系 遺物로 본 韓日交涉』, (慶北大學校文學博士學位論文).大邱, 慶北大學校大學院.
한일관계사연구논집편찬위원회, 2005, 『한일관계사연구논집1-광개토대왕비와 한일관계-』, 서울, 景仁文化社.
한일관계사연구논집편찬위원회, 2005, 『한일관계사연구논집2-왜5왕 문제와 한일관계-』, 서울, 景仁文化社.
한일관계사연구논집편찬위원회, 2005, 『한일관계사연구논집1-임나 문제와 한일관계-』, 서울, 景仁文化社.
한일관계사학회(편), 2006, 『한일관계 2천년 보이는 역사, 보이지 않는 역사』고중세, 서울, 景仁文化社.
朴天秀, 2007, 『加耶と倭』, 東京, 講談社.
朴天秀, 2007, 『새로쓰는 고대한일교섭사』, 서울, 사회평론.
동북아역사재단(편), 2010, 『한일 역사쟁점 논집-전근대편-』, 서울, 동북아역사재단.
田中史生, 2009, 『越境の古代史』, 東京, 筑摩書房.
朴南守, 2011, 『한국고대의 동아시아 교역사』, 서울, 주류성.
鈴木靖民, 2011, 『日本の古代國家形成と東アジア』, 東京, 吉川弘文館.
朴天秀, 2011, 『일본속의 고대 한국 문화』, 서울, 진인진.
朴天秀, 2012, 『일본속 고대 한국문화-近畿地方-』, 서울, 동북아역사재단.
鈴木靖民, 2012, 『倭國史の展開と東アジア』, 東京, 岩波書店.
권덕영, 2012, 『신라의 바다 황해』, 서울, 일조각.
高田貫太, 2014, 『古墳時代日朝關係-新羅·百濟·大加耶と倭の交涉史』, 吉川弘文館.
朴天秀, 2014, 「新羅와 日本」, 『新羅考古學槪論』, 서울, 上서울, ZININZIN.
朴天秀, 2014, 「韓國から見た古墳時代像」, 『古墳時代研究9-21世紀の古墳時代像-』,

東京, 同成社.
井上主税, 2014, 『朝鮮半島の倭系遺物から見た日朝關係』, 東京, 學生社.
朴天秀, 2016, 「古代韓日交渉史の新たな展望と課題」, 『騎馬文化と古代9 イノベーション』, 東京, KADOKAWA.

2. 신라와 왜

旗田巍, 1973, 「三國史記新羅本紀にあらわれた倭」, 『日本の中の朝鮮文化』19號, 京都, 朝鮮文化社.
小田富士雄, 1987, 「日本出土品から見た日羅交渉」, 『朝鮮學報』第122輯, pp.1~31, 天理, 朝鮮學會.
申瀅植, 1990, 「新羅의 對日國關係史研究」, 『古代韓日文化交流研究』, pp.285~316, 城南, 韓國精神文化研究院.
有光敎一·斎藤忠·鈴木靖民·西谷正, 1990, 『古代新羅と日本』, 東京, 學生社.
金鉉球, 1994, 「新羅와 日本-大化改新과 新羅·日本·唐 三國간의 협력체제의 성립-」, 『講座-韓日關係史』, pp.96-108, 서울, 玄音社.
金恩淑, 1994, 「6世紀 後半 新羅와 倭國의 國交成立過程」, 『新羅文化財學術發表會論文集』第15輯, pp.179~223, 慶州, 新羅文化宣揚會.
高田貫太, 2003, 「5, 6世紀 洛東江以東地域과 日本列島의 交涉에 관한 豫察」, 『考古學報』50, pp.97~120, 大邱, 한국고고학회.
高田貫太, 2004, 「5, 6世紀日本列島と洛東江以東地域の地域間交渉」, 『文化の多樣性と比較考古學(考古學硏究會50周年記念論文集)』, pp.39~48, 岡山, 考古學硏究會.
東潮, 2005, 「三國新羅の考古學と倭」, 『古代を考える-日本と朝鮮-』, pp.149~171, 東京, 吉川弘文館.
朴天秀, 2009, 「考古學을 통해 본 新羅와 倭」, 『湖西考古學』, pp.164~197, 조치원, 호서고고학회.
高田貫太, 2012, 「日本出土の朝鮮半島系資料からみた新羅と倭」, 『신라와 왜의 교

類』, 대구, 경북대학교박물관·日本國立歷史民俗博物館.
上野祥史, 2012, 「東アジアからみた新羅と倭」, 『신라와 왜의 교류』, 대구, 경북대학교박물관·日本國立歷史民俗博物館.
仁藤敦史, 2012, 「五六世紀の倭と新羅の交渉」, 『신라와 왜의 교류』, 대구, 경북대학교박물관·日本國立歷史民俗博物館.
廣瀨憲雄, 2015, 『古代日本の外交史-東部ユラーシアの視点から読み直す-』, 東京, 講談社.

3. 통일신라와 일본

鈴木靖民, 1997, 「平城京の新羅文化と新羅人」, 『朝鮮社會の史的展開と東アジア』, 東京, 山川出版社.
勉誠出版, 2001, 『アジア遊學26 九世紀の東アジアと交流』, 東京, 勉誠出版.
李成市, 2005, 「統一新羅と日本」, 『古代を考える-日本と朝鮮-』, pp.202~221, 東京, 吉川弘文館.
永正美嘉, 2005, 「新羅의 對日香藥貿易」, 『韓國史論』51, pp.7~83, 서울, 서울대학교 국사학과.
亀田修一, 2005, 「統一新羅の考古學と倭」, 『古代を考える-日本と朝鮮-』, pp.222~249, 東京, 吉川弘文館.
윤재운, 2006, 『한국 고대무역사 연구』, 서울, 景仁文化社.
연민수, 2010, 「統一新羅의 對日關係」, 『한일 역사쟁점 논집-전근대편-』, 서울, 동북아역사재단.
송완범, 2010, 「덴표(天平)문화와 신라」, 『한일 역사쟁점 논집-전근대편-』, 서울, 동북아역사재단.
박남수, 2011, 『한국 고대의 동아시아 교역사』, 서울, 주류성.
이기동·연민수(외), 2011, 『8세기 동아시아 역사상』, 서울, 동북아역사재단.
朴天秀, 2011, 「海を渡った古代のもの, 人, 文化-3-8世紀における韓日交流の変遷とその歷史的な意義-」, 『海の古墳を考えるⅠ-群集墳と海人集團-』,

pp.67~88, 北九州, 海の古墳を考える會.
권덕영, 2012, 『신라의 바다 황해』, 서울, 일조각.
朴天秀, 2012, 「신라와 일본-교류와 갈등의 500년-」, 『신라와 왜의 교류』, 대구, 경북대학교박물관·日本國立歷史民俗博物館.
이유진, 2015, 「동아시아 해양 실크로드와 장보고선단」, 『향토와 문화73-문명의 교류2 동아시아 해상 실크로드-』, 대구, 대구은행.

4. 이주민

井上滿郎, 1987, 『渡來人-日本古代と朝鮮-』, 東京, リブロポート.
花田勝廣, 1989, 『古代鐵生産と渡來人』, 東京, 雄山閣.
和田萃, 1991, 「渡來人と日本文化」, 『岩波講座日本通史』, 第3卷, pp.233~282, 東京, 岩波書店.
花田勝廣, 1993, 「渡來人の集落と墓域」, 『考古學研究』, 第39號第4號, pp.69~96, 岡山, 考古學研究會.
龜田修一, 1993, 「考古學から見た渡來人」, 『古文化談叢』30(中), pp.747~778, 北九州, 九州古文化研究會.
田中史生, 1997, 『日本古代國家と渡來人』, 東京, 校倉書房.
大和岩雄, 2002, 『秦氏の研究』, 大和書房.
大橋信弥, 2004, 『古代豪族と渡來人』, 東京, 吉川弘文館.
花田勝廣, 2004, 「韓鍛冶と渡來工人集團」, 『國立歷史民俗博物館研究報告』第110集, pp.55~71, 佐倉, 國立歷史民俗博物館.
朴天秀, 2005, 「三國·古墳時代の日本列島と韓半島における渡來人」, 『九州における渡來人の受容と展開』, (第8回九州前方後圓墳研究會), 久留米, 九州前方後圓墳研究會.
田中史生, 2005, 『倭國と渡來人』, 東京, 吉川弘文館.

5. 토기

1) 고신라토기

大谷女子大學資料館(編), 1989, 『陶質土器の國際交流』, 東京, 柏書房.

定森秀夫, 1994, 「陶質土器からみた近畿と朝鮮」, 『ヤマト王權と交流の諸相』, pp.77~110, 東京, 名著出版.

定森秀夫, 1993, 「日本出土の陶質土器-新羅系陶質土器を中心に-」, 『MUSEUM』 No.503, pp.16~24, 東京, 東京國立博物館.

白井克也, 2000, 「日本出土の朝鮮産土器・陶器-新石器時代から統一新羅時代まで-」, 『日本出土の舶載陶磁-朝鮮・渤海・ベトナム・タイ・イスラム-』, pp.90~120, 東京, 東京國立博物館.

酒井清治, 2002, 『古代関東の須恵器と瓦』, 東京, 同成社

남익희, 2014, 「고신라 토기」, 『新羅考古學槪論』下, 서울, ZININZIN.

2) 인화문 토기

江浦洋, 1987, 「日本出土の統一新羅系土器とその諸問題1」, 『太井遺蹟(その2)調査の概要』, pp.113~122 大阪, 財團法人大阪文化財センター.

江浦洋, 1988, 「日本出土の統一新羅系土器とその背景」, 『考古學雜誌』第74卷第2號, pp.52~88, 東京, 日本考古學會.

宮崎光明・江浦洋, 1989, 「日本出土の統一新羅系土器「盒」」, 『韓式土器研究』Ⅱ, pp.45~52, 大阪, 韓式土器研究會.

伊藤純 1991, 「スタンプのある土器三例」, 『葦火』第34號, p8, 大阪, 大阪市文化財協會.

村瀬勝樹, 1991, 「天理市櫟本町長林新池表採の統一新羅系陶質土器」, 『韓式土器研究』Ⅲ, pp.151~156, 大阪, 韓式土器研究會.

江浦洋, 1994, 「海を渡った新羅土器-土器からみた古代日羅交流の考古學的な研究」, 『大和王權と交流の諸相』, 東京, 名著出版.

定森秀夫, 1999, 「陶質土器からみた東日本と朝鮮」, 『青丘學術論集』15, pp7~93, 東京, 財團法人韓國文化振興財團.

千田剛道, 2003, 「日本出土の百濟・新羅綠釉」, 『奈良文化財研究所紀要2003』,

pp.50~51, 奈良, 奈良文化財研究所.
重見泰, 2005, 「7-世紀新羅土器研究の課題と大和出土資料の檢討」, 『研究紀要』第10集, 奈良, 由良大和古代文化研究會.
홍보식, 2004, 「日本 出土 新羅토기와 羅日交涉」, 『韓國上古史學報』제46호, 춘천, 韓國上古史學會.
江浦洋, 2007, 「難波津と新羅土器」, 『發掘された大阪2007-水都大阪の國際交流史-』, 大阪, 大阪府立近つ飛鳥博物館.
重見泰, 2007, 「奈良縣における百濟土器と新羅土器」, 『發掘された大阪2007-水都大阪の國際交流史-』, 大阪, 大阪府立近つ飛鳥博物館.
重見泰, 2012, 『新羅土器からみた日本古代の國家形成』, 東京, 學生社.
윤상덕, 2014, 「인화문 토기」, 『新羅考古學槪論』下, 서울, ZININZIN.

6. 장신구

野上丈助, 1982, 「日本出土垂飾付耳飾」, 『藤澤一夫先生古稀記念古文化論叢』, 大阪, 藤澤一夫先生古稀記念論叢刊行委員會.
早乙女雅博, 1990, 「今來の技術と工藝-政治的な裝身具-」, 『古代史復元7-古墳時代の工藝』, pp.129~140, 東京, 講談社.
石本淳子, 1990, 「日韓の垂飾付耳飾についての一考察―古墳時代の日韓關係考察のために―」, 『播磨考古學論叢』, 精文舍.
毛利光俊彦, 1995, 「日本古代の冠」, 『文化財論叢』2, pp.65~129, 奈良, 奈良文化財研究所.
高田貫太, 1998, 「垂飾付耳飾をめぐる地域間交涉」, 『古文化談叢』41, pp.55~76, 北九州, 九州古文化研究會.
橋本達也, 2005, 「稻童21號墳出土の眉庇付冑」, 『稻童古墳群-福岡縣行橋市稻童所在の稻童古墳群調查報告』, (行橋市文化財調查報告書第32集), 行橋, 行橋市教育委員會.
이한상, 2014, 「신라의 장신구」, 『新羅考古學槪論』下, 서울, ZININZIN.

7. 철기

東潮, 1987, 「鐵鋌の基礎的硏究」, 『考古學論攷』第12冊, pp.69~167, 橿原, 橿原考古學硏究所.
古瀨淸秀, 1991, 「4農工具」, 『古墳時代の硏究8古墳Ⅱ副葬品』, pp.71~91, 東京, 雄山閣.
千賀久·村上恭通, 2003, 『考古資料大觀7-弥生·古墳時代鉄·金銅製品-』, 東京, 小學館.
東潮, 1999, 『古代東アジアの鉄と倭』, 廣島, 溪水社.
村上恭通, 1999, 『倭人と鉄の考古學』, 東京, 靑木書店.
千賀久·村上恭通, 2003, 『考古資料大觀7-弥生·古墳時代-鉄·金銅製品-』, 東京, 小學館.
신동조, 2014, 「신라의 농공구」, 『新羅考古學槪論』下, 서울, ZININZIN.
신동조, 2014, 「신라의 철생산」, 『新羅考古學槪論』下, 서울, ZININZIN.

8. 무기

町田章, 1976, 「環頭の系譜」, 『奈良文化財硏究所學報』28, 奈良, 奈良文化財硏究所.
穴沢咊光·馬目順一, 1976, 「龍鳳文環頭大刀試論」, 『百濟硏究』7, 大田, 忠南大學校百濟硏究所.
新納泉, 1982, 「單龍·單鳳環頭大刀の編年」, 『史林』65-4, 京都, 史學硏究會.
穴澤咊光·馬目順一, 1984, 「三國時代の環頭大刀」, 『考古學ジャーナル』236, 東京, ニュ·サイエンス社.
新納泉, 1991, 「1武器」, 『古墳時代の硏究8古墳Ⅱ-副葬品-』, pp.25-39, 東京, 雄山閣.
高田貫太, 1994, 「古墳副葬鐵鏃の性格」, 『考古學硏究』第45券第1號, 岡山, 考古學硏究會.
朴天秀, 1999, 「裝飾鐵鏃の性格とその地域性」, 『國家形成期の考古學』, pp.457~470, 大阪, 大阪大學文學部考古學硏究室.
鈴木一有, 2003, 「中期古墳における副葬鏃の特質」, 『帝京大學山梨文化財硏究所硏究報告第11集-特集古墳時代中期の諸樣相-』, pp.49~70, 山梨, 帝京大學山梨文化財硏究所.

水野敏典, 2003,「古墳時代中期における日韓鉄鏃の一様相」,『帝京大學山梨文化財研究所研究報告第11集-特集古墳時代中期の諸様相-』, pp.71~80, 山梨, 帝京大學山梨文化財研究所.
鈴木勉·河內國平, 2006,『復元七支刀』, 東京, 雄山閣.
우병철, 2014,「신라의 무기」,『新羅考古學槪論』下, 서울, ZININZIN.

9. 무구

末永雅雄, 1944,『日本上代の甲冑』, 大阪, 創元社.
早乙女雅博, 1987,「古代東アジアの盛矢具」,『東京國立博物館紀要』第23號, pp.111~242, 東京, 東京國立博物館.
田中新史, 1988,「古墳出土の胡籙·靫金具」,『井上コレクション彌生·古墳時代時代資料圖錄』, 東京, 言叢社.
野上丈助, 1991,『論集武具』, 東京, 學生社.
田中晋作, 1991,「2武具」,『古墳時代の研究8古墳Ⅱ-副葬品-』, pp.39~55, 東京, 雄山閣.
內山敏行, 1992,「古墳時代後期の朝鮮半島系冑」,『研究紀要』1, 栃木, 財團法人栃木縣文化振興事業團.
神谷正弘, 2000,「日本·韓國·中國出土の馬冑·馬甲について」,『古代武器研究』vol.1, pp.10~15, 彦根, 古代武器研究會·滋賀縣立大學考古學研究室.
內山敏行, 2001,「古墳時代後期の朝鮮半島系冑(2)」,『研究紀要』第9號-埋藏文化財センター創立10周年記念論集-, pp.175~186, 栃木, 財團法人とちぎ生涯學習文化財團埋藏文化財センター.
金井塚良一, 2002,「海を渡った馬冑-紀伊の古代氏族, 紀氏と伽耶-」,『三國時代研究2悠山姜仁求敎授停年紀念論集』, (淸溪古代學硏究會學術叢書2), pp.31~99, 서울, 學硏文化社.
宋桂鉉, 2004,「加耶古墳の甲冑の変化と韓日関係」,『國立歷史民俗博物館硏究報告』第110集, pp.187~224, 佐倉, 國立歷史民俗博物館.

김혁중, 2014, 「신라의 갑주」, 『新羅考古學槪論』下, 서울, ZININZIN.

10. 말과 마구

1) 말

森浩一(編), 1974, 『馬』, 東京, 社會思想史.

松井章, 1991, 「家畜と牧-馬の生産」, 『古墳時代の研究4-生産と流通』, pp.33~34, 東京, 雄山閣.

桃崎祐輔, 1993, 「古墳に伴う牛馬供儀の檢討-日本列島朝鮮半島中國東北地方の事例を比較して-」, 『古文化談叢』第31集, pp.1~141, 北九州, 九州古文化硏究會.

末崎真澄(編), 1996, 『馬と人間の歷史』, 東京, 馬事文化財團.

寢屋川市敎育委員會, 1998, 『歷史シンポジウム-わが國最古の牧-』, 寢屋川, 寢屋川市敎育委員會.

東大阪鄕土博物館, 2002, 『うまかいのさと』, 東大阪, 東大阪鄕土博物館.

右島和夫, 2003, 「上野地域における方墳の系譜と馬-岩下淸水古墳群をめぐって-」, 『古墳時代東國における渡来系文化の受容と展開』, pp.88~103, 神奈川, 專修大學文學部.

山上弘, 2004, 「馬飼の里が見つかった?」, 『今来才伎古墳·飛鳥の渡来人』, pp.74~75, 大阪, 大阪府近つ飛鳥博物館.

2) 마구

小野山節, 1966, 「日本發見の初期の馬具」, 『考古學雜誌』第52卷第1號, pp.1~10, 東京, 日本考古學會.

黎瑤渤, 1973, 「遼寧省北票縣西官營子北燕馮素弗墓」, 『文物』1973-3, 北京, 文物出版社.

薰高, 1981, 「朝陽地區出土鮮卑馬具的初步硏究」, 『遼寧省考古·博物館學會成立大會會刊』.

千賀久, 1988, 「日本出土初期馬具の系譜」, 『橿原考古學研究所論集』第9, pp.17~67, 東京, 吉川弘文館.

中村潤子, 1991, 「騎馬民族說の考古學」, 『考古學その見方と解釋』, 東京, 筑摩書房.
千賀久, 1991, 「3馬具」, 『古墳時代の研究8古墳Ⅱ-副葬品-』, pp.55~70, 東京, 雄山閣.
千賀久, 1994, 「日本出土初期馬具の系譜」, 『橿原考古學研究論集』12, 吉川弘文館.
孫國平·李智, 1994, 「遼寧北票倉糧窯鮮卑墓」, 『文物』1994-11, 文物出版社
桃崎祐輔, 1999, 「日本列島における騎馬文化の受容と拡散-殺馬儀礼と初期馬具の拡散にみる慕容鮮卑·朝鮮三國伽耶の影響」, 『渡来文化の受容と展開-5世紀における政治的社會的変化の具体相(2)-』, (第46回埋蔵文化財研究集會), pp.373~420, 大阪, 埋蔵文化財研究會.
中村潤子, 1999, 「日本の初期馬具文化の源流について-遼西發見の馬具特に鞍金具に関連して-」, 『文化學年報』第48輯, pp.155~171, 京都, 同志社大學文化學會.
桃崎祐輔, 2002, 「斑鳩藤ノ木古墳出土馬具の再檢討-3セットの馬装が語る6世紀松の政争と國際関係-」, 『古代の風』特別號2, pp.31~99, 埼玉, 市民の古代研究會·関東.
千賀久, 2003, 「日本出土新羅系馬装具の系譜」, 『東アジアと日本の考古學Ⅲ-交流と交易-』, pp.101~127, 東京, 同成社.
桃崎祐輔, 2004, 「倭の出土馬具からみた國際環境-朝鮮三國伽耶·慕容鮮卑三燕との交渉関係-」, 『加耶, 그리고 倭와 北方』, pp.97~143, 金海, 金海市.
岡安光彦, 2004, 「古墳時代中期の馬具と馬匹-生産と流通-」, 『日本考古學協會第70回總會發表要旨』, 日本考古學協會.
內山敏行, 2005, 「第4章考察 第1節 中八幡古墳出土馬具をめぐる諸問題」, 『中八幡古墳資料調査調査報告書』, 池田, 池田町教育委員會.
遼寧省文物考古研究所·朝陽市博物館·北票市文物管理所, 2004, 「遼寧北票喇嘛洞墓地1998年發掘報告」, 『考古學報』2004-2, 考古雜誌社.
李炫妷, 2007, 「신라고분 출토 안교손잡이 시론」, 『嶺南考古學』41, pp5~43, 釜山, 嶺南考古學會.
李炫妷, 2009, 『嶺南地方 三國時代 三繫裝飾具 硏究』, 대구, 慶北大學校 考古人類學科 碩士學位論文.
李炫妷, 2012, 「馬具를 통해 본 新羅와 倭의 交流-'新羅 馬具'란 무엇인가?-」, 『新羅

와 倭의 交流』, 대구, 북대학교박물관·일본 국립역사민속박물관 공동주
최 국제학술대회.
張允禎, 2012, 『古代馬具からみた韓半島と日本列島』, 東京, 同成社.
諫早直人, 2012a, 『東北アジアにおける騎馬文化の考古學的研究』, 雄山閣.
諫早直人, 2012b, 「3.九州出土の馬具と朝鮮半島」, 『沖の島祭祀と九州諸勢力の對外
交渉』, 第15回 九州前方後圓墳研究會 北九州大會發表要旨, 資料集.
柳昌煥, 2013, 「三燕·高句麗 馬具와 三國時代 馬具」, 『日韓交涉の考古學-古墳時代』,
부산, 日韓交涉の考古學-古墳時代-연구회.
沈載龍, 2013a, 「中國系遺物로 본 金官加耶와 中國 東北地方-大成洞古墳群 출토 金
銅, 銅製品을 중심으로-」, 『中國 東北地域과 韓半島 南部의 交流』, 제22
회 영남고고학회 학술발표회, 영남고고학회.
沈載龍, 2013b, 「金海市 大成洞 88號墳과 91號墳의 性格」, 『日韓交涉の考古學-古
墳時代』, 부산, 日韓交涉の考古學-古墳時代-연구회.
李尙律, 2013, 「新羅·加耶馬具가 提起하는 問題와 日本馬具」, 『日韓交涉の考古學-
古墳時代』, 부산, 日韓交涉の考古學-古墳時代-연구회.
이현정, 2014, 「신라의 마구」, 『新羅考古學槪論』下, 서울, ZININZIN.

11. 금속제품

毛利光俊彦, 1991, 「10青銅製容器·ガラス容器」, 『古墳時代の研究8 古墳Ⅱ-副葬品-』,
pp189~205, 東京, 雄山閣.
毛利光俊彦, 2005, 「古代東アジアの金屬製容器Ⅱ」, (奈良文化財研究所資料第71冊)
奈良, 奈良文化財研究所.

1) 울두

滝瀬芳之, 1994, 「熨斗(ひのし)について『和光市花ノ木·向原·杮ノ木坂·丸山臺』, 埼
玉, (財)埼玉縣埋藏文化財調査事業團.
江介也, 1999, 「古代東アジアの熨斗」, 『文化學年報』第48輯, pp.173~196, 京都, 同志

社大學文化學會.

2) 동완

小田富士雄, 1975, 「日本の古墳出土の銅椀について」, 『百濟研究』第6輯, pp.199~220, 大田, 忠南大學校百濟研究所.
毛利光俊彦, 1978, 「古墳出土の銅椀の系譜」, 『考古學雜誌』64-1, pp.1~27, 東京, 日本考古學會.
桃崎祐輔, 2000, 「風返稻荷山古墳出土銅椀の檢討」, 『風返稻荷山古墳』, pp.121~134, 霞ヶ浦, 霞ヶ浦敎育委員會·日本大學考古學會.
毛利光俊彦, 2004, 『古代東アジアの金属容器Ⅰ(中國)』, (奈良文化財研究所史料第68冊)奈良, 奈良文化財研究所.
毛利光俊彦, 2005, 『古代東アジアの金属容器Ⅱ(朝鮮·日本)』, (奈良文化財研究所史料第71冊)奈良, 奈良文化財研究所.

12. 기와

龜田修一, 2006, 『日韓古代瓦の研究』, 東京, 吉川弘文館.
高田貫太, 2011, 「瓦からみた7世紀の日羅関係」, 『慶北大學校考古人類學科30周年紀念考古學論叢』50, pp.1229~1257, 大邱, 紀念論叢刊行委員會.
山崎信二, 2011, 『古代造瓦史-東アジアと日本-』, 東京, 雄山閣.
이인숙·전은희, 2014, 「신라의 기와」, 『新羅考古學槪論』下, 서울, ZININZIN.

13. 유리

後藤修一, 1929, 「上古時代のガラス」, 『考古學雜誌』27-12, 東京, 日本考古學會.
毛利光俊彦, 1991, 「10靑銅製容器·ガラス容器」, 『古墳時代の硏究8古墳Ⅱ副葬品』, pp189~205, 東京, 雄山閣.

由水常雄(編), 1992, 『世界ガラス美術全集 第1卷 古代·中世』, 東京, 求龍堂.
由水常雄(編), 1992, 『世界ガラス美術全集 第4卷 中國·朝鮮』, 東京, 求龍堂.
由水常雄(編), 1992, 『世界ガラス美術全集 第5卷 日本』, 求龍堂.
李仁淑, 1993, 『한국의 古代유리』, 서울, 創文.
谷一尚, 1999, 『ものが語る歷史シリーズ2ガラスの考古學』, 東京, 同成社.
眞道洋子, 2000, 「9-10世紀におけるガラスの東西交流―ベトナム, クーラオチャム 出土イスラーム·ガラス―」, 『考古學ジャーナル―考古學から見た海のシルクロードとベトナム―』464, 東京, ニュ·サイエンス社.
由水常雄, 2001, 『ローマ文化王國-新羅』, 東京, 新潮社.
管谷文則, 2008, 「新羅慶州出土のガラス容器小考」, 『古代學研究』180, 古代學研究會.
安永周平, 2008, 「裝飾付ガラス玉研究序論」, 『橿原考古學研究所論集』第15, pp327~346, 奈良, 橿原考古學研究所.
古寺智津子, 2012, 『ガラスが語る古代東アジア』, 東京, 同成社.
박천수, 2013, 「일본열도 출토 서역계 문물로 본 신라와 일본」, 『新羅史學報』28, 과천, 新羅史學會.
이인숙, 2014, 「신라의 서역 문물」, 『新羅考古學槪論』上, 서울, ZININZIN.
加藤九祚·由水常雄·朴天秀(외), 2014, 『실크로드와 신라-新羅 琉璃의 길-』上, 대구, 경북대학교박물관·경주세계문화엑스포.

14. 무역 도자기

亀井明德, 1986, 『日本貿易陶磁史の研究』, 京都, 同棚舍.
三上次男, 1986, 『日本貿易陶磁史の研究』, 東京, 中央公論出版.
亀井明德, 1991, 「鴻臚館貿易」, 『新版古代の日本3九州·沖繩』, 東京, 角川書店.
亀井明德, 1992, 「唐代陶磁貿易の展開と商人」, 『アジアのなかの日本史Ⅲ海上の道』, 東京, 東京大學出版會.
橿原考古學研究所附屬博物館(編), 1993, 『貿易陶磁-奈良·平安中國陶磁-』, 京都, 臨川書店.
弓場紀知, 2006, 「壹岐雙六古墳出土の白釉綠彩圓文碗-その年代と中國陶瓷史上の位

置づけ-」,『雙六古墳』1, 長崎, 長崎縣壹岐市敎育委員會.
出川哲朗・弓場紀知・中ノ堂一信(編), 2012,『アジア陶芸史』, 東京, 昭和堂.
한성욱, 2014, 「신라의 자기 문화」,『新羅考古學槪論』上, 서울, ZININZIN.
亀井明德, 2014,『中國陶磁史の硏究』, 東京, 六一書房.

15. 직물
安宝蓮, 2011, 「韓日における古代都城の高級織物の生産と使用―服飾制度成立期を
    中心に―」,『日韓文化財論集』1, 奈良, 奈良文化財硏究所.

16. 정창원

宮內廳事務所, 1994-1997,『正倉院寶物』1-Ⅳ, 東京, 每日新聞社.
최재석, 1996,『正倉院 소장품과 統一新羅』, 서울, 一志社.
東野治之, 1988,『正倉院』, 東京, 岩波書店.
東野治之, 1992,『遣唐使と正倉院』, 東京, 岩波書店.
杉本一樹, 2008,『正倉院』, 東京, 中央公論社.
安宝蓮, 2011, 「韓日における古代都城の高級織物の生産と使用―服飾制度成立期を
    中心に―」,『日韓文化財論集』1, 奈良, 奈良文化財硏究所.

17. 묘제

森下浩行, 1986, 「日本における横穴式石室の出現とその系譜」,『古代學硏究』111, 大
    阪, 古代學硏究會.
網干善敎, 1986,『古墳と古代史』, 東京, 學生社.
河上邦彦, 1989, 「終末期古墳の立地と風水思想」,『堅田先生古稀記念論文集』, 京都,
    眞陽社.
柳澤一男, 1993, 「横穴式石室の導入と系譜」,『季刊考古學45 - 横穴式石室の世界 -』,

東京, 雄山閣.

洪潽植, 1993,「百濟 橫穴式石室墓의 型式分類와 對外傳播에 관한 硏究」,『博物館研究論集』2, 釜山, 釜山直轄市立博物館.

土生田純之, 1998,『黃泉國の成立』, 東京, 學生社.

森本徹, 1998,「韓國における初期火葬墓の研究」,『青丘學術論集』第13集, 東京, 財團法人韓國文化研究振興財團.

吉井秀夫, 2002,「朝鮮三國時代における墓制の地域性と被葬者集團」,『考古學研究』第49卷第3號, pp.37~51, 岡山, 考古學研究會.

河上邦彦(編), 2003,『季刊考古學82-終末期古墳とその時代-』, 東京, 雄山閣.

北村多加史, 2004,『風水と天皇陵』, 東京, 講談社.

岡本敏行, 2006,「石櫃を持つ火葬墓-伊福吉部足比売墓と名古曽火葬墓」,『大阪文化財研究』第30集, 大阪, 財團法人大阪府文化財センター.

大田裕樹, 2011,「日韓古代火葬墓の比較研究―日本古代の火葬墓の系譜をめぐって―」,『日韓文化財論集』1, 奈良, 奈良文化財研究所.

18. 토목기술

小山田宏一, 2002,「百済の土木技術」,『古代東北亜細亜と百済』, (開校50周年記念第11回百済研究國際學術會議), pp.207~223, 大田, 忠南大學校百済研究所.

河上邦彦(編), 2008,『季刊考古學102-土木考古學の現状と課題-』, 東京, 雄山閣.

대한문화유산연구센터(編), 2011,『고대동북아시아의 水利와 祭祀』, 서울, 학연문화사.

곽종철(외), 2014,「신라의 토목」,『新羅考古學槪論』上, 서울, ZININZIN.

19. 가람배치와 불상

岡本敏行, 1989,「雙塔式の伽藍の造営とその背景」,『大阪文化財論集-財團法人大阪文化財センター設立15周年記念論集-』, 大阪, 財團法人大阪文化財センター.

森郁夫, 2002,「わが國古代寺院の伽藍配置」,『學叢』第13號, 京都, 京都國立博物館.

上原眞人, 2002, 「平城京・平安京の文化」, 『列島の古代史-古代史の流れ-』8, 東京, 岩波書店.

大西修也, 2011, 『國寶第1號廣隆寺の彌勒菩薩どこから來たのか』, 東京, 靜山社文庫.

이병호, 2012, 「百濟 寺院과 飛鳥寺 三金堂의 原流」, 『한국고대사학회제127회정기발표회』, 서울, 한국고대사학회.

양은경, 2014, 「신라의 사원」, 『新羅考古學槪論』上, 서울, ZININZIN.

20. 경옥제 곡옥

崔恩珠, 1986, 「韓國 曲玉의 研究」, 『崇實史學』第4輯, 서울, 崇實大學校史學會.

門田誠一, 1989, 「日本と韓國における硬玉製勾玉についての再吟味」, 『日本海文化研究』.

早乙女雅博・早川泰弘, 1997, 「日韓硬玉製勾玉の自然科學分析」, 『朝鮮學報』第162輯, 天理, 朝鮮學會.

國立科學博物館, 2004, 『翡翠展-東洋の至寶-』東京, 國立科學博物館.

米田克彦, 2005, 「古墳時代の玉生産と玉文化」, 『玉文化の謎をさぐる』, 德島, 德島市立資料館.

大賀克彦, 2005, 「稲童古墳群の玉類について-古墳時代中期後半における玉の傳世-」, 『稲童古墳群-福岡縣行橋市稲童所在の稲童古墳群調査報告』, pp.286~297, 行橋, 行橋市敎育委員會.

門田誠一, 2006, 「朝鮮三國における硬玉製勾玉の消長」, 『古代東アジアにおける考古學的研究』, 東京, 學生社.

藁科哲男・이홍종・박순발・박천수・박승규・이재환・김대환・中村大介, 2008, 「한반도 玉類의 이화학적분석과 유통」, 『호남지역 읍락사회의 변천』, 淸州, 호서고고학회.

高橋浩二, 2012, 『古墳時代におけるヒスイ勾玉の生産と流通に関する研究』, 富山, 富山大學人文學部.

朴天秀・林童美, 2013, 「新羅・加耶의 玉」, 『韓國 先史・古代의 玉 硏究』, 釜山, 福泉博物館.

21. 琉球列島産貝製

木下尙子, 1994, 「イモガイをつけた馬具―騎馬文化の中の南海産貝―」, 『倭國の形成と東アジアの騎馬文化』, 東京, 第11回 古代史シンポジウム.

木下尙子, 2001, 「古代朝鮮・琉球交流試論-朝鮮半島における紀元1世紀から7世紀の大型巻貝使用製品の考古學的檢討」, 『青丘學術論集』第18集, 東京, 韓國文化研究振興財團.

木下尙子, 1996, 『南島貝文化の研究』, 法政大學出版部.

木下尙子, 2001, 「古代朝鮮・琉球交流試論-朝鮮半島における紀元1世紀から7世紀の大型巻貝使用製品の考古學的檢討」, 『青丘學術論集』第18集, 東京, 韓國文化研究振興財團.

木下尙子, 2002, 「韓半島の琉球列島産貝製品-1~7世紀を帶象に-」, 『韓半島考古學論叢』, すずさわ書店.

유병일, 2012, 「嶺南地域에서 출토된 交流관련 動物遺體(조가비)」, 『嶺南考古學』61, 嶺南考古會.

中村友昭, 2014, 「琉球列島産貝製品かたみた地域間交流」, 『古墳時代の地域間交流Ⅱ』, 第17回 九州前方後圓墳研究會.

朴天秀・李炫妸, 2014, 「琉球列島産貝製品かたみた地域間交流」, 『海洋交流의 考古學』, (第11回 嶺南考古學會・九州考古學會合同交流會), 那覇, 嶺南考古學會・九州考古學會.

22. 관재

尾中文彦, 1939, 「古墳其の他古代の遺蹟より發掘されたる木材」, 『木材保存』第7第4號, 東京, 木材保存會.

23. 일본 발굴보고서

1) 九州

(1) 長崎縣

水野清一·樋口隆康·岡崎敬(編), 1953, 『帶馬』, (東方考古學叢刊2種6冊), 東亞考古學會.

小田富士雄(編), 1974, 『帶馬 浅茅湾とその周辺の考古學調査』, (長崎縣文化財調査報告書第17集), 長崎縣教育委員會.

坂田邦洋·永留史彦, 1974, 『恵比須山遺蹟發掘調査報告』, 峰, 長崎縣峰村教育委員會.

坂田邦洋, 1975, 『帶馬の遺蹟』, 長崎, 繩文文化硏究會.

坂田邦洋, 1976, 『帶馬の考古學』, 長崎, 繩文文化硏究會.

長崎縣教育委員會, 1984, 『神ノ崎遺蹟』, (小値賀町文化財調査報告書第4集), 小値賀, 小値賀町教育委員會.

藤田和裕(編), 1984, 『コフノサエ遺蹟』, (上帶馬町文化財調査報告書第1集), 長崎縣上帶馬町教育委員會.

長崎市教育委員會, 1987, 『曲崎古墳群調査報告書』, 長崎, 長崎市教育委員會.

長崎縣勝本町教育委員會, 1990, 『串山ミルメ浦遺蹟第3次調査報告書』, (勝本町文化財調査報告書第8集), 長崎縣勝本町教育委員會.

芦辺町教育委員會, 1990, 『鬼の窟古墳』, 芦辺, 長崎縣芦辺町教育委員會.

長崎縣教育委員會, 1991, 「帶馬塚古墳」, 『縣內古墳群細分布調査報告書』, (長崎縣文化財調査報告書第106集), 長崎, 長崎縣教育委員會.

本田英樹(編), 1993, 『箕島遺蹟』, (美津島町文化財調査報告書第6集), 美津島町教育委員會.

峰町教育委員會, 1993, 『大田原やもと遺蹟』, (峰町文化財調査報告書第10集), 峰, 長崎縣峰町教育委員會.

長崎縣峰村教育委員會, 1995, 『峰町の遺蹟-三根湾岸の遺蹟-』, 峰, 長崎縣峰村教育委員會.

藤田和裕(編), 1998, 『クワバル古墳』, (上帶馬町文化財調査報告書第6集), 長崎縣上帶馬町教育委員會.

長崎縣峰町敎育委員會, 1998, 『下ガヤノキ遺蹟付錄吉田蒙古塚』, 峰, 長崎縣峰町敎育委員會.

田中聰一(編), 2005, 『笹塚古墳』, (壹岐市文化財調査報告書第5集), 長崎, 長崎縣壹岐市敎育委員會.

田中聰一(編), 2006, 『雙六古墳』, (壹岐市文化財調査報告書第7集), 長崎, 長崎縣壹岐市敎育委員會.

(2) 福岡縣

福岡市

中山平次郞·外, 1930, 「日拜塚古墳」, 『福岡縣名勝天然記念物調査報告第5集』, 福岡, 福岡縣.

山崎純男·柳沢一男·外, 1977, 『廣石古墳群』, (福岡市埋藏文化財調査報告書第41集), 福岡, 福岡市敎育委員會

二宮忠司(編), 1979, 『三宅廢寺』, (福岡市埋藏文化財調査報告書第50集), 福岡, 福岡市敎育委員會

二宮忠司·渡邊和子(編), 1980, 『吉武塚原古墳群』, (福岡市埋藏文化財調査報告書第54集), 福岡, 福岡市敎育委員會

柳澤一男·外, 1984, 『鋤崎古墳』, (福岡市埋藏文化財調査報告第112集), 福岡, 福岡縣敎育委員會.

柳沢一男·杉山富雄(編), 1985, 『博多Ⅲ-第17·20·21·22次調査の槪要-』, (福岡市埋藏文化財調査報告書第118集), 福岡, 福岡市敎育委員會.

濱石哲也(編), 1986, 『有田遺蹟群-第81次調査-』, (福岡市埋藏文化財調査報告書第129集), 福岡, 福岡市敎育委員會.

柳沢一男(編), 1986, 『丸隈山古墳Ⅱ』, (福岡市埋藏文化財調査報告書第146集), 福岡, 福岡市敎育委員會.

井澤洋一·外, 1987, 『博多Ⅶ』, (福岡市埋藏文化財調査報告書第147集), 福岡, 福岡市敎育委員會.

吉留秀敏(編), 1987, 『堤ヶ浦古墳群發掘調査報告書』, (福岡市埋藏文化財調査報告書第151集), 福岡, 福岡市敎育委員會.

濱石哲也(編), 1989, 『吉武遺蹟群ⅠⅤ 市道田·飯盛線関係埋蔵文化財調査報告Ⅱ』, (福岡市埋蔵文化財調査報告書第194集), 福岡, 福岡市教育委員會.

文化財調査報告書第240集), 福岡, 福岡市教育委員會.

濱石哲也(編), 1994, 『山崎古墳群-第2次調査-』, (福岡市埋蔵文化財調査報告書 第380集), 福岡, 福岡市教育委員會.

二宮忠司·大庭友子(編), 1996, 『三郎丸古墳群』, (福岡市埋蔵文化財調査報告書第495集), 福岡, 福岡市教育委員會.

池田祐司·久住猛雄(編), 2000, 『JR筑肥線複線化地内遺蹟埋蔵文化財調査報告書』, (福岡市埋蔵文化財調査報告書第654集), 福岡, 福岡市教育委員會.

松浦一之介, 2003, 『元岡·桑原遺蹟群2—桑原石ヶ元古墳群の報告』, (福岡市埋蔵文化財調査報告書第744集), 福岡, 福岡市教育委員會.

横山邦継(編), 2003, 『吉武遺蹟群ⅩⅤ飯盛吉武圃場整備関係調査報告書Ⅰ9』, (福岡市埋蔵文化財調査報告書第775集), 福岡, 福岡市教育委員會.

大庭康時(編), 2009, 『事蹟鴻臚館蹟-鴻臚館蹟18谷部(堀分)の調査』, (福岡市埋蔵文化財調査報告書第1022集), 福岡, 福岡市教育委員會.

吉武學(編), 2012, 『事蹟鴻臚館蹟-鴻臚館蹟19南館部分の調査(1)』, (福岡市埋蔵文化財調査報告書第1175集), 福岡, 福岡市教育委員會.

吉武學(編), 2014, 『事蹟鴻臚館蹟-鴻臚館蹟21南館部分の調査(3)』, (福岡市埋蔵文化財調査報告書第1248集), 福岡, 福岡市教育委員會.

福岡縣

西部

宮地嶽神社, 1968, 『國宝宮地嶽古墳出土品修理報告書』, 津屋崎, 宮地嶽神社.

石山勳(編), 1977, 『神原·奴山古墳群』, (福岡縣文化財調査報告書第54集), 福岡, 福岡縣教育委員會.

鈴木隆彦(編), 1978, 『奴山5號古墳發掘調査報告』, 津屋崎, 津屋崎町教育委員會.

石山勳(編), 1981, 『釜塚』, (前原町文化財調査報告書第4集), 前原, 前原町教育委員會.

伊崎俊秋(編), 1981, 『手光古墳群Ⅰ』, (福間町文化財調査報告書第1集), 福間, 福間町

　　　　敎育委員會.

井上裕弘(編), 1983, 『御床松原遺蹟』, (志摩町文化財調査報告書第3集), 志摩, 志摩町敎育委員會.

岡部裕俊(編), 1987, 『井原遺蹟群 福岡縣糸島郡前原町大字井原字上學所在遺蹟調査報告』, (前原町文化財調査報告書第25集), 前原, 前原町敎育委員會.

林覚(編), 1992, 『井原塚廻遺蹟』, (前原町文化財調査報告書第38集), 前原, 前原町敎育委員會

林覚(編)1994, 『井ノ浦古墳・辻ノ田古墳群』, (前原市文化財調査報告書第53集), 前原, 前原市敎育委員會.

岡部裕俊(編), 1994, 『井原遺蹟群 井原周辺の古墳群』, (前原市文化財調査報告書第51集), 前原, 前原市敎育委員會.

岡部裕俊・河村裕一, 1994, 「糸島地方の古墳資料集成(その1)」, 『福岡考古』第16號, 福岡, 福岡縣考古學會.

西田大輔(編), 1994, 『夜臼・三代地区遺蹟群第4分冊』, (新宮町埋蔵文化財發掘調査報告書第16集), 新宮, 新宮町敎育委員會.

西田大輔(編), 1999, 『相島積石塚群』, (新宮町埋蔵文化財發掘調査報告書第9集), 新宮, 新宮町敎育委員會.

井浦一(編), 1999, 『福間割畑遺蹟』, (福間町文化財調査報告書第14集), 福間, 福間町敎育委員會.

柳田康雄(編), 1999, 『手光古墳群Ⅱ』, (福間町文化財調査報告書第15集), 福間, 福間町敎育委員會.

角浩行, 2000, 「伊都國の遺蹟と遺物-糸島地区出土朝鮮半島系遺物について-」, 『嶺南考古學會・九州考古學會第4回合同考古學大會 考古學から見た弁・辰韓と倭』, pp.203-221, 嶺南考古學會・九州考古學會.

北部

梅原末治・小林行雄, 1939, 『筑前國嘉穂郡王塚装飾古墳』, (京都帝國大學文學部考古學研究室報告第十五冊), 京都, 京都帝國大學文學部考古學研究室.

宗像神社復興期成會, 1958, 『沖の島-宗像神社沖津宮祭祀遺蹟-』, 東京, 宗像神社復

興期成會.
宗像神社復興期成會, 1961, 『續沖の島-宗像神社沖津宮祭祀遺蹟-』, 東京, 宗像神社復興期成會.
渡辺正気, 1963, 『銀冠塚』, 福岡, 福岡縣敎育委員會.
兒嶋隆人, 1970, 「福岡縣かって塚古墳調査報告」, 『考古學雜誌』52-3, 東京, 日本考古學會.
酒井仁夫(編), 1979, 『相原古墳群』, (宗像町文化財調査報告書第1集), 宗像, 宗像町敎育委員會.
原俊一(編), 1982, 『浦谷古墳群Ⅰ』, (宗像市文化財調査報告書第5集), 宗像市敎育委員會.
佐田茂(編), 1984, 『セスドノ古墳』, (田川市文化財調査報告書第3集), 田川, 田川市敎育委員會.
長谷川淸之(編), 1986, 『影塚南遺蹟影塚東遺蹟』, (桂川町文化財調査報告書第6集), 桂川, 桂川町敎育委員會.
藤田等·嶋田光一(編), 1986, 『寺山古墳』, (飯塚市文化財調査報告書第10集), 飯塚, 飯塚市敎育委員會.
橋口達也(編), 1989, 『神原·奴山古墳群』, (津屋崎町文化財調査報告書第6集), 津屋崎, 津屋崎町敎育委員會.
橫田賢次郎(編), 1990, 『天台寺蹟』, (田川市文化財調査報告書第6集), 田川, 田川市敎育委員會.
嶋田光一, 1991, 「福岡縣櫨山古墳の再檢討」, 『兒嶋隆人先生喜寿記念論集-古文化論叢-』, 論叢刊行會.
橋口達也(編), 1991, 『宮司井手ノ上古墳』, (津屋崎町文化財調査報告書第7集), 津屋崎, 津屋崎町敎育委員會.
池ノ上宏·安武千里(編), 1994, 『在自遺蹟群Ⅰ 津屋崎地区縣營圃場整備事業に伴う發掘調査報告』, (津屋崎町文化財調査報告書第9集), 津屋崎, 津屋崎町敎育委員會.
白木英敏(編), 1994, 『冨地原川原田Ⅰ』, (宗像市文化財調査報告書第39集), 宗像市敎育委員會.

池ノ上宏·安武千里(編), 1995, 『在自遺蹟群Ⅱ 縣營圃場整備事業津屋崎地區に伴う
　　　發掘調査報告』, (津屋崎町文化財調査報告書第10集), 津屋崎, 津屋崎町敎
　　　育委員會.
池ノ上宏(編), 1996, 『在自遺蹟群Ⅲ』, (津屋崎町文化財調査報告書第11集), 津屋崎,
　　　津屋崎町敎育委員會.
橫田賢次郞(編), 1997, 『大分廢寺』, (筑穗町文化財調査報告書第3集), 筑穗, 筑穗町敎
　　　育委員會.
岡崇(編), 2000, 『久原滝ヶ下』, (宗像市文化財調査報告書第48集), 宗像市敎育委員會.
毛利哲久(編), 2000, 『小正西古墳』, (穗波町文化財調査報告書第12集), 穗波, 穗波町
　　　敎育委員會.
福本寬(編), 2004, 『猫迫1號墳』, (田川市文化財調査報告書第11集), 田川, 田川市敎育
　　　委員會.

東部

酒井仁夫(編), 1977, 『九州縱貫自動車道関係埋蔵文化財調査報告Ⅸ』, 福岡, 福岡縣敎
　　　育委員會.
竹並遺蹟調査會, 1979, 『竹並遺蹟』, 東出版寧楽社.
宇野愼敏(編), 1986, 『潤崎遺蹟』, (北九州市文化財調査報告第49集), 北九州, 北九州
　　　市敎育委員會.
岡村秀典·重藤輝行(編), 1993, 『番塚古墳-福岡縣京都郡苅田町所在前方後圓墳の發
　　　掘調査-』, 福岡, 九州大學文學部考古學硏究室·感苅田町敎育委員會.
行橋市敎育委員會, 1999, 『鬼熊遺蹟-福岡縣行橋市南泉5丁目所在遺蹟の調査』, (行
　　　橋市文化財調査報告書 第27集), 行橋, 行橋市敎育委員會.
行橋市敎育委員會, 2005, 『稲童古墳群-福岡縣行橋市稲童所在の稲童古墳群調査報
　　　告』, (行橋市文化財調査報告書第32集), 行橋, 行橋市敎育委員會.

南部

柳田康雄(編), 1979, 『小田茶臼山古墳』, (甘木市文化財調査報告第4集), 甘木, 甘木市
　　　敎育委員會.

橋口達也(編), 1979, 『池の上墳墓群』, (甘木市文化財調査報告第5集), 甘木, 甘木市教育委員會.

森田勉・馬田弘稔(編), 1979, 『福岡縣小郡市三沢所在遺蹟群の調査 下巻』, (九州縦貫自動車道関係埋蔵文化財調査報告XXXI集), 福岡, 福岡縣教育委員會.

春日市教育委員會, 1980, 『赤井手遺蹟』, (春日市文化財調査報告書第6集), 春日, 春日市教育委員會.

橋口達也(編), 1982, 『古寺墳墓群』, (甘木市文化財調査報告第14集), 甘木, 甘木市教育委員會.

舟山良一(編), 1982, 『牛頸中通遺蹟群Ⅱ』, (大野城市文化財調査報告書第9集), 大野城市教育委員會.

橋口達也(編), 1983, 『古寺墳墓群Ⅱ』, (甘木市文化財調査報告第15集), 甘木, 甘木市教育委員會.

佐田茂・伊崎俊秋(編), 1983, 『立山山古墳』, (八女市文化財發掘調査報告書 第10集), 八女, 八女市教育委員會.

川述昭人(編), 1984, 『瑞王寺古墳』, 筑後, 筑後市教育委員會.

小田和利(編), 1987『鬼の枕古墳』, (甘木市文化財調査報告第19集), 甘木, 甘木市教育委員會.

宮田浩之(編), 1987, 『津古生掛遺蹟Ⅰ』, (小群市文化財調査報告書第40集), 小郡, 小郡市教育委員會.

宮田浩之(編), 1988, 『津古生掛遺蹟Ⅱ』, (小群市文化財調査報告書第40集), 小郡, 小郡市教育委員會.

平川祐介(編), 1989, 『月岡古墳國指定重要文化財出土圖録』, 吉井, 吉井町教育委員會.

児玉真一(編), 1989, 『若宮古墳群Ⅰ-月岡古墳・塚堂古墳・日岡古墳』, (吉井町埋蔵文化財發掘調査報告書 第4集), 吉井, 吉井町教育委員會.

児玉真一(編), 1990, 『若宮古墳群Ⅱ-塚堂古墳・日岡古墳』, (吉井町埋蔵文化財發掘調査報告書第6集), 吉井, 吉井町教育委員會.

九州大學考古學研究室, 1990, 「山隈窯蹟群の調査-福岡縣朝倉郡三輪町所在の初期須恵器窯蹟群-」, 『九州考古學』第65號, pp.49-86, 福岡, 九州考古學會.

宮田浩之(編), 1990, 『三沢古墳群Ⅰ』, (小群市文化財調査報告書第62集), 小郡, 小郡

市敎育委員會.

速水信也(編), 1992, 『三沢古墳群Ⅱ』, (小群市文化財調査報告書第79集), 小郡, 小郡市敎育委員會.

宮田浩之(編), 1992, 『團体營津古地区圃場整備事業関係埋蔵文化財調査報告 津古片曽葉遺蹟 福岡縣小郡市津古所在遺蹟の調査』, (小郡市文化財調査報告書第78集), 小郡, 小郡市敎育委員會.

吉武孝礼(編), 1999, 『堤蓮町遺蹟』, (甘木市文化財調査報告第47集), 甘木, 甘木市敎育委員會.

松尾宏(編), 2000, 『堤当正寺古墳』, (甘木市文化財調査報告第49集), 甘木, 甘木市敎育委員會.

宮崎亮一(編)2000, 『大宰府条坊蹟ⅩⅤ-陶磁器分類編-』, (大宰府市文化財第49集), 大宰府, 大宰府市敎育委員會.

児玉真一(編), 2005, 『若宮古墳群Ⅲ-月岡古墳-』, (吉井町埋蔵文化財發掘調査報告書第19集), 吉井, 吉井町敎育委員會.

(3) 佐賀縣

渡辺正気, 1958, 『佐賀市関行丸古墳』, (佐賀縣文化財調査報告書第7集), 佐賀, 佐賀縣敎育委員會.

木下之治, 1973, 『武雄市玉島古墳』, 武雄, 武雄市敎育委員會.

木下之治, 1975, 『武雄市潮見古墳』, 武雄, 武雄市敎育委員會.

佐賀縣敎育委員會, 1980, 『下中杖遺蹟』, (佐賀縣文化財調査報告書第54集), 佐賀, 佐賀縣敎育委員會.

唐津湾周辺遺蹟調査委員會(編), 1982, 『末廬國』, 東京, 六興出版.

佐賀縣敎育委員會, 1982, 『九州横断自動車道關係埋蔵文化財發掘調査報告書(2)香田遺蹟』, 佐賀, 佐賀縣敎育委員會.

佐賀縣敎育委員會, 1983, 『九州横断自動車道關係埋蔵文化財發掘調査報告書(3)西原遺蹟』, 佐賀, 佐賀縣敎育委員會.

森田孝志(編), 1985, 『筑後川下流用水事業に係る文化財調査報告書1』, (佐賀縣文化財調査報告書 第80集), 佐賀, 佐賀縣敎育委員會.

(4) 大分縣

甲斐忠彦(編), 1986, 『鶴見古墳-史蹟川部・高森古墳群保存修理報告書-』, 宇佐, 宇佐風土記の岡歷史民俗資料館.

眞野和夫(編), 1986, 「免ヶ平古墳」, 『大分縣宇佐風土記の岡歷史民俗資料館紀要』3, 宇佐, 宇佐風土記の岡歷史民俗資料館.

村上久和(編), 1989, 『上ノ原横穴墓群Ⅰ』, (大分縣文化財調查報告 第74集), 大分, 大分縣敎育委員會.

(5) 熊本縣

乙益重隆, 1967, 「不知火町國越古墳」, 『昭和41年度埋藏文化財緊急調査槪報』, 熊本, 熊本縣敎育委員會.

熊本縣敎育委員會, 1975, 『塚原』, (熊本縣文化財調査報告第16集), 熊本, 熊本縣敎育委員會.

本村豪章, 1990, 「古墳時代の基礎研究稿-資料篇(Ⅱ)-」, 『東京國立博物館研究紀要』第26號, pp.9-282, 東京, 東京國立博物館.

甲元眞之(編), 1994, 「野津古墳群」, 『熊本大學文學部考古學硏究室硏究報告第1集』, 熊本, 熊本大學文學部考古學硏究室.

山城敏昭(編), 1997, 『塚坊主古墳』, (熊本縣文化財調査報告第161集), 熊本, 熊本縣敎育委員會.

熊本縣敎育委員會, 1998, 『鞠智城蹟』, 熊本, 熊本縣敎育委員會.

中川裕二, 1998, 『小塚古墳』, (天水町文化財調査報告 第1冊), 天水, 天水町敎育委員會.

谷口義介・高木恭二, 1999, 「塚原平古墳」, 不知火, 不知火町敎育委員會.

今田治代(編), 1999, 『野津古墳群Ⅱ』, (龍北町文化財調査報告書第1集), 龍北龍北町敎育委員會.

(6) 宮崎縣

梅原末治, 1941, 「新田原古墳群調查報告」, 『宮崎縣名勝天然記念物調査報告第11集』, 宮崎, 宮崎縣.

石川恒太郞, 1943, 「六野原古墳調查報告」, 『宮崎縣名勝天然記念物調査報告第13集』,

宮崎, 宮崎縣.

瀨之口傳九郎·外, 1944,「六野原古墳調查報告」,『宮崎縣名勝天然記念物調查報告第 13集』, 宮崎, 宮崎縣.

梅原末治, 1969,『持田古墳群』, 宮崎, 宮崎縣敎育委員會.

石川恒太郞, 1970,「國富町大坪地下式古墳調查報告」,『宮崎縣文化財調查報告書第15 集』, 宮崎, 宮崎縣敎育委員會.

石川恒太郞, 1970,「えびの市小木原地下式古墳發掘調查」,『宮崎縣文化財調查報告書 第15集』, 宮崎, 宮崎縣敎育委員會.

石川恒太郞(編), 1972,『宮崎市下北方町地下式古墳調查報告』, (宮崎縣文化財調查報 告書第16集), 宮崎, 宮崎縣敎育委員會.

面高哲郎·長津宗重, 1983,「宮崎縣都城志和池出土の陶質土器」,『古文化談叢』12, 北 九州, 九州古文化硏究會.

有馬義人(編), 2000,「新田原古墳群3」,『國指定史蹟新田原古墳群史蹟整備にともな う發掘調查槪要報告3』, (新富町文化財調查報告書第30集), 新富, 新富町 敎育委員會.

宮崎市えびの市敎育委員會, 2001,『島內地下式橫穴墓群』, (えびの市文化財調查報告 書第29集), えびの, 宮崎市えびの市敎育委員會.

宮崎市敎育委員會, 2003,『史蹟生目古墳群-保存整備事業發掘調查槪要報告書Ⅳ-』, (宮崎市文化財調查報告書第54集), 宮崎, 宮崎市敎育委員會.

南正覚雅士·丹俊詞(編), 2003,『山崎上ノ原第2遺蹟山崎下ノ原第1遺蹟』, (宮崎縣埋 藏文化財センター發掘調查報告書第79集), 宮崎, 宮崎縣埋藏文化財セン ター.

(7) 鹿兒島縣

鹿兒島縣敎育委員會, 1985,『大隅地区埋藏文化財分布調查槪報(橫瀨古墳)』, (鹿兒島 縣文化財調查報告書第29集), 鹿兒島, 鹿兒島縣敎育委員會.

橋本達也, 2005,『大隅串良岡崎古墳群-發掘調查槪報』, , 鹿兒島, 鹿兒島総合研究博 物館.

2) 中國四國

(1) 山口縣

小野忠凞·外, 1977, 『長光寺山古墳』, 宇都, 宇都市敎育委員會.

山口縣敎育委員會(編), 1979, 『天神山古墳』, 山陽, 山陽町敎育委員會.

小田富士雄·外, 1981, 『松崎古墳』, 宇都, 宇都市敎育委員會.

石川克彦·外, 1982, 『天神山古墳Ⅱ』, 山口, 山口縣敎育委員會.

福島朝子, 1986, 「山口大學埋藏文化財資料館所藏の新羅系陶質土器について」, 『山口大學構內調査年報Ⅳ』, 山口, 山口大學.

乘安和二三(編), 1988, 『國森古墳』, 田布施, 田布施町敎育委員會.

桑原邦彦, 1988, 「山口縣防府市桑山塔ノ尾古墳」, 『古文化談叢』20, pp.157-218, 北九州, 九州古文化硏究會.

山内紀, 1988, 「山口縣心光寺2號古墳の出土遺物をめぐって」, 『網干善敎先生華甲記念考古學論集』, 大阪, 網干善敎先生華甲記念會.

岩崎仁志·白岡太·村岡眞樹(編), 1992 『國秀遺蹟-平成3年度縣營圃場整備事業に伴う發掘調査報告-』, (山口縣埋藏文化財調査報告第152集), 山口, 山口縣埋藏文化財調査センター.

桑原邦彦, 1993, 「山口縣防府市天神山古墳出土の遺物について」, 『古文化談叢』30(中), 北九州, 九州古文化硏究會.

岩崎仁志(編), 1994 『木ノ山古墳』, 山口, 山口縣敎育委員會.

中村徹也, 2000, 「すぐも塚橫穴群」, 『山口縣史資料編』, pp.616-621, 山口, 山口縣.

(2) 島根縣

松江市敎育委員會, 1978, 『史蹟金崎古墳群』, 松江, 松江市敎育委員會.

川口幸子·向田薰(編), 1986, 『周布小建設予定地内埋藏文化財(森ケ曽根古墳)發掘調査報告書』, 浜田, 浜田市敎育委員會.

松本岩雄(編), 1987, 『出雲岡田山古墳』, 松江, 島根縣敎育委員會.

小谷晃一(編), 1996, 『御崎山古墳の硏究』, 松江, 島根縣古代文化センター.

出雲市敎育委員會, 1996, 『上長浜貝塚』, 出雲, 出雲市敎育委員會.

松本岩雄(編), 1999, 『上塩治築山古墳の硏究』, 松江, 島根縣敎育委員會.

島根縣敎育委員會, 2001, 『斐伊川放水路建設予定地内埋藏文化財發掘調査報告書Ⅹ

Ⅱ-蟹沢遺蹟·上沢Ⅲ遺蹟·古志本郷遺蹟Ⅲ-』, 松江, 國土交通省中國地方整備局出雲工事事務所·島根縣敎育委員會.

松尾充晶(編), 2001, 『かわらけ谷横穴墓群の研究』, (島根縣古代文化センター調査研究報告書10), 松江, 島根縣埋蔵文化財調査センター·島根縣古代文化センター.

角田徳幸(編), 2003, 『史蹟出雲國府蹟1』, 松江, 島根縣敎育委員會.

横田登·野津硏吾(編), 2006, 『大座西遺蹟發掘調査報告書』, 隱岐, 隱岐の島町敎育委員會.

(3) 鳥取縣

佐々木謙, 1964, 『福岡古墳群』, (佐々木古代文化研究室記録第3), 米子, 佐々木古代文化研究室.

木村俊夫(編), 1978, 『山陰の前期古墳文化の研究』, (山陰考古學研究所記録第2), 米子, 山陰考古學研究所.

財團法人米子市敎育文化事業團, 2000, 『青木稲場遺蹟福市遺蹟(大成地区)』, (米子市敎育文化事業團文化財調査報告書35), 財團法人米子市敎育文化事業團.

福部村敎育委員會, 1978, 『湯山6號墳發掘調査報告書』, 福部, 福部村敎育委員會.

鳥取縣敎育委員會, 1979, 『彩色壁画古墳·梶山古墳緊急發掘調査報告書』, 鳥取, 鳥取縣敎育委員會.

鳥取縣敎育文化事業團, 1981, 『長瀨高浜遺蹟發掘調査報告書Ⅲ』, 鳥取, 財團法人鳥取縣敎育文化事業團.

鳥取縣敎育文化事業團, 1981, 『長瀨高浜遺蹟發掘調査報告書Ⅳ』, 鳥取, 財團法人鳥取縣敎育文化事業團.

鳥取縣敎育文化事業團, 1983, 『長瀨高浜遺蹟發掘調査報告書Ⅵ』, 鳥取, 財團法人鳥取縣敎育文化事業團.

中山和之(編), 1990, 『向山古墳群』, 淀江, 鳥取縣淀江町歴史民俗資料館.

森下哲哉·外, 1996, 『夏谷遺蹟發掘調査報告書』, (倉吉市文化財調査報告書第84集), 倉吉, 倉吉市敎育委員會.

倉吉市敎育委員會, 1996, 『不入岡遺蹟發掘調査報告書』, (倉吉市文化財調査報告書第85集), 倉吉, 倉吉市敎育委員會.

(4) 廣島縣

廣島縣敎育委員會, 1954,『三ツ城古墳』, 廣島, 廣島縣敎育委員會.

櫨井勝·外, 1983,『亀山古墳第2次發掘調査槪報』, 廣島, 廣島縣敎育委員會.

吉舍町敎育委員會, 1983,『三玉大塚』, 吉舍, 吉舍町敎育委員會.

廣島縣敎育委員會, 1985,『池の内遺蹟發掘調査報告』, 廣島, 廣島縣敎育委員會.

財團法人廣島市歷史科學敎育事業團, 1991,『廣島市佐伯区五日市町所在城ノ下A地区遺蹟發掘調査報告』, (財團法人廣島市歷史科學敎育事業團調査報告書 第2集), 廣島, 廣島市歷史科學敎育事業團.

(5) 岡山縣

鎌木義昌(編), 1965,『隨庵古墳』, 総社, 総社市敎育委員會.

鎌木義昌(編), 1965,『長福寺裏山古墳群』, 岡山, 長福寺裏山古墳群関戸廃寺址推進委員會.

神原英朗(編), 1975,『用木古墳群』, 山陽, 山陽團地埋蔵文化財調査事務所.

神原英朗(編), 1976,『岩田古墳群』, 山陽, 山陽團地埋蔵文化財調査事務所.

行田裕美·坂本心平, 1997,『西吉田北遺蹟』, 津山, 津山市敎育委員會.

村上幸雄(編), 1987,「法蓮40號墳」,『総社市埋蔵文化財發掘調査報告4』, 総社, 総社市敎育委員會.

島崎東(編), 1993,『窪木薬師遺蹟』, 岡山, 岡山縣文化財保護協會.

近藤義郎·新納泉(編), 1991,『岡山市浦間茶臼山古墳』, 京都, 眞陽社.

岡山縣敎育委員會, 1993,「菅生小學校裏山遺蹟」,『岡山縣埋蔵文化財發掘調査報告書81』, 岡山, 岡山縣敎育委員會.

内藤善史(編), 1993,「浅川古墳群ほか」,『岡山縣埋蔵文化財發掘調査報告書123』, 岡山, 岡山縣敎育委員會.

下沢公明(編), 1996,『斎富遺蹟』, 岡山, 岡山縣文化財保護協會.

松木武彦, 2001,「天狗山古墳·天狗山西古墳の發掘調査」,『吉備地域における(雄略朝)期の考古學的硏究』, (科學硏究費補助金基盤硏究(B)硏究成果報告書), 岡山, 岡山大學文學部.

西田和浩(編), 2015,『千足古墳-第1-第4次發掘調査報告書-』, 岡山, 岡山市敎育委員會.

(6) 愛媛縣

谷若倫郎(編), 1993, 『出作遺蹟Ⅰ』, 松前, 松前町敎育委員會.

岡田敏彦, 1999, 「鹿の子古墳群」, 『縣道今治丹原線の建設に伴う埋蔵文化財調査報告書第2集 鹿の子古墳群 新谷森ノ前遺蹟』, (埋蔵文化財發掘調査報告書第78集), 松山, 愛媛縣埋蔵文化財調査センター.

岡田敏彦, 2001, 「愛媛縣における首長墳素描」, 『(財)愛媛縣埋蔵文化財調査センター硏究紀要』第2號, pp.1-36, 松山, 財團法人愛媛縣埋蔵文化財調査センター.

高尾和生, 2003, 『船ヶ谷遺蹟4次調査Ⅱ福音小學校構内遺蹟Ⅲ』, (松山市文化財調査報告書95), 松山, 松山市敎育委員會・財團法人松山市生學習振興財團埋蔵文化財調査センター.

(7) 香川縣

香川縣, 1983, 『新編香川叢書考古編』, 香川, 香川縣.

高橋守・笹川龍一, 1991, 『安田東3號墳發掘調査報告書』, 香川, 滿濃町敎育委員會.

善通寺市敎育委員會, 1992, 『史蹟有岡古墳群保存整備事業報告書』, 善通寺, 善通寺市敎育委員會.

香川縣敎育委員會, 1993, 『尾崎西遺蹟-平成4年度-』, 香川, 香川縣敎育委員會.

(8) 高知縣

山本哲也, 1985, 『高岡山古墳群發掘調査報告書』, 高知, 高知縣敎育委員會.

(9) 德島縣

財團法人德島縣文化財センター, 1994, 『四國縱貫自動車建設に伴う埋蔵文化財發掘調査報告書10柿谷遺蹟・菖浦谷西山B遺蹟・山田古墳群A』, 德島, 財團法人德島縣文化財センター.

3) 近畿

(1) 兵庫縣

梅原末治(外), 1935, 「飾磨郡奧山古墳」, (兵庫縣史蹟名勝天然記念物調査報告11), 神

戶, 兵庫縣敎育委員會.
梅原末治, 1939,「在田村龜山古墳と其の遺物」, (兵庫縣史蹟名勝天然記念物調査報告 14), 神戶, 兵庫縣敎育委員會.
小林行雄, 1941,「園田大塚山古墳とその遺物」, (兵庫縣史蹟名勝天然記念物調査報告 15), 神戶, 兵庫縣敎育委員會.
加古川市敎育委員會, 1965,『印南野-その考古學的硏究-1』, 加古川, 加古川市敎育委員會.
上野哲也, 1966,『姬路丁古墳群』, 姬路, 東洋大學附屬姬路高等學校.
加古川市敎育委員會, 1969,『印南野-その考古學的硏究-2』, 加古川, 加古川市敎育委員會.
喜谷美宣, 1970,『史蹟五色塚古墳環境整備事業報告』, 神戶, 神戶市敎育委員會.
姬路市敎育委員會, 1970,『宮山古墳發掘調査槪要』, 姬路, 姬路市敎育委員會.
阿久津久·小川良太, 1972,『明神古墳群』, 一宮, 一宮町敎育委員會.
姬路市敎育委員會, 1973,『宮山古墳第2次發掘調査槪報』, 姬路, 姬路市敎育委員會.
瀨戶谷晧(編), 1978,『但馬大藪古墳群-北兵庫における大型群集墳』, 養父, 養父町敎育委員會·武庫川女子大學考古學硏究會.
瀨戶谷晧(編), 1978,『七ツ塚古墳群』, 豊岡, 但馬考古學硏究會.
八賀晋(編), 1982,『京都國立博物館藏-富雄丸山古墳西宮山古墳出土遺物-』, 京都, 京都國立博物館.
兵庫縣揖龍野市敎育委員會, 1984,『鳥坂古墳群』, 龍野, 兵庫縣揖龍野市敎育委員會.
喜谷美宣, 1985,『カンス塚古墳』, 加古川, 加古川市敎育委員會.
松本正信(外), 1986,『法花堂二號墳-甲冑と鉄鋌を出土した小古墳』, (香寺町文化財調査報告1), 香寺, 香寺町敎育委員會.
八鹿町敎育委員會, 1987,『箕石古墳群』, (兵庫縣八鹿町文化財調査報告書6), 八鹿, 八鹿町敎育委員會.
丸山潔, 1990,「城の前地区第24次調査」,『昭和62年度神戶市埋藏文化財年報』, 神戶, 神戶市敎育委員會.
近藤義郎(編), 1991,『權現山51號墳』, 岡山, 權現山51號墳刊行會.
藤田史子, 1992,『郡家遺蹟-神戶市東灘区所在御影中町地区第4次調査』, 西ノ宮, 大

手前女子大學史學硏究所.

加古川市敎育委員會, 1997, 『行者塚古墳發掘調査槪報』, 加古川, 加古川市敎育委員會.

神戶市敎育委員會, 1999, 「寒鳳遺蹟 第2次調査」, 『平成8年度神戶市埋藏文化財年報』, 神戶, 神戶市敎育委員會.

松本正信(外), 2000, 『山津屋麦田原』, 揖川, 兵庫縣揖保川町敎育委員會.

神戶市敎育委員會, 2001, 『住吉宮町遺蹟』, 神戶, 神戶市敎育委員會.

山田淸朝(編), 2005, 『市之鄕遺蹟』, 兵庫, 兵庫縣敎育委員會.

大阪大學勝福寺古墳發掘調査團, 2007, 『勝福寺古墳の硏究』, (大阪大學大學院文學硏究科考古學硏究報告第4冊), 大阪, 大阪大學大學院文學硏究科考古學硏究室.

姬路市敎育委員會, 2009, 『姬路市見野古墳群發掘調査報告書』, 姬路, 姬路市敎育委員會.

兵庫縣縣立高古博物館, 2010, 『事蹟茶すり山古墳』, 兵庫, 兵庫縣敎育委員會.

(2) 大阪府

樋口隆康·岡崎敬·宮川步, 1961, 「和泉七觀古墳調査報告」, 『古代學硏究』27, 大阪, 古代學硏究會.

藤直幹·井上薰·北野耕平, 1964, 『河內における古墳の調査』, (大阪大學文學部國史硏究室硏究報告第1冊), 豊中, 大阪大學文學部國史硏究室.

堀江門也 外, 1974, 『一須賀古墳群發掘調査槪要』, 大阪, 大阪府敎育委員會.

北野耕平, 1976, 『河內野中古墳の調査』, (大阪大學文學部國史硏究室硏究報告第2冊), 豊中, 大阪大學文學部國史硏究室.

中村浩(編), 1980, 『陶邑Ⅲ』, (大阪府文化財調査報告書第30輯), 大阪, 財團法人大阪府埋藏文化財協會.

赤木克巳(編), 1986, 『城山(その2) 近畿自動車道天理~吹田線建設に伴う埋藏文化財發掘調査槪要報告書』, 大阪, 財團法人大阪文化財センター.

天野末喜(外), 1986, 『古市古墳群』, 藤井寺, 藤井寺市敎育委員會.

柳本照男(編), 1987, 『攝津豊中大塚古墳』, (豊中市文化財調査報告書第20集), 豊中, 豊中市敎育委員會.

岸本道昭·岡戶哲紀(編), 1990, 『陶邑·伏尾遺蹟 A地区近畿自動車道松原南海線建

　　　　設に伴う發掘調査報告書』, (財大阪府埋蔵文化財協會調査報告書第60輯), 大阪, 大阪府教育委員會·財團法人大阪府埋蔵文化財協會.

末永雅雄(編), 1991, 『楯塚·鞍塚·珠金塚古墳』, 奈良, 由良大和古代文化研究協會.

西口陽一, 1994, 『野々井西遺蹟·ON231號窯蹟』, 大阪, 大阪府教育委員會·財團法人大阪府埋蔵文化財協會.

三木弘(編), 1994, 『堂山古墳群』, (大阪府文化財調査報告書第45輯), 大阪, 大阪府教育委員會.

岡戸哲紀(編), 1995, 『陶邑·大庭寺遺蹟Ⅴ』, (財大阪府文化財調査研究センター報告書 第10集), 大阪, 大阪府教育委員會·(財)大阪府文化財調査研究センター.

岡戸哲紀(編), 1995, 『陶邑·大庭寺遺蹟ⅠⅤ 近畿自動車道松原·すさみ線建設に伴う發掘調査報告書 本文編』, (財大阪府埋蔵文化財協會調査報告書第90輯), 大阪, 大阪府教育委員會·財團法人大阪府埋蔵文化財協會.

江浦洋(編), 1998, 『藏塚古墳』, (財大阪府文化財調査研究センター報告書第24集), 大阪, (財)大阪府文化財調査研究センター.

大阪市文化財協會, 1999, 『長原遺蹟東部地區發掘調査報告Ⅱ』, 大阪, 財團大阪市文化財協會.

大阪市文化財協會, 2002, 『長原遺蹟東部地區發掘調査報告Ⅷ』, 大阪, 財團大阪市文化財協會.

羽曳野市教育委員會, 2002, 『史蹟古市古墳群-峰ヶ塚古墳後圓部發掘調査報告書-』, 羽曳野, 羽曳野市教育委員會.

交野市教育委員會, 2000, 『交野車塚古墳群-交野東車塚古墳(調査編)-』, (交野市埋蔵文化財調査報告1999-1), 交野, 交野市教育委員會.

大阪府教育委員會, 2000, 『安威遺蹟』, 大阪, 大阪府教育委員會.

井上智博(編), 2002, 『池島·福万寺遺蹟2』, (財)大阪府文化財調査研究センター報告書第79集), 大阪, (財)大阪府文化財調査研究センター.

下山惠子·吉澤則男, 2002, 『事蹟古市古墳群峯ヶ塚古墳後園部發掘調査報告書』羽曳野, 羽曳野市教育委員會.

豊中市史編纂委員會, 2005, 「御獅子塚」, 『新修 豊中市史 第4卷 考古』, 豊中, 豊中市史編纂委員會.

一瀬和夫, 2009, 『古墳時代のシンボル-仁德陵古墳-』, (シリーズ遺蹟に學ぶ055), 東

京, 新泉社.

奥村茂輝(外), 2010, 『高宮遺蹟』, (財)大阪府文化財センター報告書第206集), 大阪, (財)大阪府文化財センター.

大阪府教育委員會, 2010, 『蔀屋北遺蹟1』, 大阪, 大阪府教育委員會.

阪口英殻(編), 2014, 『七觀古墳の研究-1947, 1952年出土遺物の再檢討』, 京都, 京都大學大學院文學研究科.

小森牧人, 2015, 「堺市城ノ山古墳にみえる倭と朝鮮半島の交渉-同志社大學所藏 堺市城ノ山古墳出土遺物調査報告(3)にかえて-」, 『同志社大學考古學シリーズⅩⅠ 森浩一先生に學ぶ』50, p.511-521, 京都, 同志社大學考古學シリーズ刊行會.

(3) 京都府

梅原末治, 1920, 「葛野郡松尾村穀塚」, 『京都府史蹟名勝地調査會報告2』, 京都, 京都府.

安藤信策, 1976, 「大覚寺古墳群發掘調査概要」, 『埋蔵文化財發掘調査概報』, 京都, 松香堂.

杉本宏(編), 1983, 『隼上り瓦窯蹟發掘調査概報』, (宇治市埋蔵文化財發掘調査概報第3冊), 宇治, 宇治市教育委員會.

秋山浩三・山中章(編), 1988, 『物集女車塚』, (向日市埋蔵文化財調査報告第23冊), 向日, 向日市教育委員會.

河野一隆, 1997, 「奈具岡北古墳群」, 『京都府遺蹟調査概報』第76冊, 京都, 京都府埋蔵文化財センター.

樋口隆康, 1998, 『椿井大塚山古墳發掘調査報告』, (京都府相楽郡郡山城町埋蔵文化財調査報告第20集), 京都, 真陽社.

鍋田勇外, 1989, 「私市圓山古墳群」, 『京都府遺蹟調査概報』第36冊, 京都, 京都府埋蔵文化財センター.

森浩一, 1990, 『園部垣内古墳』, 園部, 園部町教育委員會.

八幡市教育委員會, 1990, 『ヒル塚古墳發掘調査概報』, 八幡, 八幡市教育委員會.

杉本宏(編), 1991, 『宇治二子山古墳發掘調査報告』, 宇治, 宇治市教育委員會.

京都府埋蔵文化財センター, 1997, 『瓦谷古墳群』, (京都府遺蹟調査報告第23冊), 京

都, 京都府埋蔵文化財センター.

小池寬, 1998, 「森垣外遺蹟第2次調査」, 『京都府遺蹟調査槪報』第86冊, 京都, 京都府埋蔵文化財センター.

京都市埋蔵文化財研究所, 2002, 『平成11年度京都市埋蔵文化財調査槪要』, 京都, 京都市埋蔵文化財研究所.

城陽市敎育委員會, 2009, 『城陽市埋藏文化財調査報告書』, 城陽, 城陽市敎育委員會.

(4) 滋賀縣

肥後和男, 1929, 『大津京の硏究』, 大津, 滋賀縣保勝會.

西田弘·鈴木博司·金関恕, 1961, 『新開古墳』, (滋賀縣史蹟調査報告第十二冊), pp.34-57, 大津, 滋賀縣敎育委員會.

丸山龍平·福岡澄男, 1969, 「大津北部の古墳文化」, 『滋賀縣文化財調査報告書4』, 大津, 滋賀縣敎育委員會.

田辺昭三(編), 1973, 『湖西線關係遺蹟發掘調査報告書』, 大津, 滋賀縣敎育委員會.

西田弘, 1974, 『畑尻遺蹟』, (大津市文化財調査報告書1), 大津, 大津市敎育委員會.

池佐藤宗諄, 1975, 『穴太下大門遺蹟』, (大津市文化調査報告書3), 大津, 大津市敎育委員會.

中司照世·川西廣幸, 1980, 「滋賀縣北谷11號墳の硏究」, 『考古學雜誌』66-2, 東京, 日本考古學會.

松本俊和, 1982, 「滋賀里遺蹟見世二丁目字馬艸1391, 5發掘調査報告」, 『滋賀里·穴太地區遺蹟群發掘調査報告書Ⅱ』, (大津市埋藏文化財調査報告書5), 大津, 大津市敎育委員會.

長浜市敎育委員會, 1988, 『越前塚發掘調査報告書』, (長浜市埋藏文化財調査資料第5集), 長浜, 長浜市敎育委員會.

田保信, 1989, 『櫟本高塚遺蹟發掘調査報告』, 櫟本高塚遺蹟發掘調査團.

青山均, 1994, 『穴太遺蹟(彌生町地區)發掘調査報告書』, (大津市埋藏文化財調査報告書15), 大津, 大津市敎育委員會.

福田敬, 1994, 『大谷南遺蹟發掘調査報告書』, (大津市埋藏文化財調査報告書24), 大津, 大津市敎育委員會.

小野山節(編), 1995, 『琵琶湖周辺の6世紀を探る』, 京都, 京都大學文學部考古學硏究室.

野洲町敎育委員會, 2001, 『史蹟大岩山古墳群-天王山古墳·圓山古墳·甲山古墳調査整備報告書』, (野洲町文化財調査報告書第26集), 野洲, 野洲町敎育委員會.

淸水ひかる(外), 2004, 『下五反田遺蹟』, 大津, 滋賀縣敎育委員會·滋賀縣文化財保護協會.

(5) 奈良縣

梅原末治, 1921, 『佐味田新山古墳硏究』, 東京, 岩波書店.

內務省, 1927, 『奈良縣に於ける指定史蹟』第2冊, (內務省編纂史蹟調査報告第三), 東京, 內務省.

史蹟名勝天然記念物保存協會, 1928, 『奈良縣に於ける指定史蹟』第1冊, (史蹟調査報告第三), 東京, 刀江書院.

末永雅雄, 1949, 『奈良市法華寺町ウナワベ古墳群 大和第三, 第四, 第五, 第六號古墳調査』, (奈良縣史蹟名勝天然記念物調査報告抄報第4冊), 奈良, 奈良縣敎育委員會.

小島俊次·伊達宗泰, 1957, 『珠城山古墳』, 奈良, 奈良縣敎育委員會.

奈良國立文化財硏究所, 1958, 『飛鳥寺』, 京都, 眞浜田耕作·

伊達宗泰, 1960, 『大三輪町穴師珠城山2號·3號墳』, 奈良, 奈良縣敎育委員會.

網干善敎, 1961, 『五条猫塚古墳』, (奈良縣史蹟名勝天然記念物調査報告第20冊), 奈良, 奈良縣敎育委員會

網干善敎·友成誠司, 1974, 『谷畑古墳』, 榛原, 榛原町敎育委員會.

白石太一郞·河上邦彦·亀田博·千賀久, 1976, 『葛城·石光山古墳群』, (奈良縣史蹟名勝天然記念物調査報告第31冊), 橿原, 奈良縣立橿原考古學硏究所.

網干善敎, 1977, 『牽牛子塚古墳』, 明日香村, 明日香村敎育委員會.

奈良縣立橿原考古學硏究所(編), 1977, 『新沢千塚126號墳』, 奈良, 奈良縣立橿原考古學硏究所.

奈良縣立橿原考古學硏究所(編), 1981, 『新沢千塚古墳群』, (奈良縣史蹟名勝天然記念物調査報告書 第39冊), 奈良, 奈良縣敎育委員會.

八賀晋(編), 1982, 『京都國立博物館藏-富雄丸山古墳西宮山古墳出土遺物-』, 京都, 京都國立博物館.

奈良國立文化財硏究所, 1985,「石神遺蹟第4次調査」,『飛鳥·藤原宮發掘調査槪報15』, 奈良, 奈良國立文化財硏究所.

阪口俊孝, 1986,「奈良縣南山古墳群」,『日本考古學年報36』, 日本考古學會.

関川尙功(編), 1987,『与楽古墳群』, 橿原, 奈良縣立橿原考古學硏究所.

奈良國立文化財硏究所飛鳥藤原宮蹟發掘調査部, 1987,「左京六条三坊の調査(第47·50次)」,『飛鳥·藤原宮發掘調査槪報17』, 奈良, 奈良國立文化財硏究所飛鳥藤原宮蹟發掘調査部.

御所市敎育委員會, 1988,『巨勢山古墳群2』, 御所, 御所市敎育委員會.

新庄町敎育委員會·奈良縣立橿原考古學硏究所, 1988,『寺口忍海古墳群』, 奈良, 新庄町敎育委員會·奈良縣立橿原考古學硏究所.

泉武·山田圭子(編), 1990,『天理市埋蔵文化財調査報告第4集 星塚·小路遺蹟』, (天理市埋蔵文化財調査報告 第4集), 天理, 天理市敎育委員會.

奈良縣立橿原考古學硏究所, 1990,『斑鳩藤ノ木古墳-第1次調査報告書』, 奈良, 斑鳩町·斑鳩町敎育委員會.

奈良縣立橿原考古學硏究所, 1991,『寺口千塚』, 橿原, 奈良縣立橿原考古學硏究所.

東潮, 1982,「脇田遺蹟發掘調査槪報」,『奈良縣遺蹟調査槪報1981年度』.

坂靖, 1994,「佐田遺蹟(南鄕·井戶地區)」,『奈良縣遺蹟調査槪報1993年度』.

奈良縣立橿原考古學硏究所, 1995,『斑鳩藤ノ木古墳第二·三次發掘調査報告書』, 奈良, 斑鳩町·斑鳩町敎育委員會.

奈良縣立橿原考古學硏究所, 1995,『斑鳩藤ノ木古墳第二·三次發掘調査報告書』, 奈良, 斑鳩町·斑鳩町敎育委員會.

坂靖(外), 1996,『南鄕遺蹟群Ⅰ』, (奈良縣史蹟名勝天然記念物調査報告第69冊), 橿原, 奈良縣立橿原考古學硏究所.

青柳泰介, 1996,「井戶遺蹟·南鄕安田遺蹟發掘調査槪報」,『奈良縣遺蹟調査槪報1995年度』, 橿原, 奈良縣立橿原考古學硏究所.

奈良文化財硏究所, 2002,『大和山田寺蹟』, 奈良, 奈良國立文化財硏究所.

伊藤雅和·木村充保(編), 2003,『中町西遺蹟』, (奈良縣立橿原考古學硏究所調査報告第85冊), 橿原, 奈良縣立橿原考古學硏究所.

奈良文化財硏究所, 2007,『法隆寺若草伽藍蹟發掘調査報告書』, 奈良, 奈良國立文化

財研究所.

奈良文化財研究所, 2008, 『特別史蹟 キトラ古墳發掘調査報告書』, 奈良, 奈良國立文化財研究所.

土橋理子(外), 2008, 『向山遺蹟』, (奈良縣文化財調査報告書127冊), 橿原, 奈良縣立橿原考古學研究所.

桜井市立埋藏文化財センター, 2010, 『桜井の横穴式石室を訪ねて』, (財)桜井市文化財協會.

(6) 和歌山縣

末永雅雄(編), 1967, 『岩橋千塚』, 和歌山, 和歌山市教育委員會.

金谷克巳, 1970, 『紀伊の古墳』3, 京都, 綜藝社.

関西大學文學部考古學研究室, 1972, 『和歌山市における古墳文化』, 和歌山, 和歌山市教育委員會.

和歌山大學考古學研究會, 1973, 「上野山古墳調査報告」, 『埴輪』9, 和歌山, 和歌山大學考古學研究會.

和歌山縣敎育委員會, 1984, 『鳴神地区遺蹟發掘調査報告書』, 和歌山, 和歌山縣敎育委員會.

和歌山縣敎育委員會, 1984, 『鳴滝地区遺蹟發掘調査報告書』, 和歌山, 和歌山縣敎育委員會.

和歌山縣文化財センター, 1990, 『田屋遺蹟發掘調査報告書』, 和歌山, 和歌山縣文化財センター.

和歌山市敎育委員會, 1993, 『車駕之古址古墳發掘調査概報』, 和歌山, 和歌山市敎育委員會.

和歌山縣敎育委員會, 2001, 『岩橋千塚周邊古墳群發緊調査報告書』, 和歌山, 和歌山縣敎育委員會.

和歌山縣文化財センター, 2003, 『西庄遺蹟』, 和歌山, 和歌山縣文化財センター.

(7) 三重縣

鈴鹿市敎育委員會, 1966, 『鈴鹿市經塚古墳』, 鈴鹿, 鈴鹿市敎育委員會.

朝日町教育委員會, 1988,『繩生廢寺蹟發掘調査報告』, (朝日町文化財調査報告1), 朝日, 朝日町教育委員會.

小玉道明(外), 1988,『井田川茶臼山古墳』, (三重縣史蹟調査報告第26冊), 三重, 三重縣教育委員會.

津市教育委員會, 1991,『メクサ3號墳發掘調査報告』, (津市文化財調査報告20), 津, 津市教育委員會.

三重縣埋藏文化財センター, 1994,『大里西沖遺蹟(2次)』, 三重, 三重縣埋藏文化財センター.

穗積裕昌(外), 2002,『六大A遺蹟發掘調査報告』, 三重, 三重縣埋藏文化財センター.

三重縣埋藏文化財センター, 2009,『木造赤坂遺蹟』, 三重, 三重縣埋藏文化財センター.

4) 北陸

(1) 福井縣

斎藤優, 1973,『天神山古墳群』, 福井, 鯖江市教育委員會.

福井縣教育委員會, 1979,『立洞2號墳耶山ノ上1號墳』, (北陸自動車関係遺蹟調査報告書13), 福井, 福井縣教育委員會.

斎藤優, 1979,『若狹上中町の古墳』, 上中, 上中町教育委員會.

斎藤優, 1979,『改訂松岡古墳群』, 福井, 福井縣松岡町教育委員會.

中司照世, 1986,「Ⅳ古墳時代」,『圖說發掘が語る日本史3-東海北陸-』, 東京, 新人物往来社.

上中町教育委員會, 1992,『向山1號墳』, 上中, 上中町教育委員會.

中司照世, 1993,「日本海中部の古墳文化」,『新版古代の日本7-中部-』, 東京, 角川書店.

入江文敏, 2001,「若狹越所在の首長墓出土の半島系遺物」,『古墳時代の加耶と倭-継体大王時代の日韓交流-』, 松岡, 松岡越の國傳說実行委員會.

松井政信・浅野良治(編), 2005,『石舟山古墳・鳥越山古墳・二本松山古墳』, 松岡, 松岡町教育委員會・永平寺町教育委員會.

(2) 石川縣

後藤修一, 1937,「加賀國江沼郡勅使村字二子塚所在狐塚古墳」,『古墳發掘報告』, 東

京, 帝室博物館.

土肥富士夫(編), 1986, 『矢田遺蹟』, 七尾, 石川縣七尾市敎育委員會.

加賀市敎育委員會, 1990, 『吸坂丸山古墳群』, 加賀, 加賀市敎育委員會.

樫田誠, 1992, 『矢田野エジリ古墳發掘調査報告書』, 小松, 石川縣小松市敎育委員會.

吉岡康・河村好光(編), 1997, 『加賀能美古墳群』, 寺井, 石川縣寺井町・寺井町敎育委員會.

(3) 富山縣

富山縣敎育委員會, 1973, 『富山縣氷見市朝日長山古墳群調査報告書』, 富山, 富山縣敎育委員會.

富山縣敎育委員會, 1978, 『富山縣高岡市桜谷古墳群調査報告書』, 富山, 富山縣敎育委員會.

伊藤隆三・外, 1986, 『若宮古墳』, 小谷部, 小谷部市敎育委員會.

(4) 新潟縣

三条市敎育委員會, 1989, 『保内三王山古墳群』, 三条, 三条市敎育委員會.

5) 東海 中部

(1) 岐阜縣

池田町敎育委員會, 1985, 『中八幡古墳發掘調査報告書』, 池田, 池田町敎育委員會.

岐阜縣・岐阜縣敎育委員會, 1986, 『椿洞古墳群-公共急傾斜地防災事業に伴う緊急發掘調査』, 岐阜, 岐阜縣敎育委員會.

船来山古墳群調査會, 1999, 『船来山古墳群』, 船来山古墳群調査團.

大垣市敎育委員會, 2003, 『史蹟昼飯大塚古墳』, (大垣市文化財調査報告12集), 大垣, 大垣市敎育委員會.

大垣市敎育委員會, 2003, 『大垣市の古墳時代』, 大垣, 大垣市敎育委員會.

渡邊博人(編), 2003, 『大牧1號墳發掘調査報告書』, 各務原, 各務原市敎育委員.

(2) 愛知縣

木村光一(編), 1996, 『埋藏文化財調查報告書24伊勢山中學校遺蹟(第5次)』, (名古屋市文化財調查報告31), 名古屋, 名古屋市教育委員會.

鈴木正貴, 1998, 「矢迫遺蹟」, 『年報平成9年度』, (財)愛知縣埋藏文化財センター.

(3) 靜岡縣

後藤修一·內藤政光·高橋勇(編), 1939, 『松林山古墳』, (1975年復刻), 靜岡, 靜岡縣文化財保護協會.

內藤晃·大塚初重(編), 1961, 『三池平古墳』, 庵原, 庵原町敎育委員會.

盤田市敎育委員會, 1977, 『盤田67號墳發掘調查報告書』, 盤田, 盤田市敎育委員會.

藤枝市敎育委員會, 1983, 『若王子釣甁落古墳群』, 藤枝, 藤枝市敎育委員會.

靜岡縣袋井市敎育委員會·財團法人元興寺文化財硏究所, 1994, 『團子塚九號墳』, 袋井, 袋井市敎育委員會.

原秀三郎(編), 1995, 『遠江堂山古墳』, 磐田, 靜岡縣磐田市敎育委員會.

淺羽町敎育委員會, 1999, 『五ヶ山2號墳-靜岡縣盤田郡淺羽町五ヶ山2號墳發掘調查報告書』, 盤田, 淺羽町敎育委員會.

袋井市敎育委員會, 1999, 『石ノ形古墳』, 袋井, 袋井市敎育委員會.

(4) 長野縣

森本六爾, 1929, 『川柳將軍塚古墳の硏究』, 東京, 岡書院.

大場磐雄·外, 1966, 『信濃淺間古墳』, 本鄕, 本鄕村敎育委員會.

長野市敎育委員會, 1968, 『信濃長原古墳群』, (長野縣考古學會硏究報告書5), 長野, 長野市敎育委員會.

飯田市敎育委員會, 1971, 『妙前大塚(3號)古墳發掘調查報告書』, 飯田, 飯田市敎育委員會.

今村善興, 1983, 「畦地1號古墳」, 『長野縣史考古資料編全一卷(三)主要遺蹟(南信)』, pp.1114-1118, 長野, 長野縣.

須坂市敎育委員會, 2000, 『長野縣史蹟八丁鎧塚』, 須坂, 須坂市敎育委員會.

小林正春(編), 2003, 『北本城々蹟·北本城古墳』, 飯田, 長野縣飯田市敎育委員會.

6) 関東 東北

(1) 神奈川縣

石野瑛, 1935, 「横浜市磯子区室の木古墳調査記」, 『考古學雜誌』第25券第6號, 東京, 日本考古學會.

日野一郎, 1961, 『真土大塚山古墳』, (平塚市文化財調査報告書3集), 平塚, 平塚市教育委員會.

赤星直忠, 1961, 「伊勢原町登尾山古墳」, 『埋蔵文化財調査報告1』, 神奈川, 神奈川縣教育委員會.

本村豪章, 1974, 「相模真土大塚山古墳の再検討」, 『考古學雜誌』第60券第1號, 東京, 日本考古學會.

(2) 東京都

世田谷区教育委員會·野毛大塚古墳調査會, 1999, 『野毛大塚古墳』, 世田谷, 世田谷区教育委員會野毛大塚古墳調査會.

(3) 千葉縣

大場磐雄·亀井正道, 1951, 「上総國姉崎二子塚古墳調査概報」, 『考古學雜誌』37-3, 東京, 日本考古學會.

滝口宏, 1952, 『上総金鈴塚古墳』, 東京, 早稲田大學考古學研究室.

甘粕健(編), 1969, 『我孫子古墳群』, 東京, 東京大學考古學研究室·我孫子町教育委員會.

市毛勲(編), 1971, 『千葉縣香取郡下総町大日山古墳』, 千葉, 千葉縣教育委員會.

小出義治(編), 1980, 『上総山王山古墳』, 市原, 千葉縣市原市教育委員會.

村井嵒雄, 1988, 「千葉縣木更津市大塚山古墳出土遺物の研究」, 『MUSEUM』No.189, 東京, 東京國立博物館.

平野功, 1989, 「布野台遺蹟の調査」, 『小見川町内遺蹟群發掘調査報告書1988年度』, 小見川, 小見川町教育委員會.

小沢洋, 2004, 「内裏塚古墳群」, 『千葉縣の歴史資料編考古2』, pp.500-522, 千葉, 千葉縣.

白井久美子, 2004, 「姉崎古墳群」, 『千葉縣の歴史資料編考古2』, pp.682-706, 千葉,

千葉縣.

白井久美子·西野雅人, 2004,「生実椎名崎遺蹟群」,『千葉縣の歷史資料編考古2』, pp.762-776, 千葉, 千葉縣.

酒井清治, 2004,「大森第2遺蹟」,『千葉縣の歷史資料編考古2』, pp.785-787, 千葉, 千葉縣.

平野功, 2004,「城山古墳群」,『千葉縣の歷史資料編考古2』, pp.1023-1027, 千葉, 千葉縣.

(4) 山梨縣

山梨縣, 1931,『山梨縣史蹟名勝天然記念物調查報告第5集(大丸山古墳)』, 山梨, 山梨縣.
小林廣和·外, 1979,『甲斐茶塚古墳』, 山梨, 山梨縣敎育委員會.
甲府市敎育委員會, 2001,『橫根櫻井積石塚古墳群調查報告書』, 甲府, 山梨縣敎育委員會.

(5) 埼玉縣

村井嵒雄, 1956,「武藏國川田谷熊野神社境內の古墳」,『考古學雜誌』41-3, 東京, 日本考古學會.
埼玉縣史編纂室, 1982,「大寺廢寺」·「高岡廢寺」,『埼玉縣古代寺院蹟調查報告書』, 埼玉縣史編纂室.
行田市敎育委員會, 1988,『酒卷古墳群』, 行田, 行田市敎育委員會.
若松良一·外, 1989,『奧の山古墳·瓦塚古墳·中の山古墳』, 浦和, 埼玉縣敎育委員會.
岡本健一(編), 1997,『將軍山古墳』, 浦和, 埼玉縣敎育委員會.

(6) 群馬縣

田口一郎, 1988,「下芝谷ツ古墳」,『日本考古學年報』39, 東京, 日本考古學協會.
澁川市敎育委員會, 1988,『行幸田山遺蹟』, 澁川, 澁川市敎育委員會.
高崎市敎育委員會, 1992,『觀音塚古墳調查報告書』, 高崎, 高崎市敎育委員會.
志村哲, 1993,『範圍確認調查報告書Ⅲ平井地区1號古墳』, 藤岡, 藤岡市敎育委員會.
群馬縣敎育委員會·財團法人群馬縣埋藏文化財調查事業團, 1998,『綿貫觀音山古墳

Ⅰ-墳丘·埴輪編-』, 勢多, 群馬縣考古資料普及會.
群馬縣敎育委員會·財團法人群馬縣埋藏文化財調査事業團, 1999,『綿貫觀音山古墳
　　　　Ⅱ-石室·遺物編-』, 勢多, 群馬縣考古資料普及會.
高崎市敎育委員會, 2001,『劍崎長瀞西遺蹟1-浄水場建設に伴う發掘調査報告書第1
　　　　集』, (高崎市文化財調査報告書第179集), 高崎, 高崎市敎育委員會.
專修大學考古學硏究室, 2003,『劍崎長瀞西5·27·35號墳-劍崎長瀞西遺蹟2-』, (專修
　　　　大學考古學硏究室硏究報告第1冊), 神奈川, 專修大學考古學硏究室.

(7) 栃木縣
小山市敎育委員會, 1972,『桑57號墳發掘調査報告書』, 小山, 小山市敎育委員會.
板橋正幸·田熊淸彥, 2003,『西下田遺蹟』, (栃木縣埋藏文化財調査報告書第273集),
　　　　宇都宮, 財團法人とちぎ生涯學習埋藏文化財センター.

(8) 茨城縣
斎藤忠(外), 1960,『三味塚古墳』, 茨城, 茨城縣敎育委員會.
大洋村敎育委員會, 1981,『常陸梶山古墳-茨城縣鹿島郡大洋村梶山所在』, 大洋, 大洋
　　　　村敎育委員會.
增田精一, 1986,『武者塚古墳』, 新治, 新治村敎育委員會.
茨城縣新治村敎育委員會, 1986,『武者塚古墳』, 新治, 茨城縣新治村敎育委員會.
日立市敎育委員會, 1987,『赤羽横穴群』, 日立, 日立市敎育委員會.
出島村敎育委員會, 1992,『富士見塚古墳』, 出島, 出島村敎育委員會.

(9) 福島縣
柳沼賢治·外, 1960,「南山田遺蹟」,『郡山東部10』, 郡山, 郡山市敎育委員會.
成田克俊·梅宮茂, 1960,『勿来市金冠塚古墳調査槪報』, (福島縣文化財調査報告書第
　　　　8集), 福島, 福島縣敎育委員會.
いわき市史編纂委員會, 1971,『いわき市史別券中田横穴』, いわき, いわき市.

(10) 宮城縣

藤沢敦·大友喜助, 1992, 『西屋敷1號墳·吉ノ内1號墳發掘調查報告書第1集』, (宮城縣
　　　角田市文化財調查報告書第8集), 角田, 角田市教育委員會.

(11) 青森縣

青森縣八戶市教育委員會, 1990, 「丹後平古墳」, 『八戶市埋藏文化財調查報告書第44
　　　集』, 八戶, 青森縣八戶市教育委員會.

24. 일본 도록

1) 九州

(1) 福岡縣

岩戶山歷史資料館, 1988, 『岩戶山歷史資料館展示圖錄』, 八女, 八女市教育委員會.
北九州市立考古博物館, 1989, 『五世紀の北九州-倭の五王時代の國際交流-』, 北九州
　　　市, 北九州市立考古博物館.
志摩町歷史資料館, 1997, 『伊都國發掘'97-近年の發掘調查成果展-道と交易』, 志摩町
　　　歷史資料館.
北九州市立考古博物館, 1993, 『終末期古墳の世界-高松塚とその時代-』, 北九州市,
　　　北九州市立考古博物館.
宗像大社神寶館, 2003, 『「海の正倉院」沖の島』, 宗像, 宗像大社.
福岡市博物館, 2004, 『百済武寧王と倭の王たち秘められた黃金の世紀展』, 福岡, 福岡
　　　市博物館.
福岡市博物館, 2007, 『古代の博多鴻臚館とその時代』, 福岡, 福岡市博物館.

(2) 佐賀縣

佐賀縣立博物館, 1998, 『日本の古墳-僕が調べた歷史の謎-』, 佐賀, 佐賀縣立博物館.
佐賀縣立名護屋城博物館, 1999, 『倭國と加耶-古代の海をこえて-』, 佐賀, 佐賀縣立
　　　博物館.

(3) 宮崎縣

西都原考古博物館, 2004, 『日韓交流展-それでも騎馬文化はやってきたユ래도 기마
　　　문화는 왔다-』, 西都, 西都原考古博物館.
西都原考古博物館, 2005, 『日韓交流展-海を渡った日本文化바다를 건넌 일본문화-』,
　　　西都, 西都原考古博物館.

2) 中國 四國

(1) 廣島縣

廣島縣立歷史民俗資料館, 1994, 『古墳と大陸文化』, 廣島, 廣島縣立歷史民俗資料館.

(2) 愛媛縣

松山市考古館, 2002, 『海を渡ってきたひと・もの・わざ』, 松山, 松山市考古館.

(3) 岡山縣

津山鄉土博物館, 2003, 『渡来人』, 津山, 津山鄉土博物館.

(4) 德島縣

德島縣立博物館, 1992, 『四國の古墳』, 德島, 德島縣立博物館.

(5) 島根縣

島根縣立八雲立つ負風土記の丘資料館, 1991, 『古代の出雲と朝鮮半島-日本海が結ぶ
　　　古代文化交流-』松江, 島根縣八雲立つ負風土記の丘資料館.
島根縣立八雲立つ負風土記の丘資料館, 1996, 『黄金に魅せられた倭人たち』松江, 島
　　　根縣八雲立つ負風土記の丘資料館.
島根縣立古代出雲歷史博物館, 2009, 『輝く出雲ブランド-古代出雲の玉作り』松江,
　　　島根縣立古代出雲歷史博物館.
島根縣立古代出雲歷史博物館, 2014, 『倭五王と出雲の豪族』松江, 島根縣立古代出雲
　　　歷史博物館.

3) 近畿

(1) 兵庫縣

兵庫縣立博物館, 1996, 『大王の世紀-兵庫の古墳と文化-』, 兵庫, 兵庫縣立博物館.

姫路市埋蔵文化財センター, 2005, 『開館記念特別展宮山古墳』, 姫路, 姫路市埋蔵文化財センター.

兵庫縣立考古博物館, 2010, 『アメノヒボコの考古學』, 兵庫, 兵庫縣立考古博物館.

(2) 大阪府

大阪府教育委員會·大阪市文化財協會, 1989, 『よみかえる古代船と5世紀の大阪』, 大阪, 大阪府教育委員會·大阪市文化財協會.

吹田市立弥生文化博物館, 1993, 『海を渡ってきた陶人たち』, 大阪, 吹田市立弥生文化博物館.

大阪府埋蔵文化財協會, 1993, 『須恵器の始まりをさぐる』, 大阪, 大阪府埋蔵文化財協會.

柏原市立歴史資料館, 1995, 『高井田横穴群』, 柏原, 柏原市立歴史資料館.

大阪府立近つ飛鳥博物館, 1996, 『金の大刀と銀の大刀-古墳飛鳥の貴人と階層-』, 大阪, 大阪府立近つ飛鳥博物館.

大阪府立近つ飛鳥博物館, 1996, 『仁徳陵古墳-築造の時代-』, 大阪, 大阪府立近つ飛鳥博物館.

大阪府立近つ飛鳥博物館, 1997, 『まつるかたち-古墳飛鳥の人と神-』, 大阪, 大阪府立近つ飛鳥博物館.

大阪府立近つ飛鳥博物館, 1998, 『大和の薄葬令-古墳のおわり-』, 大阪, 大阪府立近つ飛鳥博物館.

八尾市立歴史民俗資料館, 1998, 『高安城と古代山城』, 八尾, 八尾市立歴史民俗資料館.

大阪府立弥生文化博物館, 1999, 『渡来人登場-弥生文化を開いた人々-』, 大阪, 大阪府立近つ飛鳥博物館.

大阪府立近つ飛鳥博物館, 2001, 『荘厳-飛鳥白鳳佛のインテリア-』, 大阪, 大阪府立近つ飛鳥博物館.

大阪府立狭山池博物館, 2004, 『開館記念特別展-古代の土木技術-』, 大阪, 大阪府立

狭山池博物館.

東大阪郷土博物館, 2002, 『うまかいのさと』, 東大阪, 東大阪郷土博物館.

四条畷市立歴史民俗資料館, 2002, 『第17回特別展 みどりの風と古墳-忍岡古墳石室覆屋再建を記念して-』, 四条畷, 四条畷市立歴史民俗資料館.

大阪府立近つ飛鳥博物館, 2003, 『黄金のアクセサリー-古墳時代の装身具-』, 大阪, 大阪府立近つ飛鳥博物館.

大阪府立近つ飛鳥博物館, 2004, 『古墳から奈良時代墳墓へ-古代律令國家の墓制-』, 大阪, 大阪府立近つ飛鳥博物館.

四条畷市立歴史民俗資料館, 2004, 『開館20周年記念特別展-馬と生きる-』, 四条畷, 四条畷市立歴史民俗資料館.

大阪府立近つ飛鳥博物館, 2004, 『今来才伎-古墳・飛鳥の渡来人-』, 大阪, 大阪府立近つ飛鳥博物館.

大阪府立弥生文化博物館, 2004, 『大和王権と渡来人登場-三・四世紀の倭人社會-』, 大阪, 大阪府立近つ飛鳥博物館.

池田市立歴史民俗資料館, 2004, 『出みでは白兵を辟け-古墳時代帶國外的軍事組織の編成-』, 大阪, 池田市立歴史民俗資料館.

大阪歴史博物館, 2004, 『古代都市誕生-飛鳥時代の仏教と國づくり-』, 大阪, 大阪歴史博物館.

大阪府立近つ飛鳥博物館, 2006, 『應神大王の時代-河内政権の幕開け-』, 大阪, 大阪府立近つ飛鳥博物館.

大阪府立近つ飛鳥博物館, 2006, 『年代のものさし-陶邑の須恵器-』, 大阪, 大阪府立近つ飛鳥博物館.

大阪府立近つ飛鳥博物館, 2007, 『河内古代寺院巡禮』, 大阪, 大阪府立近つ飛鳥博物館.

大阪府立弥生文化博物館, 2007, 『發掘された大阪2007-水都大阪の國際交流史-』, 大阪, 大阪府立近つ飛鳥博物館.

八尾市立歴史民俗資料館, 2008, 『八尾の渡来文化』, 八尾, 八尾市立歴史民俗資料館.

財團法人枚方市文化財協會, 2009, 『図録考古資料でみる枚方の歴史』, 枚方, 財團法人枚方市文化財協會.

大阪府立近つ飛鳥博物館, 2010, 『ふたつの飛鳥の終末期古墳-河内飛鳥と大和飛鳥

-』, 大阪, 大阪府立近つ飛鳥博物館.
大阪府立近つ飛鳥博物館, 2011, 『鉄とヤマト王権』, 大阪, 大阪府立近つ飛鳥博物館.
大阪大學大學院文學硏究科(編), 2014, 『野中古墳と倭の五王の時代』, 大阪, 大阪大學.

(3) 奈良縣

奈良國立文化財硏究所飛鳥資料館, 1979, 『日本古代の墓誌』, 奈良, 奈良國立文化財硏究所飛鳥資料館.
奈良國立文化財硏究所飛鳥資料館, 1979, 『飛鳥時代の古墳』, 奈良, 奈良國立文化財硏究所飛鳥資料館.
奈良縣立橿原考古學硏究所附屬博物館, 1981, 『葛城の古墳と古代寺院』, 橿原, 奈良縣立橿原考古學硏究所附屬博物館.
藥師寺, 1986, 『藥師寺白鳳再建への道』, 奈良, 藥師寺.
奈良縣立橿原考古學硏究所附屬博物館, 1987, 『倭の五王時代の海外交流-渡来人の足蹟-』, 橿原, 奈良縣立橿原考古學硏究所附屬博物館.
奈良縣立橿原考古學硏究所附屬博物館, 1988, 『橿原考古學硏究所50周年記念特別展-石舞台から藤ノ木古墳-』, 橿原, 奈良縣立橿原考古學硏究所附屬博物館.
奈良縣立橿原考古學硏究所附屬博物館, 1989, 『古代の文化交流を探る-藤ノ木古墳-』, 橿原, 奈良縣立橿原考古學硏究所附屬博物館.
奈良縣立橿原考古學硏究所附屬博物館, 1989, 『出土品とハイビジョン映像による-藤ノ木古墳とその時代展-』, 橿原, 奈良縣立橿原考古學硏究所附屬博物館.
奈良縣立橿原考古學硏究所附屬博物館, 1992, 『1500年前のシルクロード-新沢千塚の遺宝とその源流-』, 橿原, 奈良縣立橿原考古學硏究所附屬博物館.
奈良縣立橿原考古學硏究所附屬博物館, 1995, 『古代葛城の王』, 橿原, 奈良縣立橿原考古學硏究所附屬博物館.
奈良縣立橿原考古學硏究所附屬博物館, 1997, 『常設展示圖錄大和の考古學』, 橿原, 奈良縣立橿原考古學硏究所附屬博物館.
奈良縣立橿原考古學硏究所附屬博物館, 1998, 『大和まほろば』, 橿原, 奈良縣立橿原考古學硏究所附屬博物館.
奈良國立博物館, 1998, 『天平』, 奈良, 奈良國立博物館.

飛鳥資料館, 1999,『佛舍利埋納』, 飛鳥, 飛鳥資料館.

奈良縣立橿原考古學研究所附屬博物館, 1999,『蓮花百相-瓦からみた初期寺院の成立と展開-』, 橿原, 奈良縣立橿原考古學研究所附屬博物館.

奈良縣立橿原考古學研究所附屬博物館, 2000,『權威の象徵-古墳時代の威儀具』, 橿原, 奈良縣立橿原考古學研究所附屬博物館.

奈良縣立橿原考古學研究所附屬博物館, 2000,『大古墳展-大和王權と古墳の鏡-』, 東京, 東京新聞.

奈良國立文化財研究所飛鳥資料館, 2000,『飛鳥池遺蹟』, 奈良, 奈良國立文化財研究所飛鳥資料館.

奈良縣立橿原考古學研究所附屬博物館, 2001,『聖德太子の遺蹟-斑鳩宮造營千四百年-』, 橿原, 奈良縣立橿原考古學研究所附屬博物館.

奈良縣立橿原考古學研究所, 2002,『大和考古學100年』, 橿原, 奈良縣立橿原考古學研究所.

奈良縣立橿原考古學研究所附屬博物館, 2002,『大和と東國-初期ヤマト政權を支えた力-』, 橿原, 奈良縣立橿原考古學研究所附屬博物館.

奈良縣立橿原考古學研究所附屬博物館, 2002,『政權交替-古墳時代前期前半のヤマト-』, 橿原, 奈良縣立橿原考古學研究所附屬博物館.

奈良國立博物館, 2002,『大仏開眼1250年記念-東大寺のすべて-』, 奈良, 奈良國立博物館.

奈良國立文化財研究所, 2002,『飛鳥·藤原展-古代律令國家の創造-』, 奈良, 朝日新聞社.

奈良縣立橿原考古學研究所附屬博物館, 2003,『馬と馬具の考古學-古墳時代の馬との出會い-』, 橿原, 奈良縣立橿原考古學研究所附屬博物館.

奈良縣立橿原考古學研究所附屬博物館, 2003,『前方後圓墳-もう一人の主役-』, 橿原, 奈良縣立橿原考古學研究所附屬博物館.

奈良國立博物館, 2004,『金銀の古墳時代-副葬品にみる日韓交流の足蹟-』, 奈良, 奈良國立博物館.

奈良縣立橿原考古學研究所附屬博物館, 2005,『巨大埴輪とイワレの王墓』, 橿原, 奈良縣立橿原考古學研究所附屬博物館.

奈良縣立橿原考古學研究所附屬博物館, 2006,『海を越えたはるかな交流-橿原の古墳

と渡来人-』, 橿原, 奈良縣立橿原考古學研究所附屬博物館.
奈良縣立橿原考古學研究所附屬博物館, 2006, 『葛城氏の實像』, 橿原, 奈良縣立橿原考古學研究所附屬博物館.
奈良縣立橿原考古學研究所附屬博物館, 2007, 『金の輝き´ガラスの煌めき-藤ノ木古墳の全貌』, 橿原, 奈良縣立橿原考古學研究所附屬博物館.
奈良國立博物館, 2010, 『平成遷都1300年記念-大遣唐使展-』, 奈良, 奈良國立博物館.
奈良縣立橿原考古學研究所附屬博物館, 2011, 『仏敎傳来』, 橿原, 奈良縣立橿原考古學研究所附屬博物館.
東大寺博物館, 2011, 『奈良時代の東大寺』, 奈良, 東大寺博物館.

(4) 京都府
京都文化博物館, 1989, 『海を渡って来た人と文化-古代日本と東アジア-』, 京都, 京都文化博物館.
京都大學文學部博物館, 1993, 『紫金山古墳と石山古墳』, 京都, 京都大學文學部博物館.
京都國立博物館, 1993, 『倭國』, 京都, 京都國立博物館.
京都大學總合博物館, 1997, 『王者の武装-5世紀の金銅技術-』, 京都, 京都大學總合博物館.
京都市, 2012, 『平安京以前-古墳が造られた時代-』, (京都市文化財ブックス第26集), 京都, 京都市.
京都文化博物館, 2015, 『日本のふるさと-大丹後展-』, 京都, 京都文化博物館.

(5) 和歌山縣
和歌山市立博物館, 2001, 『渡来文化の波-5~6世紀の紀伊國を探る-』, 和歌山, 和歌山市立博物館.
和歌山縣立紀伊風土記の丘, 2014, 『須恵器誕生-新しい土器は古墳時代をどう変えたか-』, 和歌山, 和歌山縣立紀伊風土記の丘.

(6) 滋賀縣
大津市立歷史博物館, 1996, 『近江古代を掘る-土に刻まれた歷史-』, 大津, 大津市立

歷史博物館.

滋賀縣立安土城考古博物館, 2001, 『20世紀近江發掘ベスト10展』, 安土, 滋賀縣立安土城考古博物館.

滋賀縣立安土城考古博物館, 2001, 『韓國より渡り来て-古代國家の形成と渡来人-』, 安土, 滋賀縣立安土城考古博物館.

野洲町立歷史民俗資料館, 2001, 『古代國家の始まり-古代野洲の王たち-』, 野洲, 野洲町立歷史民俗資料館.

栗東歷史民俗博物館·(財)栗東市文化大陸振興事業團, 2003, 『古墳時代の裝飾品』, 栗東, 栗東歷史民俗博物館·(財)栗東市文化大陸振興事業團.

滋賀縣立安土城考古博物館, 2011, 『湖と海の王-古墳時代の近江と越前·若狭·丹後-』, 安土, 滋賀縣立安土城考古博物館.

愛荘町歷史文化資料館, 2015, 『エチ秦氏-渡来文化の興隆-』, 愛荘, 愛荘町歷史文化資料館.

(7) 三重縣

樋本龜次郎, 1954, 『三重考古圖錄』, 三重縣教育委員會.

三重縣埋蔵文化財センター, 2005, 『第24回三重縣埋蔵文化財展石山古墳』, 三重縣埋蔵文化財センター.

4) 北陸

(1) 福井縣

福井縣立若狭歷史民俗資料館, 1991, 『躍動する若狭の王者たち-前方後圓墳の時代-』 小浜, 福井縣立若狭歷史民俗資料館.

福井縣立博物館, 1994, 『北陸の玉-古代のアクセサリー-』福井, 福井縣立博物館.

福井縣立若狭歷史民俗資料館, 1999, 『若狭の古代遺蹟-發掘の成果と出土品-』小浜, 福井縣立若狭歷史民俗資料館.

(2) 富山縣

生駒勝浩·宇津裕人(編), 1994『平成6年度特別企画展圖錄 古代の須恵器-新技術の傳来-』, 富山, 富山縣埋蔵文化財センター.

5) 東海 中部

(1) 愛知縣

名古屋市博物館, 1985, 『特別展古墳時代の馬具』, 名古屋, 名古屋市博物館.

(2) 長野縣

飯田市美術博物館·飯田市上郷考古博物館, 1997, 『伊那谷の馬·科野の馬-古墳時代
　　　おける受容と廣がり-』, 飯田, 飯田市美術博物館·飯田市上郷考古博物館.

6) 関東 東北

(1) 山梨縣

山梨縣考古博物館, 1994, 『古墳時代の甲冑』, 山梨, 山梨縣考古博物館.

(2) 東京都

毎日新聞社, 1968, 『原色版國宝1』, 東京, 毎日新聞社.

東京國立博物館, 1982, 『寄贈小倉コレクション目錄』, 東京, 東京國立博物館.

東京國立博物館, 1992, 『伽耶文化展』, 東京, 東京國立博物館.

東京國立博物館, 1992, 『復歸20周年記念特別展海上の道-沖縄の歴史と文化-』東京,
　　　東京國立博物館.

大田区立郷土博物館, 1994, 『武蔵國造の乱』, 東京, 大田区立郷土博物館.

五島美術館, 1998, 『日本の三彩と綠釉』, 東京, 五島美術館.

東京國立博物館, 2000, 『日本出土の舶載陶磁-朝鮮·渤海·ベトナム·タイ·イスラム
　　　-』, 東京, 東京國立博物館.

世田谷区立郷土博物館, 2000, 『野毛大塚古墳の時代-畿内の王権と古代の東國-』, 東
　　　京, 足立区立郷土博物館.

足立区立郷土博物館, 2000, 『古代伊興遺蹟の世界』, 東京, 足立区立郷土博物館.

東京國立博物館·九州國立博物館, 2013, 『國宝大神社展』, 東京, 東京國立博物館.

(3) 群馬縣

群馬縣立歴史博物館, 1990, 『藤ノ木古墳と東國の古墳文化』, 高崎, 群馬縣立歴史博物館.

群馬縣立歷史博物館友の會, 1996, 『圖說はにわの本』, 高崎, 群馬縣立歷史博物館友の會.
群馬縣立歷史博物館, 1999, 『觀音山古墳と東アジア世界-海を越えた鏡と水瓶の緣-』, 高崎, 群馬縣立歷史博物館.

(4) 埼玉縣
埼玉縣立博物館, 1994, 『古代東國の渡來文化』, 埼玉縣立博物館.

(5) 橫浜縣
橫浜市立歷史博物館, 2004, 『ヤマトとアヅマ』, 橫浜, 橫浜市立歷史博物館.

(6) 千葉縣
松戶市立博物館, 2012, 『東日本の古墳と渡來文化』, 松戶, 松戶市立博物館.
國立歷史民俗博物館, 2014, 『文字がつなぐ古代の日本列島と朝鮮半島』佐倉, 國立歷史民俗博物館.

(7) 茨城縣
茨城縣立歷史館, 1990, 『特別展茨城の古墳』, 茨城, 茨城縣立歷史館.

(8) 栃木縣
栃木縣教育委員會・栃木縣立なす風土記の丘資料館・那珂川町教育委員會, 2008, 『那須の渡來文化』宇都宮.

(9) 福島縣
福島縣立博物館, 1994, 『會津大塚山古墳の時代-激動の三・四世紀-』, 會津若松, 福島縣立博物館.

도 캡션 및 출처

도1-1 유라시아상의 신라와 일본(박천수)

도1-2 후쿠오카현(福岡縣) 츠키노오카(月の岡)고분 전경(박천수)

도1-3 후쿠오카현(福岡縣) 츠키노오카(月の岡)고분 출토유물
(児玉真一(編), 2005, 『若宮古墳群Ⅲ 月岡古墳-』, (吉井町埋蔵文化財発掘調査報告書第19集), 吉井, 吉井町教育委員会.)

도2-1 쿄토부(京都府) 나구오카키타(奈具岡北) 1호분 출토 토기
(河野一隆, 1997, 「奈具岡北古墳群」, 『京都府遺蹟調査概報』第76册, 京都, 京都府埋蔵文化財センター.)

도2-2 시마네현(島根縣) 진자키(珍崎)출토 개(島根縣立古代出雲歷史博物館 제공)

도2-3 후쿠오카현(福岡縣) 타마키야마(玉城山)고분군 C군 출토 신라토기(박천수)

도2-4 치바현(千葉縣) 노노마(野々間)고분 출토 녹유(綠油)병
(東京國立博物館, 2000, 『日本出土の舶載陶磁 - 朝鮮·渤海·ベトナム·タイ·イスラム -』東京, 東京国立博物館.)

도2-5 5세기 전반 일본열도에 이입된 신라산 철정(박천수)

도2-6 전 대구시 현풍 양리고분군과 오사카부(大阪府) 마루야마(丸山)고분 출토품
(상:박천수, 하:大阪府立近つ飛鳥博物館, 2006, 『應神大王の時代-河内政権の幕開け-』, 大阪, 大阪府立近つ飛鳥博物館)

도2-7 나라현(奈良縣) 후지노키(藤ノ木)고분 마구의 계보(박천수, 이현정)

도2-8 부산시 복천동21·22호분 출토 성시구(복천박물관)

도2-9 5세기 초 일본열도 갑주의 병류기법의 계보(박천수, 塚本敬夫)

도2-10 5세기 전반 일본열도에 이입된 신라 금공품(박천수)

도2-11 부산시 복천동10·11호분 출토 금동관과 후쿠오카현(福岡縣) 이나토(稲童)21호분 출토 입식

(좌: 복천박물관, 우: 行橋市敎育委員會, 2005, 『稻童古墳群-福岡縣行橋市稻童所在の稻童古墳群調査報告』, (行橋市文化財調査報告書第32集), 行橋, 行橋市敎育委員會.)

도2-13 나라현(奈良縣) 니이자와(新澤)126호분 출토 유리기
(奈良縣立橿原考古學硏究所附屬博物館, 1992, 『1500年前のシルクロード-新沢千塚の遺宝とその源流-』, 橿原, 奈良縣立橿原考古學硏究所附屬博物館.)

도2-14 오사카부(大阪府) 전 안칸릉(安閑陵)고분 출토 유리기(박천수)

도2-15 나라현(奈良縣) 쇼소인(正倉院) 소장 유리기
(由水常雄(編), 1992, 『世界ガラス美術全集 第5卷 日本』, 求龍堂.)

도2-16 쿄토부(京都府) 가미가모신사(上賀茂神社) 출토 유리기(박천수)

도2-17 후쿠오카현(福岡縣) 세스도노(セスドノ)고분과 출토 신라토기와 이식(박천수)
(좌: 佐田茂(編), 1984, 『セスドノ古墳』, (田川市文化財調査報告書第3集), 田川, 田川市敎育委員會. 우: 박천수.)

도2-18 후쿠오카현(福岡縣) 네코사코(猫迫)1호분
(福本寬(編), 2004, 『猫迫1號墳』, (田川市文化財調査報告書第11集), 田川, 田川市敎育委員會.)

도3-1 경주시 월성로가13호분 출토 경옥제 곡옥(박천수)

도3-2 경주시 금관총과 서봉총 금관 부착 경옥제 곡옥(좌:금관총, 우:서봉총)

도3-3 경주시 불국사 석가탑 출토 경옥제 곡옥

도3-4 양산시 부부총 출토 경옥제 곡옥

도3-5 니이가타현(新潟縣) 이토이카와(糸魚川)산 경옥 원석(박천수)

도3-6 경주시 천마총(상) 황남대총 북분(하) 출토 야광패제 국자

도3-7 청자고둥의 가공(이현정)

도3-8 중국 삼연지역과 한반도 패제 장식금구의 변천(이현정)

도3-9 마네현(島根縣) 오자니시(大座西)2호분과 출토 유물
(橫田登·野津硏吾(編), 2006, 『大座西遺蹟發掘調査報告書』, 隱岐, 隱岐の島町敎育委員會.)

도4-1 경주시 대릉원고분군 출토 유리기(박천수)

도4-2 나라현(奈良縣) 니이자와센즈카(新澤千塚)126호분 출토 유물
(奈良縣立橿原考古學研究所附屬博物館, 1992, 『1500年前のシルクロード-新沢千塚の遺宝とその源流-』, 橿原, 奈良縣立橿原考古學研究所附屬博物館.)

도4-3 경옥제 곡옥의 변천(좌:경주시 황남대총 북분, 우:경주시 천마총)

도4-4 로마(Roman) 유리기(琉璃器)의 분포(박천수)

도4-5 일본서기 인교기(允恭紀) 신라와 왜의 교섭 기사(박천수)

도4-6 오오사카부 쿠라즈카고분과 슈킨즈카고분 출토 신라산 마구와 경옥제 곡옥

도4-7 오사카부 모즈(百舌鳥)고분군 출토 신라와 신라 경유 문물(박천수)

도4-8 키나이지방 대형 고분 분포
(坂靖, 2012, 「畿內」, 『古墳時代硏究の現狀と課題』, 東京, 同成社.)

도4-9 효고현 미야야마(宮山)고분(박천수)

도4-10 효고현 미야야마고분 출토유물(박천수)

도4-11 효고현 미노(見野)6호분과 석실(박천수)

도4-12 효고현 시라기신사(新羅神社)(박천수)

도5-1 나가사키현(長崎縣) 이키(壹岐) 소로쿠(雙六)고분 출토 유물, 관련 유물(박천수)

도5-2 후쿠오카현 오키노시마(沖の島) 7, 8호유구 출토품

도5-3 쿄토부 마츠오대사(松尾大社)(박천수)

도5-4 쿄토부(京都府) 사가노(嵯峨野) 카츠라가와(桂川)와 카도노오오이(葛野大堰)(박천수)

도5-5 쿄토부 헤비즈카(蛇塚)고분 석실(박천수)

도5-6 쿄토부 타이카쿠지(大覺寺)고분군 미나미텐즈카(南天塚)고분 출토 유물(박천수)

도5-7 쿄토부 가타기하라폐사(樫原廢寺)(박천수)

도5-8 쿄토부 코류사(廣隆寺) 반가사유상

도5-9 봉화군 북지리 출토 불상(경북대학교 박물관 소장, 오세윤)

도5-10 국보 83호 금동미륵보살반가사유상(국립중앙박물관)

도6-1 대구시 송림사 전탑 출토품과 쇼소인(正倉院) 소장 유리제 원환문배

도6-2 사산(Sassanian) 유리기(琉璃器)의 분포(박천수)

도6-3 후쿠오카현 후나바루(船原)고분과 출토 마구(古賀市敎育委員會·九州歷史資料館 제공)

도6-4 쿄토부 묘신사와 종(박천수)

도6-5 후쿠오카현 칸제온사와 종 (박천수)

도6-7 오사카부 시치칸(七観)고분 출토 유물
(京都大學總合博物館, 1997,『王者の武裝-5世紀の金銅技術-』, 京都, 京都大學總合博物館.)

도6-8 오사카부 모즈(百舌鳥)고분군

도6-9 오사카부 후루이치(古市)고분군(羽曳野市敎育委員會 제공)

도6-10 오사카부 후루이치(古市)고분군 출토 신라산과 신라 경유 문물(박천수)

도6-11 오사카부 미네가즈가(峰ヶ塚)고분 매장시설
(羽曳野市敎育委員会, 2002,『史跡古市古墳群-峰ヶ塚古墳後圓部発掘調査報告書-』, 羽曳野, 羽曳野市敎育委員会.)

도6-12 오사카부 미네가즈가고분 출토품
(羽曳野市敎育委員会, 2002,『史跡古市古墳群-峰ヶ塚古墳後圓部発掘調査報告書-』, 羽曳野, 羽曳野市敎育委員会.)

도7-1 7-8세기 한일 왕릉의 입지와 그 변화

도7-2 경주시 문무왕릉과 감은사(오세윤)

도7-3 창녕군 말흘리사지 출토 유물
(국립김해박물관, 2011,『땅 속에 묻힌 염원』, 김해, 국립김해박물관.)

도7-4 와카야마현(和歌山縣) 이치사토야마(一里山)고묘(박천수)

도7-5   와카야마현(和歌山縣) 이치사토야마(一里山)고묘 출토품

도7-6   와카야마현(和歌山縣) 나고쇼폐사(名古曾廢寺)(박천수)

도8-1   이슬람(Islamic) 유리기(琉璃器)의 분포(박천수)

도8-2   경주시 안압지 출토품과 후쿠오카현(福岡縣) 코로칸(鴻臚館)유적 출토 이슬람유리

도8-3   군위군 인각사 출토 일주요 자기
(불교중앙박물관, 2013, 『인각사와 삼국유사』, 서울, 불교중앙박물관.)

도8-4   시가현(滋賀縣) 엔랴쿠사(延曆寺) 적산궁(박천수)

도8-5   중국 동해안 신라인 거주지(박천수)

도8-6   나라현 토다이사(東大寺)(박천수)

도8-7   나라현 토다이사(東大寺) 카라쿠니(辛國)신사(박천수)

도8-8   나라현 토다이사(東大寺) 서탑지와 동탑지(박천수)

도8-9   나라현 쇼소인(正倉院)(박천수)

도8-10 나라현 쇼소인(正倉院) 소장 신라산 문물

도8-11 나라현 쇼무릉(聖武陵)고분(박천수)

도8-12 나라현 나호야마묘(那富山墓)(박천수)

도9-1   경주시 원성왕릉의 서역인상(박천수)

도9-2   시가현(滋賀縣) 고마사카(狛坂)마애불 원경과 석불(박천수)